경제학자의 인간 수업

300년 경제학 역사에서 찾은 인간에 대한 대답 36

경제학자의 인간 수업

홍훈 지음

Critical Reviews of Economic Man

c̕
추수밭

우리는 어떤 경제적 인간이어야 하는가, 아니 어떤 인간이어야 하는가

사회과학이 겉으로 드러난 사회현상을 설명하기 위해서는 사회를 구성하는 인간의 인식과 행위를 고려해야 한다. 학자나 학파마다 인간을 어떤 식으로 개념화할지, 그리고 인간이 어떻게 사회현상을 낳는지에 대한 견해가 다를 수 있다. 그렇지만 어떤 식으로든 인간을 중요한 요소로 고려하지 않는 사회과학이론은 찾아보기 어렵다.

물론 사회현상을 다루는 사회과학은 인간 자체를 다루는 인문학과 구분된다. 사회현상은 개별 행위자들의 속성으로 분해되지 않는 계급, 계층, 집단, 조직, 관계, 사회구조, 상호의존, 상호작용 등을 담고 있기 때문이다. 그렇더라도 사회과학이 탐구 대상으로 삼는 경제사회가 사람들로 구성되어 있으므로 사회현상도 인간과 불가분의 관계에 있다.

우선 경제사회에서 인식과 행위의 주체는 인간이고 그 인간의 행위가 현상으로 나타난다. 또한 경제사회가 바뀌면 사람이 변한다. 해방 이후 수십 년 만에 역동적으로 뒤바뀐 한국경제가 일상적으로 일으킨 수많은 변화의 대상 중 하나가 바로 한국인이었다. 동시에 사람이 바뀌어야 경제사회가 변한다. 따라서 경제사회와 인간이 서로 앞서거니 뒤서거니 영향을 주고받으면서 같이 진화한다고 보아야 한다. 더구나 정치든 경제든 문화든 (생태계와의 공존을 고려한) 인간을 위해 존재한다. 따라서 사회를 구성하는 것도 인간이고 사회를 바꾸는 것도 인간이다.

이같이 인간을 말하지 않고 경제를 논할 수 없으므로 경제사상과 경제이론은 명시적이지는 않더라도 모종의 인간상을 깔고 있다. 이 점에서는 고전학파의 정치경제학, 마르크스의 자본주의 운동 법칙, 케인스의 거시경제동학, 신고전학파의 일반균형체계 사이에 차이가 없어보인다.

전통적으로 여러 경제사상의 입장과 특징을 담고 있는 핵심 이론이 '가치·가격이론'이다. 그런데 각 학파가 주장하는 추상적인 가치론을 구체적으로 보여주는 것이 바로 '경제적 인간'이라 생각할 수 있다. 예를 들어 노동가치론을 주장하는 마르크스는 노동자계급을 내세우고, 한계효용이론을 주장하는 신고전학파는 소비자 개인을 내세운다.

원래 인간에 대한 연구가 인문학의 영역이므로 경제학이 수행하는 인간 연구는 추가로 필요한 근거를 제시해야 한다. 우선 개별 학문인 경제사상이 철학이나 인문학과 같이 인간의 전체 모습을 그려내기는 어렵다. 그렇지만 특정 측면에 집중해 보다 상세하고 구체적인 논의를 전개할 수 있다는 장점도 있다. 또한 경제학을 비롯한 사회과학의 인간은 상호관계나 사회구조 등을 포함하고 있어 인문학적인 인간 연구의 범위를 넘어서므로 보다 풍부한 논의가 가능하다.

　나아가 인간은 관념이나 이상을 가지기 이전에 두 발을 땅에 딛고 서서 생존하고 번식한다. 이런 물질세계의 인간이 인식이나 윤리의 주체만큼 인간의 근원적인 모습을 보여줄 수 있다. 무엇보다 역사적으로 근대에 들어서며 경제영역의 인간이 도덕적인 인간이나 시민을 압도할 수 있는 잠재력을 드러내고 있다는 점이 중요하다.

　구체적으로 시장에서 사업자등록증을 내고 돈벌이를 시작하면 손쉽게 윤리나 도덕을 저버리고, 시민의 정의로움을 잊어버릴 수 있다. 사람들은 철학자나 도덕군자, 그리고 시민이 될 가능성보다 경제인으로 변할 가능성이 훨씬 더 높다. 자본주의와 시장경제가 사회를 압도하는 현실만 봐도 알 수 있듯 인간은 경제적 인간, 심지어 경제적 동물로 변할 가능성이 높다.

　인문학이 인간의 보편적인 특징들에 관심을 둔다면, 경제학에서는 주로 근대 자본주의의 경제주체를 문제로 삼는다. 역사적으로 산업혁명 이후 자본주의가 발전하면서 서양인들은 경제적 인간으로 변모해 왔다. 1960년대부터 시작된 경제성장과 입시경쟁의 화신이었던 한국인의 모습도 윤리적 주체나 시민이라기보다 경제주체나 전사에 가까웠다. 경제와 돈에 대한 세대들 간 관념의 차이나 서로 다른 체제에 살아온 북한 사람과 남한 사람의 차이도 경제적 인간이 지닌 중요성을 보여준다.

　1990년대 동구권 공산주의의 붕괴 이후 최근에는 신자유주의와 세계화가 진행되면서 경제가 정치와 사회를 흡수하는 경향이 나타났고, 경제학이 경제 외적인 현상인 투표, 결혼, 출산, 범죄, 법, 윤리, 종교 등을 설명하려는 경향도 생겼다. 이로 인해 적어도 외견상 대부분의 인간이 '경제적 인간'으로 변해가고, 다양한 기능을 지닌 조직들이 기업으로 변형되고 있다. 이것은 경제적 인간이 시장의 영역을 벗어나 사회 전역에 확산되고 있음을 의미한다.

그런데 영국에서 등장한 주류경제사상은 '경제인homo economicus'을 경제주체로 제시하면서도 경제영역의 인간에 대해 깊고 넓게 다루지 않았다. 특히 20세기 신고전파 경제학은 경제현상을 예측하는 데 필요한 지식은 풍부하지만 인간에 대해서는 근원적인 관심을 기울이지 않는다. 많은 경제학자들이 가격, 자원배분, 국민소득, 물가, 고용, 그리고 이와 관련된 정책과 법규에 대해서는 관심을 갖지만 '경제주체' 자체에 대해서는 고민하지 않는다. 그래서 경제학의 초심자들은 흔히들 '경제학 속에서 인간은 어디에 있는가?'라는 회의에 빠지곤 한다.

이런 이유로 주류경제사상이 내세우는 경제인을 사회의 표준적인 인간 내지는 표준적인 경제주체로 삼는 데 대해 오랫동안 비판이 제기돼왔다. 특히 세계화에 수반된 소득의 불평등과 금융체계의 불안정성, 그리고 '4차 산업혁명'이라는 걷잡을 수 없는 변화 앞에서 이기적이고 합리적인 경제인이 우리가 지향하는 보편적인 인간상일 수 없다는 반성이 강하게 일어나고 있다. 이런 논란은 신고전파 경제학과 자본주의, 특히 영미식 자본주의의 보편성에 대한 반발과 평행을 이루고 있다.

쉽게 말해 우리는 과연 이전과 같이 계속 각자의 이익을 따지고 악착같이 경쟁하면서 살아야 하는가라는 문제에 직면해 있다. 그리고 이 시대의 우선적인 문제는 '어떤 사람이어야 하는가' 혹은 '어떤 시민이어야 하는가'라기보다 '어떤 경제주체여야 하는가'다. 물론 바람직한 경제주체에 대한 모색은 궁극적으로 바람직한 인간에 대한 모색으로 이어져야 한다. 그리고 생태계와 코로나19바이러스$^{COVID-19}$에 대한 우려, 사회적 경제나 기본소득 등의 대안이 지향하는 바도 모두 새로운 유형의 인간과 삶이다.

이 논의를 위해서는 세속적인 시장의 인간도 상도덕이나 기업윤리와 같은 규범이나 올바른 삶이라는 이상을 필요로 한다는 점을 직시할 필요가 있다. 따라서 경제영역의 인간이 실제로 '어떻게 행동하는지' 뿐만 아니라 '어떻게 행동해야 하는지'가 중요하다. 이는 경제체제의 이상이나 이념에 상응한다.

이 책은 인간에 대한 경제학의 무관심을 비판하고 보완하기 위해 경제학의 역사를 들여다보고 그 속의 인간들을 넓고 깊게 보여주는 데 목표를 두고 있다. 그리고 바람직한 경제주체와 인간의 모습을 모색하고자 한다. 물론 이에 대한 절충적인 답은 시장에서는 이기적이고, 가정과 지역사회에서는 도덕적이며, 선거장에서는 시민적인 인간일 것이다. 이 책은 이런 절충적인 인간상을 한 발짝이라도 넘어서고자 한다.

이런 목표를 위해 경제학의 고전들을 위시한 서양의 고전들, 신고전파 경제학, 행동경제학 등 최근의 주목할 만한 경제이론들을 검토하고 동서양의 차이를 보여주는 약간의 문헌들을 보충했다. 문헌에 명시적으로 제시된 인간뿐만 아니라 다양한 경제사상에 스며들어 있거나 전제돼 있는 인간상을 드러내고자 했다.

오랫동안 생각해온 주제여서 손쉽게 붓을 들었지만, 예상보다 많은 어려움에 부딪혔다. 인문학적인 소양과 현실의 다양한 경제주체들에 대한 경험적인 성찰이 부족한 상태에서 경제학과 인문학 사이를 왕복해야 했기 때문이라고 생각한다. 그렇더라도 1960년대 이후 압축적인 경제성장, 압축적인 민주주의, 압축적인 교육 시스템을 이식받으며 인간과 삶에 대한 진지한 물음 없이 정신없이 달려온 우리에게 이 책이 성찰의 여유를 제공할 수 있기를 희망한다. 논의의 출발점은 주류경제사상의 경제인이지만, 종착점은 한국인이자 우리 자신이기를 바란다.

신촌에서

홍 훈

2020년 8월 9일

4부 호모 이코노미쿠스에 맞서다
집단 속에서 갈등하며 변화한다

1장 사회주의의 평등의 경제학 : 사회를 바꾸는 인간형

2장 제도와 진화의 경제학 : 제도화된 인간형

3장 수정주의 경제학 : 시장을 흔드는 인간형

5부 호모 이코노미쿠스를 우회하다
일상에서 만나는 다양한 경제적 인간들

1장 행복을 추구하는 존재

2장 관계적인 존재

3장 다중적인 존재

4장 자유를 갈구하는 존재

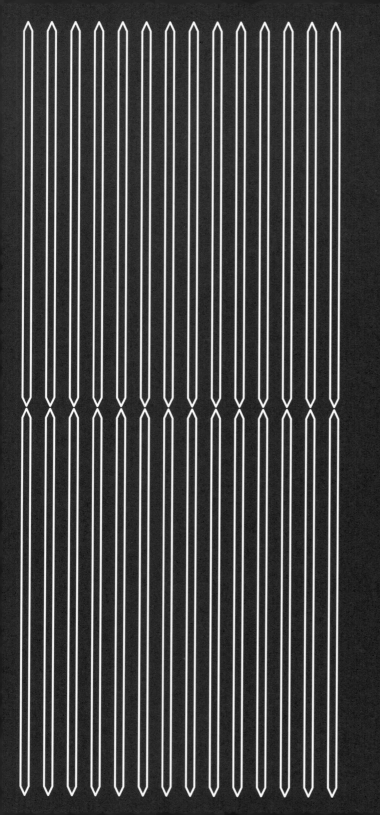

1부

• • • • • • •

현실의 경제주체와
이론의 경제인

경제와 인간

경제는 생산, 소비, 교환, 분배 등의 단계를 거치는 과정이고 운행이다. 이런 경제의 운행은 ①경제활동을 벌이는 **인간(경제주체)**, ②인간들의 전체적인 움직임이나 **상호관계 및 상호작용**, ③이런 활동과 상호작용을 내외로 규정하고 유지하는 **여건이나 구조**에 따라 결정된다. 경제에 문제가 발생한다면 이 세 가지 중 하나와 관련된다.

예를 들어 실업의 원인은 노동자의 인식과 행동, 노동의 수요자인 기업이나 기업가의 인식과 행동, 노동공급자들 사이의 경쟁이나 상호작용, 기술이나 제도와 같은 경제사회의 여건 또는 구조 등에서 찾을 수 있다. 경제학에서는 보통 미시와 거시의 이분법을 선호하지만, 이렇게 보면 경제학의 구분보다 사회학이 제시하는 미시, 중간, 거시의 삼분법이 더 타당해 보인다.

경제주체, 관계나 상호작용, 구조의 상대적인 중요성은 관점에 따라 달라진다. 대표적인 예로 주류경제사상은 개인으로서의 경제주체를 강조하고, 마르크스주의 사상은 경제관계나 경제구조를 강조한다. 따라서 일견 전자가 후자보다 인간의 역할에 더 무게를 두는 것처럼 보인다. 그렇지만 비판적 실재론critical realism이 강조했듯이, 마르크스의 경우에도 관계·구조가 인간에게 내부화되어 있고, 그들의 행위를 통해 관계·구조가 재생산된다. 이런 이유로 경제주체의 구체적인 행위를 통해서만 비로소 추상적인 경제구조를 확인할 수 있다. 혹은 인간의 행위가 현상의 출발점이 아니더라도 그것을 매개로 현상이 나타나고, 경제현상이 다시 인간의 인식과 행위에 영향을 미쳐, 인간의 행위와 경제현상이 상호작용한다.

그렇다면 경제주체가 경제 운행의 출발점, 담지자 혹은 매개자, 종착점 중 최소한 어느 하나이고 대체로 그 이상이다. 더구나 관점에 관계없이 사회와 경제가 인간을 위해 존재하고 인간만이 이것을 개선할 수 있다. 따라서 관계·구조의 담지자이자 실행자로서 경제주체의 의도나 자발성을 고려해야 한다.

현상에 대한 파악은 개념을 통해 가능하다. 자명해 보이는 국민총생산, 물가, 고용 등도 단순히 주어진 자료가 아니라 이미 관념이나 개념을 담고 있다. 경제주체에 대한 파악도 개념을 통해 가능하다. 그런데 경제주체를 개념화하는 데 있어 몇 가지 사항을 고려해야 한다. 이로 인해 경제주체는 현실의 구체적인 인간과 어느 정도 거리를 두게 된다.

우선 그 어떤 사상이나 이론도 모종의 선험적인 관점에 따라 현실의 일부분을 파악할 뿐 현실을 있는 그대로 재현할 수 없다. 더구나 개념은 보편성을 추구해 추상적이므로 온갖 노력에도 불구하고 설명하지 못하는 부분을 남기게 된다. 이런 이유로 경제주체에 대한 개념도 현실의 구체적인 경제주체를 완벽하게 설명할 수 없다.

경제주체를 그 활동에 따라 나누어 보면 소비자, 생산자, 교환의 당사자, 분배의 주체다. 시장 중심으로 살펴보면, 이들은 모두 수요자와 공급자이고, 선택의 주체다. 기업 중심으로 살펴보면, 이들은 노동자, 지주, 자본가, 투자자, 기업가, 주주, 기술자 등이다. 또한 자본주의경제의 전제가 사유재산이므로, 이들은 모두 모종의 소유자다. 나아가 시장 밖에서 영향을 미치는 사람들로 정책결정자인 정치가, 국회의원, 경제관료, 시민 등이 있다. 그리고 이들보다 더 멀리 있는 언론인, 변호사, 철학자, 예술인 등도 경제와 무관하지 않다.

경제주체가 지니는 현실과 이상

'경제주체'라는 개념이 뜻하는 바가 무엇인지 좀 더 살펴보자. 첫째로 경제주체 개념은 구체적인 사람들을 묶어내는 추상적이고 포괄적인 범주다. 이런 점에서 경제주체 개념은 시장, 상품, 가치, 가격, 생산, 소비, 교환, 분배 등 경제학의 제반 개념들과 마찬가지의 성격을 지닌다. 가령 경제학은 상품시장, 노동시장, 토지시장, 자본시장 등을 모두 '시장'으로 묶는다. 또한 철학, 정치학, 사회학도 각기 구체적인 인간이 아니라 일반화된 인간을 상정한다. 도덕적인 인간, 정치인이나 시민, 사회인이 그런 인간이다. 그리고 이들은 모두 '인간'이라는 가장 추상적인 상위 범주에 묶인다. 따라서 개념의 위계를 따진다면 '인간 〉 경제주체 〉 개별 경제주체'로 설정할 수 있다. 결국 경제학은 경제영역을 관통하면서 다른 영역의 인간과 어느 정도 구분되는 인간을 경제주체로 개념화한다.

둘째, 경제학자가 경제주체를 대상으로 삼아 분석·해석함과 같이, 현실의 경제주체도 자신의 활동과 경제를 다시 대상으로 삼아 분석·해석을 진행한다. 현실의 경제주체는 실제로 활동할 뿐만 아니라 명시적·묵시적으로 끊임없이 자신의 활동과 경제를 분석·해석한다. 이 점에서 경제주체는 원자나 세포와 같은 자연현상의 인자와 다르다. 그리고 이 점 역시 경제주체에 대한 파악을 어렵게 만든다.

> 사업가, 노동자, 법원, 행정관, 정치인 등이 진정으로 의미하는 바는 그들이 말하는 것도 아니고 그들이 생각하는 것조차 아니며, 그들이 **행하는** 것이다. 그들이 말하는 것과 심지어 그들이 신, 자연, 재산, 자유 등에 대해 생각하는 것은 단어들과 단어들이 나타내는 것에 대한 그들의 명목적인nominal 의미인 데 비해 그들이 행하는 것은 그들의 기억, 활동, 기대, 갈망 그리고 대안들에서 나오는 실질적인real 의미이다. 따라서 이들의 의미는 활동의 관점에서 과학적으로 연구될 수 있다.[1]

넓게 보면 인간은 인식의 주체이자 행위의 주체다. 행위자로서 인간은 현상을 낳아 인식의 대상을 제공하지만, 동시에 이것을 인식하고 해석하므로 불완전하지만 철학자다. 이와 비슷하게 행위자로서 경제주체는 경제현상을 낳지만, 동시에 이것을 대상으로 인식하고 해석한다는 점에서 불완전하나마 경제학자이기도 하다.

일상적인 수준에서는 짜장면, 커피, 핸드폰, 옷, 집 등 일상적인 재화들에도 이미 생산자의 관념, 의미, 이상이 담겨 있다. '이것이 진정한 짜장면(옷, 집, 핸드폰)이다'라든지 '짜장면은 이래야 한다'라는 판단이 이를 말해준다. 행동경제학에서 등장한 '개념적 소비conceptual consumption'라는 '개념'에 의하면 소비 자체도 관념적이며 소비행위를 통해 소비자는 물체뿐만 아니라 개념을 '소비'한다.[2]

셋째, 경제주체 개념은 현실의 경제주체를 설명할 뿐만 아니라 명시적이든 묵시적이든 경제주체의 이상적인 모습을 제시한다. 이는 경제사상이 경제의 현실을 설명하는 데 그치지 않고 경제의 이상적인 방향을 제시하려는 데서 비롯된다. 경제의 현실과 이상은 경제에서 활동하는 경제주체의 현실과 이상과 평행을 이룬다. 따라서 경제주체라는 개념은 경제주체에 대한 설명이자 경제주체가 나아갈 방향이기도 하다. 그리고 이런 현실과 이상은 서로 연결되어 있다.

경제주체의 성격과 방향은 각 경제학파가 지닌 시각, 관념, 의미, 가치, 믿음에 따라 달라진다. 이 점에서 하일브로너Robert Heilbroner의 표현대로, 경제학자는 '세속의 철학자The Worldly Philosophers'다. 이를테면 경제체제에 대한 믿음이나 관점은 일반적으로 그런 체제에서 활동하는 인간에 대한 믿음이나 관점을 낳는다. 마르크스주의 경제학에서 노동자계급은 착취받고 핍박받지만 경제사회를 변혁할 수 있는 주체고, 신고전파 경제학에서 개인은 시장경제의 근간이다.

넷째, 경제주체라는 학자의 '개념'에 이상이 담겨 있을 뿐만 아니라 현실의 경제주체 또한 자신의 이상이나 규범을 지니고 있다. 경제학이 세속의 학문이고 경제인이 세속의 인간이지만, 성직자뿐만 아니라 속세의 인간도 기계나 동물이 아니므로 이상이나 규범을 지니고 있다. 먹고살기 위해 동분서주하는 많은 사람들이 수시로 자신의 인생과 이상적인 경제사회에 관해 막연하게나마 꿈을 꾼다.

이로 인해 현실의 경제주체를 있는 그대로 서술하는 경우에도 규범적인 측면을 배제할 수 없다. 윤리적으로 비난받는 '천민자본주의'에도 현실과 이상이 공존한다. 따라서 경제주체 개념은 경제학자와 경제주체의 현실과 이상을 이중적으로 담고 있다. 이 책에서는 현실의 경제와 함께 이상적인 경제를, 그리고 현실의 경제주체와 함께 이상적인 경제주체를 서술하게 될 것이다.

경제인
호모 이코노미쿠스의 등장

주류경제사상은 자본주의경제 혹은 시장경제에 부합되는 경제주체로 '경제인homo economicus'을 중심에 놓는다. 그리고 경제인을 근거로 시장경제를 설명한다. 보다 특정적으로 20세기의 지배적인 경제학인 신고전학파는 가격기구와 함께 개인의 '합리적 선택rational choice'을 시장경제의 두 축으로 삼아 경제인을 부각시키고 있다. 이제 경제에서 활동하는 일반적인 의미의 인간은 '경제주체'로, 주류경제사상에서 제시하는 경제영역의 인간은 '경제인'으로 구분하자.

근대 서양의 주류경제사상은 한편으로 자본주의체제에 보편성을 부여하면서, 다른 한편으로 이에 상응하는 보편적인 인간으로 경제인을 설정했다. 초기의 경제학은 자본주의경제를 사회의 다른 영역과 분리시켜 파악했기 때문에 경제인도 다른 영역의 인간과 분리되어 나타났다. 결국 정신세계에서는 철학이 제시하는 관념적이고 윤리적인 인간이 지배하고, 정치영역에서는 시민이 지배한다면, 세속의 경제에서는 경제인이 지배한다고 주류경제사상은 생각해왔다.

좁은 영역의 인간이라고는 하지만, 경제인도 현실에서 활동하는 여러 종류의 구체적인 경제주체나 경제행위자 자체가 아니라 이들을 파악하는 개념일 뿐이므로 여전히 추상적이다. 구체적이지 않다는 점에서 경제인은 모든 사물과 활동의 결과를 무차별적으로 화폐가격으로 환산하는 시장의 익명적인 성격과도 비슷하다. 같은 이유로 경제인은 이론과 현상, 그리고 이상과 현실의 양면성을 지닌다. 20세기 저명한 경제학자 케네스 볼딩Kenneth E. Boulding이 기술한 경제인이 아마도 이에 가까울 것이다.

경제인은 천당과 지옥의 중간에 머물고 있다—그는 천당에 갈 만큼 선량하지도 않고, 지옥에 갈 만큼 사악하지도 않다. 그가 지닌 미덕들은 사소하다. 시간을 잘 지키고, 정중하며, 정직하고, 진실하며, 노력하고, 검소하며, 열심히 일한다. 그의 악덕들도 사소하다. 쩨쩨하고, 인색하고, 속임수를 쓴다. 흔히 탐욕스럽다는 비난을 받지만, 오만한 자들의 가공할 탐욕에 비하면, 경제인의 탐욕은 장난스럽고 순박하다. 경제인은 자신의 천박함으로 인해 오만해지지 않으므로, 전체적으로 죽음에 이를 만한 죄를 피할 수 있다(예를 들어, 코카콜라의 상업적인 천박함은 히틀러의 영웅적인 악마성보다 훨씬 낫다). 그러나 경제인은 위대한 덕성을 지니고 있지 않다. 신이 자신을 본떠 인간을 만들었는데, 그런 인간에 경제인은 미치지 못한다. 그래서 그는 신적인 것, 영웅적인 것, 신성화된 것, 그리

고 비경제적인 것에 대해 지울 수 없는 갈증을 지니고 있다.[3]

그런데 주류경제사상을 통해 보다 제한적으로 나타난 경제인은 **자신의 물질적이거나 정신적인 이익을 효율적으로 추구하는 합리적인 개인이다.**[4] 이로부터 경제인의 모습을 **개인주의, 이기심, 합리성, 부의 추구, 그리고 쾌락의 추구**로 규정할 수 있다. 이들 사이에 서로 겹치는 부분이 있지만 각각을 나누어 설명해 보고자 한다.

이 책에서 말하는 주류경제학, 신고전학파, 표준이론

주류경제사상과 주류경제학은 자본주의경제 혹은 시장경제를 내세우는 경제 사상과 이론을 말한다. 18세기 말부터 19세기 중반까지의 고전파 경제학, 19 세기 말부터 20세기 초의 한계효용학파, 그리고 20세기 초부터 현재까지의 신 고전파 경제학neoclassical economics을 포함한다. 이 책에서는 이들 사이의 차이점 이 중요해지는 경우에 한해 각 학파를 구분하되, 신고전파 경제학은 경우에 따라 '신고전학파'나 '경제학'으로 간단하게 지칭한다. 또한 '표준이론'이라는 용 어는 신고전학파의 핵심 이론을 의미한다.

---

① 더 이상 쪼개지지 않는 '원자로서의 개인'

우선 경제인은 원자적인 개인이다.[5] 경제학의 인간은 개인individual으로 서 정체성identity을 지니며 개인으로 존재한다. 경제학은 초기부터 개인의 자유로운 경제활동을 주창하면서 경제사회가 개인들의 합이고 경제현상이 단순히 개인의 행동들이 모인 결과라고 생각하는 경향이 강했다. 이런 방법론적인 개인·개체주의methodological individualism는 로크John Locke에게서 시작됐지만, 경제학은 특히 디포Daniel Defoe의《로빈슨 크루소 Robinson Crusoe》를 본 따 외딴 섬에 조난되어 홀로 남은 인간을 경제인의 표본으로 삼아왔다. 그리고 개인·개체주의는 프레게Gottlieb Frege나 러셀Bertrand Russell의 분석철학에 부합된다.

경제학에서는 흔히들 개인을 '분석의 단위'라고 말하는데 이는 개인이 소유, 행동, 선택의 단위임을 의미한다. 더불어 재화나 자원 등 사물도 개체로 존재한다. 시장경제에서 경제활동의 근거인 자원을 사유재산으로 간주하는 것이 이에 부합된다. 또한 신고전학파에서 개인의 선택에 근거한 개별 수요-공급 곡선들이 단순히 수평으로 합해져 시장의 수요-공급 곡선을 이루는 것도 이를 나타낸다. 여기서 시장은 고립된 경제인들의 단순한 모음이나 합계에 지나지 않는다.

개인으로서의 경제인은 근대의 고전파 경제학과 현대의 신고전파 경제학을 관통하지만, 신고전학파에서 두드러지며 시카고학파에서 정점에 이른다. 신고전학파의 표준이론에서 개인으로서의 경제인은 가격기구와 함께 시장경제의 두 가지 축을 이룬다. 이 입장에서 가격기구에 의존하는 시장은 자연스러우며, 경제인은 인간의 본성을 반영한다. 인류의 시초부터 시장이 있었을 뿐만 아니라 인간은 그 자체로 경제인이었다고 주장할 정도다.

개인으로서의 경제인은 자유와 책임, 그리고 권리와 의무를 지니며, 소비자든 생산자든 노동자든 자본가든 모두가 동등하다. 나아가 경제인은 자족적이므로 타인을 의식하지 않는다. 주변 사람들의 소비 행태나 거래 혹은 소득에 신경 쓰지 않는다. 각자 자신이 얼마나 가지고 있는지에 관심을 둘 뿐 자신의 소득을 다른 사람의 소득과 비교하지 않는다. 자신이 구입한 것과 같은 물건을 친척이나 친지가 구입했어도 얼마나 주고 구입했는지에 별 관심이 없다.

나아가 집, 옷, 컴퓨터, 그리고 배우자를 선택하는 데 있어 별로 지인의 의견이나 충고에 의존할 필요가 없다. 설령 타인의 조언을 구하더라도 타인의 참견은 절대 사절이다. 무엇보다 경제인은 자립적이어서 누군가가 자기를 돌보아주는 것, 즉 온정주의를 견딜 수 없다. 특히 국가의 온정주의를 혐오한다.

구체적으로 경제인은 경제활동에 대한 정부의 감독, 관리, 규제를 거부한다. 다만 계약 등과 관련된 경제인들 사이의 분쟁에서 제3자로서 정부가 수행하는 조정은 수용할 수 있다. 그렇지만 경제인은 공공재나 복지지출의 내용 등과 관련한 정부의 참견을 참지 못한다. 나아가 혼외사교억제, 동성연애금지, 자동차 안전띠 착용의 의무화, 마리화나 불법화 등에도 경제인은 동의하기 힘들다. 심지어 매춘 금지나 마약 금지 등에 대해서도 경제인은 동의하지 않을 가능성이 높다. 흄 David Hume과 애덤 스미스를 사상적인 뿌리로 삼는다고 자부하는 영국의 대표적인 경제전문지《이코노미스트The Economist》는 이런 내용을 공식 입장으로 내세우고 있다.

이같이 개인으로서의 경제인은 물리학의 원자와 같이 쪼개지지 않는 근원적인 단위이므로 자신보다 상위의 존재들과 충돌하거나 이것들을 부차적으로 만든다. 이같이 경제인은 외부의 사회경제구조를 배제하는 동시에 자신보다 하위의 단위를 거부함으로써 내부구조도 배제한다. 보다 구체적으로 다음 두 가지 사항을 고려해볼 수 있다.

첫째, 경제인은 개인보다 상위에 있는 인간관계나 사회관계, 정부, 기업이나 법인, 학교나 교회 등의 조직, 동창회와 같은 집단, 마르크스나 베버Max Wever가 강조한 노동자나 자본가 등의 계급이나 계층, 그리고 사회구조와 공존하기 힘들다. 이런 존재들은 경제인을 원자로 삼아 형성되는 이차적인 존재로서 근원적으로는 개인들로 환원된다. 가족과 같이 가장 가까운 혈연관계나 집단도 개인의 연장으로 존재한다. 이 때문에 신고전파 경제학에서는 한국 사회를 지배하는 혈연, 지연, 학연이나 경제주체들 사이의 상호의존성이나 상호작용을 통해 나타나는 새로운 경제적 현상을 파악하기 어렵다.

이 입장에서 사회, 시장, 계급, 계층, 집단, 기업, 가계, 동창회, 동호회 등은 모두 개인들이 자신의 이익에 따라 모여서 형성한 것이다. 개인들의 이익 추구 형태에 따라 언제든지 형성되거나 해체될 수 있으므로, 이들은 독자적인 의미나 가치를 지니지 않는다. 기업도 개인들이 계약들을 통해 형성한 모임으로 언제든지 다시 개별적인 계약들이나 그 구성원들로 분해될 수 있으니 경제의 기본 단위가 아니다. 경제학에서 기업이라는 단위는 생산자나 의사결정자 한 사람과 동일하게 취급된다.

특히 경제학은 사회경제구조를 인정하지 않는다. 경제학의 입장에서는 사회과학자들이 어떤 문제에 대해 '사회구조 때문이다'라고 평가하는 것을 두고 '무지의 소치'라고 비난한다. 경제학도들은 사회과학도들이 '잘 모르면 사회구조 탓이라고 한다'며 개인 단위에 기초한 분석적 접근이 필요하다고 강조한다. 이처럼 경제학에서는 개인의 선택이 사회구조를 대신한다. 그리고 경제활동의 대상인 재화나 자원 등도 잘게 쪼개 대체하거나 결합시킬 수 있다는 '한계적인 대체' 개념이 중요해진다. 따라서 경제학을 배우면 '한계'와 '대체'라는 용어가 늘 따라다닌다.

경제인은 다른 사람과의 사회관계나 인간관계 속에 있지 않다. 개인이 다른 개인과 관계를 맺을 수는 있지만 그 관계가 반드시 장기간 지속되지는 않는다. 교환이나 거래도 장기적인 관계에서 비롯되는 행위가 아니라 개인의 선택들이 만나 수시로 형성, 갱신, 해제되는 것이다. 로빈슨 크루소와 그의 친구 프라이데이 사이도 서로의 필요와 이익에 따른 한시적인 관계이지 장기적인 관계로 유지되는 것이 아니다. 가족관계도 독립적인 개인들로 구성되기 때문에 미국에서는 오래전부터 여러 가정에서 이혼이 빈번하게 발생했고 자녀들의 독립성을 강조하는 교육방식이 발달했다.

자본가와 노동자 사이에 이루어지는 고용도 장기적인 노사관계가 아니라 자본가 개인과 노동자 개인이 맺는 계약의 관점에서 봐야 한다. 노동조합과 파업은 노동자 개인의 선택이나 의사결정의 결과이지 이들과 독립적인 집단의 힘으로 발생할 수 없다. 노동조합을 통한 임금협상이 개별적인 연봉 협상으로 대체된 것을 비롯해 고용관계에서 확산되고 있는 이른바 '노동시장 유연화'도 바로 이런 입장을 반영한다.

둘째, 경제인은 개인보다 하위의 단위를 인정하지 않으며 이는 개인이 자율적이고 일관성이 있는 하나의 자아를 지니고 있음을 의미한다. 이 점에서 경제인은 원자와 비슷하다. 개인으로서의 경제인은 내부에 어떤 복잡한 갈등, 모순, 구조도 지니지 않는다. 이런 이유로 경제인은 개인을 복잡한 '구조'로 파악하려는 관점과 부합되지 않는다.

② 이기심에 근거한 '만인의 수단화'

경제인은 이기적이다. 인간이 자신의 사적 이익self-interest을 추구한다는 이런 생각은 경제학의 시조인 애덤 스미스로부터 시작되었다. 철학자나 시민과 달리 경제인은 윤리나 공공선을 고려하지 않는다. 이 생각은 인간과 경제주체에게 전통적인 윤리나 도덕을 요구하는 것이 비현실적이라는 주장과 굳이 윤리나 도덕을 요구할 필요가 없다는 주장으로 구성되어 있다.

먼저 경제주체들이 이기심을 버리고 두터운 윤리나 도덕을 갖춘다는 것은 현실적이지 않다. 이것은 모두가 공자나 소크라테스가 되기를 바라는 것이나 마찬가지다. 인간은 천사이기보다 늑대에 가깝다. 어떤 제빵점이 가격을 내리고 품질을 향상시키는 이유는 이웃을 사랑하기 때문이 아니라 다른 업자들과의 경쟁 속에서 생존하고 또 더 많은 돈을 벌기 위해서다.

동시에 인간이 도덕적일 필요도 없다. 시장이 작동하는 한 각자 자신의 이익에 충실하면 사회 전체의 이익 혹은 공공선과 효율성이 달성되기 때문이다. 심지어 공익을 고려해 움직일 때보다 사익을 보고 움직일 때 공익이 더 잘 달성될 수 있다. 자신의 이웃을 위해 윤리나 법에 의존하기보다 시장의 경쟁과 금전적인 유인에 의존할 때 제빵점은 제품의 가격을 내리고 품질을 향상시킬 수 있다. 그리고 이때 비로소 공공선이 달성된다. 최근의 한 예로 경제이론에 가장 충실한 시사잡지 《이코노미스트》는 인간의 이기심 덕분에 기후변화가 심해지지 않으리라고 장담한다.

경제인이 윤리나 공공선을 고려할 필요가 없는 이유는 시장의 경쟁과 균형가격이 윤리나 공공선을 대신해주기 때문이다. 이런 의미에서 경제인은 공동체경제나 계획경제 등 다른 어떤 경제체제보다 '시장'에 부합되는 인간이다. 사실 경제학은 경제인들이 모여 있는 시장에서 어떻게 가격기구가 작동해 경제문제들을 해결하는지 보여주는 것을 오랫동안 기본적인 과제로 삼아왔다.

시장경제에서 경제적 이익을 얻으려면 물건의 값을 지불해야 하므로 경제인은 재화의 가격, 임금, 이윤 등에 민감하게 반응한다. 경제인이 가격에 따라 움직인다는 것은 상대적으로 윤리·도덕이나 법에 둔감함을 의미한다. 경제인에게 가격은 일차적인 동기이며 윤리나 법은 부차적인 제약조건에 불과하다.

심지어 경제인은 자신의 이익 때문에 부도덕해질 수 있고, 법망을 피해 보려 노력할 수도 있다. 그런데 주류경제사상은 놀랍게도 이 경우 경제인이 아니라 경제인을 부도덕하게 만들거나 죄인으로 만드는 도덕이나 법을 문제로 삼는다. 정치인이나 문화인도 부도덕해지거나 법을 위반할 수 있고 또 사회적인 지탄도 받지만, 경제학은 경제인의 도덕이나 법을 특별히 문제 삼지 않는다.

경제인의 이익은 일차적으로 재화를 소비해 얻는 즐거움과 같은 '주관적인 것'과 소득이나 임금과 같은 '객관적인 것'으로 나뉜다. 그리고 경제인의 이익은 경제적인 이익 이외에 정치, 인생, 종교 등에 관한 입장이나 고려를 포함할 수 있다. 이런 이유로 이기심을 넓혀서 '계몽된 이기심enlightened self-interest'으로 규정하기도 한다.

신고전학파에서 노동자라는 경제인을 신나게 만드는 것은 높은 임금이지 노동윤리나 노동법, 애국심, 회사에 대한 헌신이 아니다. 사용자를 움직이는 것도 높은 이윤과 매상고이지 윤리, 법, 애국심이나 인간에 대한 애정일 수 없다. 이들 모두에게 노동윤리나 노동법은 최소한의 조건에 불과하며, 때때로 경제적 유인과 충돌할 수도 있다.

이기적인 인간은 윤리나 규범뿐만 아니라 법이나 정책 그리고 국가의 적극적인 기능과 많은 경우 조화되기 힘들다. 경제인은 타인에게 피해를 줄 생각이 없지만 타인에 대한 배려나 관심도 없다. 특히 타인의 이익과 믿음, 행위나 선택에 대해 '무관심'하다. 나아가 행위나 선택에 있어 타인을 의식하지 않으며 타인의 평가에 개의치 않는다.

구체적으로 입는 옷, 타는 자동차, 살고 있는 집의 구조나 장식, 마시는 음료, 읽는 책, 보는 영화 등에 대한 주변 사람들의 평가를 의식하지 않는다. 따라서 타인을 모방할 이유도 없고, 타인과 달라야 한다거나 타인보다 우월해야 한다고 생각하지도 않는다. 나아가 타인과 지속적으로 관계를 맺거나 집단을 이루어야 한다는 의지나 생각도 가지고 있지 않다.

물론 경제인이 언제나 타인에 대해 무관심하다고 단정할 수 없다. 타인의 관심을 자신이 좋아하면 그 관심을 즐기거나 수용하고, 타인에 대한 자신의 관심이 자신을 즐겁게 하면 그 역시 받아들인다. 이것이 지속되는 한도 내에서만 친구, 연인, 배우자가 형성된다. 결국 재화를 구입하든, 친구를 사귀든, 결혼을 하든 언제나 유일한 기준은 자신의 선호에 따라 효용이나 이익을 얼마나 증가시키는가이다.

이같이 경제인은 모든 것을 자신의 이익을 위한 수단으로 삼는다. 그리고 이에 대해 경제인은 양심의 가책을 느끼지 않는다. 왜냐하면 다른 사람도 나에게 똑같이 하고 있기 때문이다. 시장에서 거래할 때 사람들은 다른 사람이 가지고 있어 해줄 수 있는 것에 관심을 가질 뿐 그 사람 자체에 대해서는 관심이 없다. 또한 각자가 상대방이 가진 것을 존중할 뿐 인간으로서 상대방을 존중하지 않는다.

이에 따라 주류경제사상은 서로가 서로를 수단화하는 것이 불가피하다고 생각한다. 동시에 모두가 동등하게 서로를 수단화하면 문제가 없다고 생각한다. 오히려 이렇게 하면 모두가 물질적으로 풍요로워지고 후생이 증가한다. 모든 경제인들이 동등하게 서로를 수단화하는 과정에서 수단화에 수반된 독성이 중화된다.

이같이 일방이 타방을 지속적으로 이용하거나 수탈 혹은 착취하는 것이 아니라 모든 경제인들이 서로를 이용한다는 것이 시장경제의 특징이자 장점이다. 주류경제사상은 봉건 사회에서와 같이 특정인이 다른 사람을 일방적으로 수단화하는 것에 반대하면서 '모든 사람의 수단화'를 지향하는 셈이다. '만인에 대한 만인의 투쟁'이라는 홉스Thomas Hobbes의 진단에 대한 주류경제사상의 처방은 '만인에 대한 만인의 수단화'다.

시장경제에서 "네 이웃을 사랑하라"는 성경의 교시나 "모든 사람을 목적으로 대하라"는 칸트Immanuel Kant의 도덕률은 너무 이상적이다. 현실의 인간들은 다른 사람을 목적으로 존중하기 힘들어 한다. 따라서 우리는 모두가 목적이 되도록 노력할 것이 아니라 모두에 대한 수단화를 허용하되 이것이 동등하게 이루어지도록 노력해야 한다.

누군가 다른 사람을 항상 목적으로 삼는다고 말한다면 그것은 허영이거나 위선에 가깝다. 실제로는 다른 사람을 이용하고 있지만 겉으로만 아니라고 말하고 있을 뿐이다. 윤리적인 발언으로 존경받을 순 있겠지만 오히려 한 사람이 다른 사람에게 종속되는 일방적인 상황이 연출된다. 혹은 우상화나 신격화가 나타날 수 있다. 이런 상황은 모두 이성에 반하며 심지어 위험하다. 경제인은 자신의 이익을 얻고자 하는 이기심을 바탕으로 타인을 목적으로 대하지도 않지만, 동시에 타인을 노예로 만들지도 않는다.

③ 당위와 규범이 된 '합리성'

경제인은 합리적이다. 경제인의 합리성rationality은 대안들에 대한 합리적인 선택과 의사결정을 낳는다. 경제인은 시장에서 합리적으로 재화나 자원을 선택하고 의사를 결정해 가장 적은 비용으로 효용이나 이윤 등을 극대화한다. 여러 경제인들의 이런 합리적 선택과 기대들이 모여 시장에서 미시적으로 자원 배분이 효율적으로 이루어지고 거시 경제가 안정된다.[6]

합리적 인간 역시 서양 근대의 개인주의와 로빈슨 크루소에 기원을 두고 있다. 그런데 경제인의 합리성은 고전학파보다 윅스티드Phillip Wicksteed, 로빈스Lionel Robbins, 새뮤얼슨이나 프리드먼 같은 신고전파 경제학자들에게서 보다 두드러지게 나타난다.

합리성은 사람들이 지닌 기호나 선호, 믿음이나 가치에 따라 다르게 나타나지만 그 다름을 각자가 일관성 있게 유지한다. 배보다 사과를 좋아했던 사람이 갑자기 사과보다 배를 좋아할 수는 없다. 정치적인 믿음에 있어 보수적인 사람이 갑자기 진보적으로 되거나, 기독교인이 불교도가 되거나 그 반대로 변하지 않는다.

경제인에게는 선택대상에 대한 거의 완벽한 정보가 주어지고, 경제인은 이런 정보를 가장 효율적으로 활용해 목표를 달성한다. 완벽한 합리성을 지니므로 경제인은 언제나 차갑게 계산한다. 감정이나 본능에 흔들리지 않고 습관의 영향을 받지 않으며 허명과 허영을 쫓지도 않는다. 가령 사업가는 기업의 재계 순위나 세계 100대 기업, 세계 최고 등의 허명에 따라 움직이지 않는다.

서양철학은 인간의 이성에 초점을 맞추므로 철학에서 파생된 사회과학도 분야별로 인간의 이성을 변형시켜 사회현상을 설명한다. 이에 따라 철학의 윤리적인 인간을 필두로 하여 정치학의 시민, 경제학의 경제인이 등장하고 이들은 모두 이성적인 판단을 필요로 한다. 그렇지만 윤리적 인간의 이성, 시민의 이성, 경제인의 이성이 완전히 일치하지 않는다. 윤리적인 인간은 인생의 목표나 사회적 가치에 대해 고민하고, 시민은 자신의 이익뿐만 아니라 정의나 공공선, 사회가 지향하는 여러 목표들을 놓고 고민한다. 이에 비해 경제인은 사회의 목표나 가치가 아니라 자신에게 주어진 목표를 효율적으로 달성하는 수단과 방법에 초점을 맞춘다.

예를 들어 경제인은 주어진 제품을 만드는 데 자원을 적게 들이거나 주어진 재화를 획득하는 데 돈을 적게 들여 최대한 이익을 많이 남기려고 노력한다. 따라서 경제인은 '도구적 이성'의 소유자다. 이 점에서 경제인은 인생의 다양한 문제들로 고민하는 일상의 인간과도 어느 정도 차이를 두고 있다.

합리적 경제인의 일차적인 목표는 원래 쾌락·효용 아니면 돈·이윤이지만, 반드시 이에 국한되지 않는다. 오히려 경제인은 쾌락이든 돈이든 어느 것 하나에 집착하거나 이것을 맹신하거나 맹종하지 않는다. 이 점에서 합리적인 경제인은 《베니스의 상인》이나 《죄와 벌》의 전당포 주인(채무자들을 일방적으로 착취하는 사악한 채권자)과 차이가 있다.

주어진 목표의 달성 여부나 정도는 결과로 나타나기 때문에 경제인은 '결과'에 초점을 맞춘다. 경제인은 행위 자체나 의도와 과정, 절차보다 결과를 중시하는데 이것은 시장의 특징이기도 하다. 이는 금전적 유인을 위시한 '외적인 동기extrinsic motivation'가 경제인을 움직인다는 것을 뜻한다. 이와 대비되는 몰입이나 헌신과 같은 '내적인 동기intrinsic motivation'에 경제인은 무관심하다. 노동이나 공부와 관련해 외적인 동기는 소득이나 보너스, 성적이나 대학 진학, 학점이나 취직 등 그것의 결과와 이에 대한 평가로 형성된다. 이에 비해 내적인 동기는 노동이나 공부라는 활동 자체가 주는 즐거움이나 보람, 노동이나 공부에 대한 흥미나 열정으로 형성된다.

대안을 선택하고 의사를 결정하는 경제인의 도구적 합리성을 시장경제에서 경제현상으로 만드는 장치가 '가격기구'다. 이런 의미에서 효율적인 시장의 가격기구와 합리적인 개인은 서로 밀접하게 연결되어 있다. 개인이 주어진 가격 하에서 합리적으로 선택하고 이런 선택들이 모여 시장의 수요와 공급을 이루어 가격을 결정한다. 그렇게 결정된 가격을 개인이 다시 자신의 선택에 고려한다. 이렇게 보면 신고전학파의 합리적인 경제인은 시장에 부합되도록 고안된 인간이다.

시장경제에서 가격을 통해 소통하는 경제인들은 서로 직접 만나기보다 가격을 매개로 간접적으로 만난다. 거래를 위해 가격을 지불하는 한 경제인이 다른 경제인과 직접 마주칠 이유는 없다. 이로 인해 시장경제는 익명성이 강하다. 상품이 가격을 통해 시장에서 정체성을 가지듯이, 사람들도 은행이나 병원의 대기번호나 학교의 수험번호 등 이름이 아니라 숫자나 번호로서 정체성을 지닌다.

경제인의 합리적 선택은 수량과 비율에 훨씬 예민하다. 합리성이라는 영어단어를 'ratio - nality'으로 쪼개면 이 점을 확인할 수 있다. 이런 수량에 대한 민감성이 한계 원리를 통해 마지막 단위의 대체나 보완을 가능케 한다. 이것은 사회에 대한 근원적인 개혁보다 미세하고 점진적인 조정을 뒷받침하는 논리로 작동한다. '남은 1만 원으로 돼지고기를 더 살까 과일을 더 살까' 하는 소비자의 고민은 한계적인 대체의 예다. 이자율을 0.25퍼센트 올릴지 0.3퍼센트 올릴지 고민하는 정책당국자나 최저임금을 아주 느리고 조심스럽게 변동해야 한다는 생각은 점진적인 조정에 부합된다.

수량적인 계산과 분석에 근거한 경제적 합리성이 가정주부, 상인, 회계사에 부합된다면, 수사와 질적인 해석은 시민, 정치인, 변호사의 합리성에 부합된다. 특히 한계 원리는 다른 영역의 합리성에서는 찾아볼 수 없다는 점에서 경제인과 경제학의 특징을 잘 보여준다.

시장경제에서는 투명성과 정보의 공개를 강조한다. 정보를 제공하는 일차적인 장치는 시장의 가격기구와 시장을 뒷받침하는 법이나 관습 등의 제도들이다. 시장경제의 효율성은 경제인이 다차원적으로 변하는 정보까지 처리할 능력을 갖추고 있다고 전제한다. 이런 능력은 정보를 잘게 분해해서 예측하고 활용하는 분석적인 인식 혹은 서양인의 인식을 대변하는 형식논리와 원자주의에 근거한다.

경제인의 계산능력은 더하기, 빼기, 나누기, 곱하기 즉 가감승제의 사칙연산을 기본으로 삼는다. 주식시장, 경마장, 도박장, 복권 구입, 보험 가입 등에 필요한 확률과 기대치, 평균과 분산이나 표준편차에 대한 감각도 지니고 있어야 한다. 특히 이들은 주식의 평균수익률을 계산하고, 주식 거래에 수반되는 위험과 변동성을 파악하기 위해 필요하다. 이런 능력을 갖추려면 최소한의 교육을 필요로 한다.

동시에 효율적으로 정보를 처리하는 경제인들이 형성한 시장의 가격도 모든 정보를 반영하고 있다. 이런 의미에서 신고전학파의 표준이론은 주식시장을 비롯한 시장에 대해 '효율시장가설efficient market hypothesis'을 내세운다. 이 가설에 의하면 차익거래 등을 통해 경제인들이 정보를 신속하게 가격에 반영하므로 시장이 효율적이다.

신고전학파에서 합리적인 경제인은 경제주체의 현실이자 규범이다. 고전학파에서 등장하는 초기의 경제인은 윤리·도덕이라는 규범이나 당위를 떠나서도 공공선이나 전체의 이익에 반하지 않고 이에 기여하는 인간이었다. 그러나 신고전학파에 들어서면 점차 철저한 이익 추구와 합리성이 그 자체로 당위나 규범이 되어 이를 추구하고 지키는 인간이 완벽한 경제인으로 그려진다. 경제인이 소극적으로 윤리·도덕에서 벗어나도 되는 인간에서 적극적으로 이로부터 벗어나야 하는 인간으로 바뀐 셈이다.

④ 행복 추구를 넘어서는 물질 추구

경제인은 부wealth나 물질materialism을 추구한다. 밀과 마셜은 인간이 지닌 욕구의 대상 중 '부'를 가지고 경제영역과 경제인을 규정했다. 경제인은 궁극적으로 부를 축적하기 위해서 지금의 돈을 절약하거나 투자하거나 대여해 더욱 늘리려고 노력한다. 부를 추구하는 인간은 무한한 부의 축적을 마다하지 않는다. 여기서 부는 생존, 생계, 생활에 필요한 수준을 넘어서는 물자와 화폐의 축적을 의미한다. 물론 이런 부는 이윤을 비롯한 연간 소득이 모인 것이다.

부는 물질적인 가치이므로 부에 대한 추구는 덕성이나 현명함 등 정신적인 가치나 미적인 가치 혹은 넓은 의미의 좋음, 그리고 행복을 추구하는 것과 구분된다. 부에 대한 추구는 흔히 물질주의나 경제주의로 불린다. 또한 부는 비슷한 세속적인 가치라고는 하지만 권력이나 명예 등과도 구분된다. 정치인이 권력을 추구하고 문화인이 명예를 추구한다면 경제인은 부를 추구한다. 시기적으로 보면 권력이나 명예가 부보다 더 오래된 가치다.

⑤ 쾌락 추구에 근거한 한계주의

경제인은 쾌락을 추구하고 고통을 피한다. 이런 생각은 고대 그리스에도 있었으나 근대 18세기 말에 벤담이 공리주의utilitarianism로 정식화하며 인간의 기본적인 동기로 삼았다. 그리고 19세기 말에 제번스가 경제인에 국한해 벤담의 생각을 적용했다. 이러한 학문의 발전 과정에서 공리주의는 한계효용학파 및 신고전학파의 철학적인 기반을 이루게 되었다.

쾌락과 효용은 물적이고 객관적인 부를 인간의 주관적인 만족감으로 전환시킨 것이다. 이와 비슷하게 노동은 고통으로 전환된다. 저축은 미래의 소비이자 효용이 된다. 쾌락과 고통의 주체로서 경제인은 재물을 쌓아두기보다 이것을 상품이나 재화로 바꾸어 소비함으로써 최대한 즐기려고 노력한다. 이런 의미의 경제인은 무한한 소비나 사치를 회피하지 않는다.

쾌락의 추구도 부의 추구와 마찬가지로 생존, 생계, 생활을 위한 의식주의 충족과 일치되지 않을 수 있다. 쾌락 추구는 물질적인 욕구를 적절히 억제하는 것에 바탕을 둔 시민의 의무, 현자의 덕성, 헌신과 구분된다. 흔히 쾌락이 주관적인 의미의 행복과 동일시되지만 쾌락 추구가 객관적인 의미뿐만 아니라 주관적인 의미의 행복과도 충돌할 수 있다.

지금까지 살펴본 경제인의 특징을 각각 주체(누가: 개인), 대상(무엇을: 부와 쾌락의 추구), 방법(어떻게: 이기심, 합리성)에 따라 분류해볼 수 있다. 그런데 이런 특징들을 모두 갖추어야 경제인이라고 주장한다면 이는 경제인에 대한 경직된 규정이 될 것이다. 개인과 합리성이 경제인의 특징이라는 데 대해서는 이견이 없다. 반면 이기심, 부, 쾌락이 경제인의 필수적인 요건인지에 대해서는 논란이 있다. 가령 고전학파가 이기심과 화폐 추구를 강조했다면, 신고전학파는 합리성과 자유로운 선택을 강조한다. 이에 대해서는 합의가 형성되어 있지 않으므로 열린 상태로 논의를 진행할 필요가 있다.

경제이론은 세속적인 경제현실에 대한 설명이지만 이를 넘어서 경제에 대한 이상이나 이념을 담고 있다. 쉽게 말해 경제가 실제로 '어떤지'와 더불어 '어떠해야 하는지'까지 말하고 있다. 경제학이 설정하는 경제인도 본래 현실의 경제주체를 지칭하고자 하지만 이상적인 경제주체를 의미하기도 한다. 자신의 이익이 무엇인지 잘 알고 이를 잘 챙긴다는 의미의 이기심이나 계산을 잘하고 잘 처리한다는 의미의 합리성은 경제주체의 현실일 뿐만 아니라 이상을 담고 있다.

호모 이코노미쿠스의 확장

앞에서 논의한 인간이 표준적인 경제인이라면 최근에는 이보다 적극적이고 확장된 의미의 경제인이 떠오르고 있다. 역사적으로 자본주의가 확산된 만큼 경제인도 빠르게 나타났다. 특히 최근에는 세계화와 더불어 이론의 경제인이 현실에 강력한 영향력을 끼치며 빠르게 늘어나고 있다.

무엇보다 초기의 경제사상에서 경제영역에 머물렀던 경제인이 20세기 후반 이후로 점차 다른 영역으로도 번져 나가고 있다. 노동자와 자본가, 생산자와 소비자뿐만 아니라 시민, 정치인, 공무원, 판검사, 언론인, 예술가, 의사, 학자나 교수, 목사 등도 점점 더 자신의 이익과 돈을 삶의 일차적인 가치로 삼으며 이를 위해 보다 꼼꼼하게 계산하고 있다.

공무원은 공익을 생각하기보다 자신의 지위나 수중에 있는 예산의 크기에 집착한다. 판검사나 의사는 판결이나 치료보다 돈이나 권력을 중시한다. 권력이나 지위를 효용으로 해석하면, 이들도 교과서의 경제인과 마찬가지로 효용이나 이윤을 극대화하고 있는 셈이다. 그리고 세인들은 돈이나 권력을 중시하지 않는 사람을 좋게 보면 순진하고, 나쁘게 보면 어리석은 사람으로 취급하게 되었다.

이는 경제와 금융을 우선시하며 시장을 앞세우는 세계화, 신자유주의, 그리고 '경제학의 제국주의economics imperialism' 등의 흐름에 부합된다. 이런 흐름 속에서는 직업이나 직종, 사회적 기능에 따라 달리 요구되는 덕목이나 능력이 무색해진다. 이에 따라 현대 경제사상에서는 경제주체뿐만 아니라 모든 사회주체에게 이기심과 합리성을 적용해 '경제인'이라고 상정하는 경향이 나타났다. 이전에는 제한된 영역(시장경제)을 대표하던 경제인이 이제 거의 인간 자체를 대표하기 시작한 것이다. 심지어 인간에게서 경제인이 파생되는 것이 아니라 경제인에 비추어 인간상을 도출하기도 한다. 이제 경제학자와 세인들은 기존의 시장경제를 이끄는 주체뿐만 아니라 모든 인간에게서 경제인을 찾아낸다.

경제인이 확장되면서 현대의 경제인은 경제주체의 현실일 뿐만 아니라 이상이고 규범이 되고 있다. 세계화된 무역관계에서 자유로운 시장경제가 이상으로 나타나듯이, 명시적으로나 묵시적으로 경제인이 이상적인 경제주체, 심지어 이상적인 인간으로 간주되고 있다. 물론 현실에서는 경제인의 '이상'에 미치지 못하는 사람들이 가끔 실수를 저지르지만 학습과 경험을 통해 훈련된 사람들은 비슷한 상황에서 반복해서 실수하지 않는다. 예를 들어 경제인은 처음 해보는 투자(장보기·회식)에서는 실수할 수 있지만, 이후의 투자(장보기·회식)에서는 실수하지 않는다.

현실과 이상이 밀착된 경제인은 다른 사상들이 강조하는 덕목들, 즉 도덕, 시민정신, 참여, 타인에 대한 배려나 동정심, 이타심, 사려, 지혜 등과 무관해진다. 또한 정치적인 행위로서 항의, 시위, 투쟁 등과도 무관하다. 우리의 일상이나 상식에서 흔히 만나는 이러한 단어들이 경제학 교과서에서는 생소하다. 이처럼 다른 덕목들이 제거된 경제인은 사회적으로 여러 가지 문제를 낳는다.

'경제학 제국주의'의 심각한 결과

첫째, 경제인은 시장의 자유로운 활동을 억압하는 요인들을 우회하거나 약화시키거나 실질적으로 변화시키려고 노력한다. 여기서 경제인은 대기업 등 덩어리가 큰 조직을 포함한다. 이런 경제인은 효용이나 이윤 등 자신의 이익만을 추구하면서 윤리와 도덕을 잠식하고, 자신의 이익을 위해 법망을 우회하거나 무리하게 법을 해석하는 등의 행위를 서슴없이 저지른다.

이에 따라 법이나 정책이 시행된 결과가 입법자나 정책결정자의 의도와 다른 방식으로 나타날 수 있다. 이른바 '펠츠먼 효과Peltzman effect'가 그 예를 잘 보여준다. 미국에서 교통사고를 줄이기 위한 방편으로 자동차의 안전띠 착용을 의무화했다. 그런데 예상과 반대로 교통사고가 줄지 않고 오히려 부상자가 늘어났다. 안전띠를 착용하는 사람들이 보다 안전해졌다고 생각하면서 과거에 비해 더 빨리 달렸기 때문이다. 구축효과도 비슷한 예다. 재정정책이 시행되면 미래에 조세가 증가하리라고 예상하고 이에 대비해 현재의 소비를 줄인다. 이렇게 되면 총 수요를 늘려 경기를 부양하려던 정책적인 목표가 상쇄된다. 혹은 정부에서 복지예산을 늘려 이를 지급하면, 자식들이 노부모에게 주던 용돈을 줄인다. 이렇게 되면 정부의 복지예산 증가가 노년층의 복지에 기여하지 못할 수 있다.

이같이 현대의 경제인은 인류가 의존해왔던 사회적 장치들을 약화시키고 시장의 확산에 공헌하고 있다. 윤리, 법, 정책의 무용성을 내세우면서 그 자리를 시장이 메울 수 있다는 경제학자들의 주장이 경제인의 행위를 논리적으로 대변하고 있다.

경제인과 경제조직의 이런 행동이 강화되면 법의 개정이나 제정에 있어 양성적으로나 음성적으로 영향을 미칠 수 있다. 또한 정부의 정책을 약화·변형시키거나 무력화한다. 미국의 엔론 사태와 같은 회계부정 사건, 한국 재벌들의 경영 세습, 강남의 부동산 투기를 일으키는 수요자들은 이에 대한 추가적인 증거다.

원래 경제인은 이기적이고 합리적이며 타산적이지만, 폭력적이거나 사악하지는 않았다. 반면 오늘날 적극적인 의미의 경제인은 부도덕이나 위법에 수시로 접근한다. 전통적인 의미의 경제인이 보호받고 육성되어야 할 존재였다면, 최근의 경제인과 그것의 연장인 기업은 상당부분 경계와 억제가 필요한 존재다.

둘째, 경제인은 모든 재화를 자신의 이익을 위한 수단으로 삼아 냉정하게 계산하고 자신의 즐거움이나 돈으로 환산한다. 그런데 이것이 확장되어 재화나 자원 등 물체뿐만 아니라 사람을 비롯한 거의 모든 것을 자신의 수단으로 간주하고 활용하는 경향을 보이게 된다. 사람의 감정과 신체 부위, 어린이, 타인뿐만 아니라 자기 자신까지 가격을 붙여 판매한다. 나아가 경제인은 생태계도 사정없이 수단화하고 상품으로 만들어 이익을 취하려고 노력한다.

셋째, 외견상 경제인이 확산되면서 현실의 인간이나 경제주체와 경제인 사이의 거리가 확인되고 있다. 특히 신고전학파가 지나치게 도구적인 측면이 강조된 비현실적으로 높은 수준의 합리성을 상정했다는 비판을 받고 있다. 이것은 경제인이 일관된 하나의 인간상을 유지하는 과정에서 너무 단순화되어 현실과 거리를 두게 되었기 때문이다. 효율성을 극대화하는 이상적인 시장경제를 뒷받침하는 이상적인 인간, 즉 이기적이고 합리적으로 선택하고 합리적 기대를 형성해 자신에 이익에 철저한 계산적인 경제인이 그것이다.

넓게 보면 어떤 분야에서든 사상과 이론은 현실과 이상을 함께 담고 있다. 속세의 경제사상과 경제학도 현실적인 인간뿐만 아니라 이상적인 인간을 경제인으로 상정했다. 문제는 이렇게 이념화된 경제인이 과연 보편적이고 구체적인 현실의 경제주체와 얼마나 닮았느냐는 것이다.

호모 이코노미쿠스의
한계와 이후의 논의

경제인에 대한 현실적인 문제들에서 출발해 보다 포괄적인 접근을 해보자. 주류경제사상에서 벗어난 이단적인 경제사상가들은 시장에 대해서뿐만 아니라 경제학자들이 설정한 편협한 경제인에 대해서도 200여 년 이상 비판을 제기해왔다.

우선 경제인은 시장이나 경제영역에 한정된 인간이지 보편적인 인간으로 규정될 수 없다는 비판이 있다. 또한 경제인이 현실에서 벗어나 있다든지, 추구할 만한 인간상이 아니라든지, 심지어 인간이 아니라 동물이나 기계와 비슷하다는 점들이 지적돼왔다. 더구나 지난 30여 년 동안 세계화가 진행되고 경제학이 다른 영역으로 확장되면서, 현실에 부합되지 않는 경제인의 한계들이 꾸준히 지적되고 있다. 이 책의 문제의식을 이루는 의문들을 구체적으로 제시하면 다음과 같다.

- 인간은 개인으로 존재하는가? 혹은 인간은 언제 얼마나 사회적 동물인가? 인간은 언제 어떻게 관계적이고 집단적인가? 경제주체들은 시장에서 어떤 점에서 동등하고 어떤 점에서 동등하지 않은가? 특히 한국인은 시장경제에서 어떠한가?
- 인간은 이기적인가? 혹은 인간은 어떤 점에서 윤리적이고 상호적이며 이타적인가? 상인과 사업가 등 경제주체도 윤리적일 수 있는가, 아니면 윤리적이어야 하는가? 경제주체에게 정치적 참여는 특별한 것인가?
- 인간은 언제나 합리적인가? 혹은 인간은 언제 어느 정도 비합리적이고, 언제 어떤 식으로 습관이나 본능에 좌우되는가? 인간의 행위는 언제나 일관성을 지니는가? 이런 점에서 시장경제의 주체, 민주사회의 시민, 문화인은 하나인가, 여럿인가?
- 인간은 얼마나 쾌락과 돈을 추구하고 이런 것들을 과연 권력이나 명예, 사회적 인정보다 중시하는가? 재화 등 모든 것을 소비하고 즐기는 경제인과 모든 것을 절약하고 돈벌이에 열중하는 경제인은 서로 얼마나 같고 어떻게 다른가?

역사성이 결여된 경제인의 한계

위의 의문들은 주류경제사상의 경제인이 구체성, 사회성, 역사성을 결여하고 있다는 판단을 깔고 있다. 첫째, 경제인 개념은 인간의 경제활동인 소비, 생산, 교환, 분배 등 여러 활동의 구체적인 특징들을 전달하지 못한다. 또한 경제인은 상식적으로 구분되는 생산, 교환, 분배 등의 현상들을 모두 가격을 통해 시장과 연결되는 무차별적 활동으로 간주한다. 또는 즐거움이나 돈벌이를 위한 행동의 결과로만 간주한다. 이 점이 경제와 경제주체에 대한 상식적인 이해와 경제학적인 이해 사이에 충돌을 낳고 있다.

경제인은 인간 활동의 경제적인 측면만을 부각시킨다는 문제도 안고 있다. 인간은 경제인이면서 동시에 윤리인, 정치인, 사회인, 문화인이다. 경제인은 경제적인 측면을 인간의 여러 측면들 중 하나로 보지 않고 다른 측면들보다 우위에 놓거나 심지어 이것을 절대시한다. 또한 인간의 감성이나 본능, 그리고 윤리와 도덕을 도외시하며, 가치나 윤리와 관련된 합리성을 배제하고 도구적인 측면만을 강조한다.

도구적인 합리성에 수반된 경제인의 계산이 언제나 문제인 것은 아니다. 많은 상황에서 인간은 어느 정도 계산적이어야 한다. 필요한 소득과 물자를 확보하고 적절히 소비하는 것에서부터 건강을 지키고 인간관계를 유지하는 등 적지 않은 활동에 계산이 수반된다. 심지어 일관되게 계산에 서툴면 신려가 부족한 인간이 될 수 있다.

그렇지만 모든 상황에서 끊임없이 계산하는 사람은 타산적인 인간이 된다. 특히 계산할 수 없는 가치까지 계산하려고 노력하는 것이 문제다. 가령 장부 정리와 회계가 인간관계를 대상으로 삼게 되면 경멸을 부를 수 있다. 넓은 의미의 인간의 합리성과 가격 및 돈이 개입되는 경제인의 합리성이 어느 정도 겹치면서도 동일하지 않다. 경제학은 수시로 '효용극대화'를 양자의 매개로 생각하지만 이 매개는 불완전하다.

둘째, 주류경제사상은 시장과 경제인에 대해 애초부터 주어져 있는 존재라고 생각해왔지만, 경제인은 사회 속에서 형성되고 변형되어온 존재다. 경제학은 경제인을 주어져 있는 존재로 보므로 경제주체의 형성 과정을 소홀히 하며, 이와 관련한 아이디어를 사회학이나 인류학으로부터 빌려오는 데도 인색하다. 반면 마르크스처럼 자본주의의 사회성이 경제인을 낳는다고 주장할 수 있고, 베버처럼 청교도 등의 종교적인 영향을 지적할 수도 있다. 혹은 다윈Charles Darwin의 진화이론을 확장해 인간 및 경제주체가 진화하는 과정에서 경제인이 생겨났다고 볼 수도 있다. 그렇다면 경제인은 자본주의에 적응하고 그 논리를 내부화하면서 태어난 존재라 할 수 있다.

잠시 경제인의 형성 과정을 맛보기로 살펴보자. 초기 자본주의의 경제인은 내적으로 근면, 내핍, 절약, 저축을 강조하고, 돈과 시간 낭비를 하지 않도록 스스로 단속하는 습관을 가졌다. 그리고 이런 습관이 절약정신이나 저축의 미덕 등 세속적인 윤리로 승화됐다. 잔혹한 고리대금업자나 베니스의 상인, 구두쇠와 같은 이들은 절약과 저축을 평생의 목표로 삼고 사는 사람들을 낳았다. 이로 인해 이웃과 친척, 식객에 대한 호사를 일상으로 삼는 관대한 부자는 사라지게 됐다.

복식부기 등의 회계 처리는 서양에서 추구한 합리성을 말해준다. 한국에서 일제식민지 시대 이후 등장했고 경제성장기에 확산됐던 가계부 정리도 서양의 이기심과 합리성에 부합된다. 이런 것들은 모두 일조일석에 형성되지 않았다. 그리고 독일, 일본, 한국에서는 이 과정에서 국가의 폭력이 있었고 엘리트의 형성과 이들의 계도가 있었다.

셋째, 경제와 경제학의 역사에서 인간은 여러 가지 모습으로 나타난다. 경제가 지배적이지 않았던 자본주의 이전의 시대에는 인간이 경제주체가 아니라 귀족, 시민, 노예, 민중 등 정치적이거나 사회적인 존재로 등장한다. 어느 정도 자율적인 경제주체가 등장한 이후에도 학파나 학자마다 중시하는 경제나 사회의 문제가 달랐기 때문에 인간과 경제주체의 모습도 하나가 아니었다.

생산과 소비는 경제에서 빠질 수 없는 부분이다. 이로부터 근면이나 절약, 소비의 미덕 등이 인간에게 부과되었다. 그렇지만 자본주의 역사의 국면에서 교환이 중요하게 떠오르면 상인이 부각되고, 생산이 중요해지면 생산을 담당하는 노동자가 부각되었으며, 분배가 중요해지면 분배의 주체가 부상하고, 소비가 중시되면 소비자가 부상했다.

특히 근대에 시장이 융성하고 상업이 중요해지면서 모든 사람이 상인이나 교환의 당사자가 되고 계약의 주체가 되었다. 사람들은 과거보다 계산을 잘 하고 계산적인 인간이 되도록 요구받았고 또한 그렇게 되었다. 동시에 계약에 수반된 기본적인 법규도 알게 되었다. 이와 함께 돈맛을 알고 돈을 밝히거나 돈독이 오른 존재로 변해갔다.

경제가 성장할수록 소비가 중요해지면서 인간은 현명하고 합리적인 소비자 혹은 즐기려는 소비자로 등장했다. 또한 19세기 말에서 20세기 초 사이에 금융자본이 중요해지면서 고리대금업자와 전주들이 금융자본가로 거듭났다. 그리고 20세기 말에서 현재까지 금융업이 더욱 발달하면서 누구나 주식과 채권, 그리고 금융상품을 활용하는 투자자로 변신하고 있다.

나아가 자본주의체제에 대한 회의가 생기면 경제주체는 시민, 정치의 주체, 심지어 혁명가가 된다. 특히 생산을 담당하는 사람이 노동자가 되고 노동문제가 심각해지면서 노동자가 노사협상의 당사자가 되고 투사가 된다. 저항적인 성격이 강한 이런 경우와 반대로 단순히 생계를 유지하는 데 급급한 노동자나 빈곤층은 노예나 동물과 비슷하게 취급되기도 했다. 이들에게는 경제주체나 사회주체라는 성격이 가장 희박하게 나타난다.

일반적으로 어떤 경제사회가 인간에게 영향을 미치는 방식은 특정 직종이 커지거나 이와 관련된 직업인이 늘어나는 것이다. 이보다 근원적인 영향은 사회구성원들이 특정 직업인의 성격을 내면화하는 것이다. 예를 들어 상업사회에서는 일차적으로 상인이 늘어나는데, 시간이 지나면 모든 사람이 상인의 성격을 지니게 된다. 즉 의사, 교사, 장인, 성직자가 모두 상인이 된다. 물론 상인 자신은 과거보다 심화되고 발달한 모습의 상인이 된다.

이같이 많은 학자들은 인간이 경제사회의 역사로부터 영향을 받아 변형되거나 진화하거나 왜곡될 수 있다고 생각한다. 어떤 사람들이 모여 있는지가 사회를 규정할 뿐만 아니라 어떤 사회인지에 따라 사람들이 바뀐다. 따라서 주어진 인간으로부터 일방적으로 사회나 경제의 움직임을 도출하는 데는 한계가 있다. 그러니 인간과 경제, 사회 모두가 함께 공진화coevolution한다는 생각이 타당해 보인다.

이렇게 보면 산업화나 경제성장은 경제사회가 변화하거나 진화하는 과정일 뿐만 아니라 사회구성원들이 경제주체로 변형되는 과정이기도 하다. 그러므로 자신의 이익을 철저하게 계산하고, 돈에 맛을 들이며, 계약에 충실하고, 공장과 기업의 규율에 적응하기까지 상당한 시간과 노력이 필요하다. 경제학이 당연시하는 효용, 이윤, 돈 등의 경제적인 유인과 이를 위한 극대화, 가격에 대한 민감성 혹은 탄력성 등이 모두 이 역사적 과정을 통해 형성되었다고 보아야 한다.

국가 주도적인 재벌 육성에 의존해 압축적인 경제성장을 이룩한 한국에서는 경제주체들마저 압축적이고 폭력적인 방식으로 형성되었다. 그것은 가계부 적기나 경제성장의 구호 등 수많은 장치를 통해 이기심, 합리성, 물질에 대한 욕심을 정착시키는 과정이었다. 크루그먼 Paul Krugman 등이 한국경제의 성장과 관련해 지적한 '자원 동원'은 인간을 자원으로 변형시키고 길들이는 과정으로 해석된다.

주류경제학은 경제인이 보편적인 경제주체 내지는 보편적인 인간이라 생각해왔지만, 경제인이 자본주의경제나 시장경제에 국한된 인간이라는 비판은 끊임없이 지속되고 있다. 달리 말해서 경제인은 경제학이 이상적으로 생각하는 시장경제에 국한된 인간상일 뿐 미래의 경제체제와는 부합되기 힘들다. 또한 경제학의 수리적인 방법이 강화되면서 경제인을 이론에 부합되도록 재구성한 인위적인 측면도 있다. 적어도 신고전학파에 들어서면 경제인은 상식적으로도 현실에서 찾아보기 힘든 인간상이 되었다.

새로운 경제주체를 향한 모색

경제인에 비판적인 사상들은 보다 구체성을 지니는 인간, 진정으로 이성적인 인간, 동서양을 막론한 진정으로 보편적인 경제주체 등 여러 인간상을 제시해왔다. 이전에는 편협한 시각에서 경제인이 규정됐지만 지금은 보편적이고 현실적인 인간의 모습으로 수정되고 있다고 진단할 수 있다. 결과적으로 주류경제사상과 이론이 내세운 경제인과 이에 대한 대안들로 제시된 여러 인간상을 살펴보면 현실에 등장할 만한 인간상을 대부분 검토할 수 있다. 이에 근거해 경제인에 대한 대안적인 인간상들을 다음과 같이 제시할 수 있다.

첫째, 인간과 경제주체는 언제나 개인으로 존재하지 않고 인간관계나 사회관계 속에 있고 흔히 집단을 이루기도 한다. 인간은 가족이나 친척, 친구나 연인, 교환이나 고용 등 여러 관계 속에 얽혀 있다. 한국 사회에서 문제로 지적되어온 혈연, 지연, 학연도 이런 인간관계들의 망을 이룬다. 또한 전통적으로 사회학이 주장했던 바와 같이, 인간이 계층이나 계급을 이루거나 넓은 의미에서 기업과 같은 모종의 조직에 속하는 경우가 많다.

개인으로 존재하더라도 주변 사람들이나 가까운 지인들의 시선이나 평가를 의식하면서 행동한다. 직장이나 상품을 선택하고 일정한 소득 수준을 목표로 삼을 때 다른 사람의 선택과 기준을 참고하고 비교한다는 점에서 인간은 사회성을 지닌다. 이렇게 현실의 경제주체가 생각하고 판단하는 행위를 구체적으로 들여다보면 주류경제학이 내세웠던 이기적인 인간상을 재고할 수밖에 없다. 그리고 이런 재고에는 윤리나 도덕의 문제가 반드시 개입된다.

한편으로 주류경제학에 등장하는 개인으로서의 경제인은 관계, 집단, 공동체, 조직, 계급, 사회구조와 대립된다. 이러한 사회적 조직 단위들은 마르크스와 베버 등의 사회학자들에게서 중요하게 등장한다. 인간이 사회적이라는 생각은 개인이 사회적 배태성social embeddedness을 지니고 있다는 사회학자들의 생각이나 조직들이 갖는 출현적 성격, 인간의 다중적인 성격과도 부합된다. 개인 단위를 넘어서는 이러한 생각은 다윈의 진화이론, 뒤르켐^{Émile Durkheim}의 사회학, 베블런의 제도이론에서도 제시된다.

다른 한편 경제인이 합리적 행동이나 선택을 앞두고 대체나 교환과 관련한 상충^{tradeoff}(사물의 장·단점을 고려해 적절한 혼합을 선택해야 하는 상황)을 경험하는 데 비해 현실의 인간과 경제주체는 이를 넘어서 내부에서 갈등이나 모순을 겪으며, 수시로 고민하거나 후회한다. 나아가 현실의 경제주체는 내부에 이중적이거나 다중적인 자아를 지닐 수 있다. 더불어 경제주체는 이성-오성-감성으로 구성된 칸트적인 인간이나 초자아-자아-이드로 구성된 프로이트^{Sigmund Freud}적인 인간에 가까울 수 있다.

둘째, 인간과 경제주체는 이기심을 지닐 뿐만 아니라 이타심, 동정심, 감정이입, 상호성 혹은 호혜성^{reciprocity}, 윤리나 도덕, 규범, 공익에 관심을 지닐 수 있다. 아리스토텔레스, 역사학파의 브렌타노, 모스^{Marcel Mauss}와 같은 인류학자, 폴라니, 행동경제학자 페어^{Ernst Fehr}, 보울스^{Samuel Bowles} 등이 이런 점들을 지적했다.

셋째, 인간의 계산적인 합리성은 일관되게 유지되지 않는다. 철학이나 심리학뿐만 아니라 최근에는 경제학 주변에서도 행동경제학이 이런 합리성에 대해 의문을 제기하고 있다. 행동경제학의 제한적 합리성^{bounded rationality}에 의하면 인간은 오랜 생각이나 분석적인 계산 없이 직관이나 습관에 따라 움직이고, 때때로 신속한 일상적인 처리방법^{heuristics}에 의존해 문제를 처리한다. 이런 이유로 때때로 사람들은 편견^{biases}에 사로잡히고 수시로 실수를 저지른다.

또한 경제학에서 주장하는 바와 같이 인간은 언제나 효용·이윤극대화를 추구하지 않는다. 인간은 돈을 벌고 소비하기 위해 계산할 뿐만 아니라 생각하고 느낀다. 인간은 경제주체일 뿐만 아니라 시민이며 문화인이다. 무슨 일을 하든 인간은 언제나 자신의 존재를 확인하고 자신의 정체성을 구축하고자 노력한다.

구체적으로 시장에서 자동차나 집을 살 때도 사람들은 그것이 주는 주관적인 효용이나 객관적인 쓸모를 계산할 뿐만 아니라 자동차나 집을 통해 자신을 확인하거나 표현한다. 술과 담배를 단순히 싫어하거나 이로부터 효용을 얻지 못한다고 생각하기보다 음주나 흡연이 자신의 일부가 아니라고 생각할 수 있다. 혹은 호사스럽고 기름진 음식은 자신의 품격에 맞지 않는다거나 빨간색의 스포츠카를 모는 것은 자신의 체면을 손상한다고 생각할 수도 있다.

인간은 현실 속에 있으면서도 단순한 허영이 아니라 이상을 가지고 있다. 인간이 지닌 이런 이중적인 성격을 고려해야 한다. 경제는 물질생활이라는 현실이지만 경제 자체가 인간에게 목적이 아니라 수단이라면, 최고의 소득이나 경제생활이 곧 최고의 인생을 의미하지 않는다. 그렇다면 경제와 관련해서도 인간의 정신적인 측면과 규범적인 차원을 함께 고려해야 한다.

합리성은 일관되고 계산적인 선택과 이에 근거한 효율적인 자원 배분을 부각시킨다. 이에 반해 인간의 정욕, 감성, 직관, 본능, 비합리성, 비일관성, 제한적 합리성 등을 대비시킬 수 있다. 맬서스, 제도학파, 프로이트, 행동경제학 등이 이런 생각들을 제시했다. 또한 진화경제학이나 뇌신경경제학에서 강조하는 유전자, 뇌세포, 다중인격도 논의할 필요가 있다. 나아가 표준이론이 전제하는 유럽의 남성에 대해 동아시아나 제3세계 그리고 여성을 비교할 필요도 있다.

특히 행동경제학은 신고전학파를 비판하면서 합리성을 서술, 규범, 처방의 세 가지 범주로 구분했다. '서술적 합리성'이 현실 경제주체들의 불완전함을 나타낸다면, '규범적 합리성'은 경제학이 내세우는 완벽한 사익추구와 계산을 나타낸다. 그리고 '처방적 합리성'은 양자의 간격을 메우는 규칙이나 정책을 함축하고 있다. 전날 회식에서 분위기가 좋아 폭식을 하고 다음 날 고생하는 사람은 규범적 합리성에 이르지 못한 것일 뿐 서술적 합리성에 위반되지 않으며 처방적 합리성으로 보완해야 한다.

넷째, 인간이나 경제주체는 부를 추구할 뿐만 아니라 종교적인 믿음이나 미적인 가치와 같이 정신적인 가치를 추구한다. 이런 관점에서 보면 인간은 부를 추구하기 위해서가 아니라 생계, 생존 혹은 생활을 위해 경제활동을 벌인다. 또한 같은 세속적 가치이지만 인간은 부 뿐만 아니라 권력이나 명예, 지위나 신분 등을 추구할 수 있다.

다섯째, 인간이나 경제주체는 쾌락이나 효용뿐만 아니라 몰입, 의무, 사명감, 헌신, 내적 동기에 따라 움직이기도 한다. 또한 이들은 일의 결과뿐만 아니라 과정이나 절차를 중시하고, 행위나 활동 자체를 중시하며, 때로는 진정한 의미의 행복을 추구하려고 노력한다.

학자마다 중시하는 경제나 사회의 문제가 다르기 때문에 부각시키는 인간의 측면도 다르다. 향후 논의를 구성하는 핵심 개념과 사상가를 요약하면 다음과 같다.

경제인의 특징과 이에 대한 대안적 개념들

경제인의 특징 및 관련 사상가		경제주체, 시민, 통상적 인간의 특징	대안적 사상가
누가	①개인 《로빈슨 크루소》의 디포	관계, 집단, 계급, 계층, 조직, 구조, 출현성, 다중성, 동양, 여성	마르크스, 프로이트, 뒤르켐, 코먼스, 마커스·키타야마, 페어, 자마니, 에인슬리
어떻게	②이기심 《국부론》의 스미스	동정심, 이입, 이타심, 상호성, 배태성, 윤리·도덕, 시민정신, 애국	아리스토텔레스, 《도덕감정론》의 스미스, 브렌타노, 폴라니
	③합리성 로빈스	감성, 본능, 관습, 습관, 과시, 질투, 갈등, 지위, 자존심, 제한적 합리성	맬서스, 다윈, 베블런, 케인스, 사이먼, 카너먼, 세일러
무엇을	④부의 추구 밀, 마셜	권력, 명예, 정신, 미, 생계·생존·생활	아리스토텔레스, 홉스, 다윈, 이스털린, 파레이스
	⑤쾌락 추구 벤담, 제번스	몰입, 의무, 사명감, 헌신, 내적 동기, 과정, 절차, 행복	프라이, 칙센트미하이, 애커로프, 센

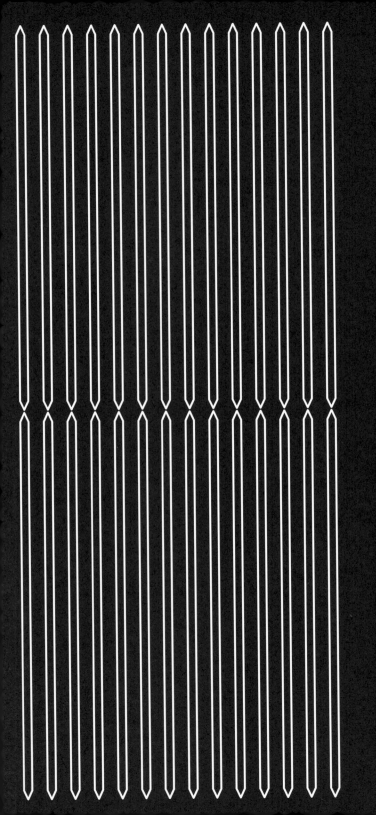

2부

· · · · · · ·

'경제적 인간'이
싹트다

아리스토텔레스

:

도덕적이고 정치적이어야 한다

도덕과 정의 실현을 위한 경제

서양사상의 기원은 고대 그리스 철학이고 플라톤[Plato]과 아리스토텔레스[Aristotele(BC 385~BC 323)]가 그 중심을 이룬다. 그런데 이들은 서로 대립되는 측면을 지니고 있다. 산치오[Raffaello Sanzio]의 유명한 그림 〈아테네 학당〉에서 플라톤의 손은 하늘을 가리키고 있지만 아리스토텔레스의 손은 지상을 향해 있다. 아리스토텔레스는 인간의 감정, 본능, 현실, 경험, 그리고 시장과 돈을 플라톤보다 예민하게 인식하고 있었다. 과연 아리스토텔레스는 근대 사회과학의 아버지로 불릴 만하다.

이같이 아리스토텔레스가 플라톤보다 세속에 가까운 인간을 제시했지만, 그의 인간형은 현대 자본주의나 현대경제학에 비하면 여전히 고상하고 도덕적이었다. 그의 저서 《니코마코스 윤리학Nicomachean Ethics》을 보면, 인간은 감정의 영향을 받으면서도 이성으로 감정을 제어할 수 있다. 이것이 인간의 본성에 부합하는 자연스러움이다.

이런 자연스러움에 얼마나 가까운지에 따라 인간이 추구하는 '좋음'에 위계가 생긴다. '돈 → 재화·서비스 → 건강 → 우정 → 윤리·정의의 실천 → 철학적 사색'이 위계의 순서다. 이 순위를 거스르면서 돈이나 재화의 소비를 윤리나 도덕의 실천, 그리고 정의의 실현보다 앞세우는 것은 자연에 반한다. 이는 몸이 정신을 지배하고, 물질이 관념을 지배하는 것과 같이 부자연스럽다.

다른 저서 《정치학Politics》에 의하면, 경제활동은 도덕과 정의를 실현하기 위한 생계물자를 확보하는 데 목표를 둔다. 따라서 이를 위한 생산, 소비, 교환, 분배 등의 경제활동은 모두 자연스럽다. 그렇지만 이런 수준을 넘어서 맹목적인 돈벌이나 호사스럽거나 과시적인 소비에 종사하는 것은 정신이 아니라 물질에 집착하는 행위이기에 인간의 본성에서 벗어나고 자연에 반한다.

생계를 위한 농업과 수공업 등의 생산은 당연히 도시국가polis(폴리스)의 생존에 필요하다. 소매상을 포함한 상업도 같은 목적이라면 허용되어야 한다. 그런데 돈을 버는 경우에도 그 목적이 돈 자체에 있는 것이 아니라 돈으로 구입할 사용가치 혹은 재화에 있어야 한다. 이와 달리 돈 그 자체를 궁극적인 목표로 삼으면, 그것은 자연에 반한다.

돈을 버는 행위에도 위계가 있어서 노동을 통해 물건을 만드는 '생산자본'이나 물건에 값을 매겨 이익을 보는 '상업자본'보다 돈으로 돈을 버는 '고리대'나 '금융자본'이 가장 자연에 반한다. 동물이 새끼를 낳고 식물에 열매가 열리는 것은 자연스럽다. 반면 돈이 스스로 이자利子 혹은 이식利息이라는 자식子息을 낳는 것은 자연에 근원적으로 반한다. 따라서 아리스토텔레스에게 농업생산자와 공업생산자는 자연스러울 수 있지만, 상인은 수상하고, 고리대금업자나 금융업자는 반자연적이다.

직업은 '돈벌이 수단'이 아니다

모든 노동이나 직업은 그것이 지닌 사회적 기능과 사회적 필요 때문에 존재한다. 따라서 각 부문의 노동자나 생산자는 돈벌이가 아니라 훌륭한 물건을 만드는 데 집중해야 한다. 가령 의사는 돈벌이가 아니라 보다 많은 환자를 치료하는 데 목표를 두어야 한다. 치료된 환자는 무한히 많아도 좋지만, 벌어들이는 돈은 무한하지 않아야 한다. 철학자나 교육자는 수업료가 아니라 학생에 대한 교육을 중시해야 한다. 또한 전사는 전리품이나 보상이 아니라 전투에 충실해야 한다. 나아가 돈벌이를 위해 여가가 없을 정도로 바쁘다면 이 역시 자연스럽지 않다.

　신고전파 경제학은 이런 가치 판단을 각자의 선호와 믿음에 담고 있다. 사람마다 다르게 나타나는 선호나 믿음에 대해 표준이론은 불가지론이나 중립을 표방하면서 객관적인 순위나 우열을 매기기를 거부한다. 무엇보다 오늘날 자본주의의 현실에서는 아리스토텔레스의 이상이 무색해질 정도로 물질적 소비와 돈벌이가 최고의 가치로 떠오르고 있다.

현대 자본주의의 현실을 보면 아리스토텔레스의 주장이 비현실적으로 보인다. 하지만 그의 주장은 자본주의의 경제주체들이 여러 부문에 종사하면서 수시로 겪는 공통적인 고민, 즉 직업의 본래적 기능과 돈벌이 사이의 고민을 대변하고 있다. 아리스토텔레스는 시장의 힘을 기민하게 파악하여 많은 구성원들이 돈을 목표로 활동할 때 사회의 기반이 잠식될 수 있음을 누구보다도 강하게 인식하고 있다.

아리스토텔레스에게는 '자족'이 인간과 사회의 목표이고, 경제도 '자급자족'을 이상으로 삼는다. 그런데 도시국가가 생계 물자들을 충족시키지 못할 경우 외국에서 수입할 필요가 있다. 또한 수입하기 위한 자금을 수출을 통해 확보할 필요도 있다. 수출을 늘리기 위해 수입하는 것이 아니라 거꾸로 필요한 물자를 수입하기 위해 수출하는 것이다. 다시 말해 중상주의에서처럼 무역 활동을 활발히 펼쳐 수출의 흑자를 통한 부의 증대를 목표로 삼는 것이 아니라 필요한 재화들을 국내에서 자급할 수 없을 때 이를 공급받는 데 목표를 둔다. 이에 따라 무역업자나 상인의 역할도 제한적이다.

넓게 보면 아리스토텔레스에게서 경제는 정치의 수단이고, 정치는 다시 도덕과 정의를 실현하기 위한 수단에 가깝다. 이 입장에서 이상적인 경제는 '도덕적 경제'다. 각각의 경제주체는 자족을 위한 제한된 경제활동에 종사하면서, 정치적 시민으로서 활동을 이어가고, 자신의 사회적 기능을 수행하는 데 목표를 둔다.

그러므로 근대 사회과학이 강조하기 시작한 '탐욕스러운 인간'이나 경제학이 강조해온 '경제인'은 아리스토텔레스가 그린 현실의 인간도 아니고 이상적인 인간도 아니다. 나아가 재화를 유일한 좋음이나 복지로 생각하는 자본주의, 특히 '돈'을 유일한 좋음으로 간주하는 현대의 금융자본주의와 이에 부합되는 인간은 아리스토텔레스가 그렸던 사회와 인간을 뒤집어 놓은 것이라 할 수 있다.

아리스토텔레스는 애덤 스미스에 이르러 본격적으로 제기된 사용가치와 교환가치의 갈등을 이미 인식하고 있었다. 사용가치는 상품이 지닌 쓸모나 기능이고, 교환가치는 시장에서 팔리는 가격을 뜻한다. 물건의 쓸모와 물건에 대한 시장의 평가가 일치하지 않는 것과 사람들이 사용가치가 아니라 교환가치를 추구하는 것이 문제였다.

같은 방식으로 한 사람의 가치를 분류해 보면 그의 사회경제적인 기능이 사용가치고, 그의 금전적 보수가 교환가치다. 문제는 사람들이 물건이나 능력의 유용성에 관심을 두기보다 이것들이 시장에서 얼마나 높은 평가를 받을지에 관심을 둔다는 데 있다. 양자 사이의 갈등은 그리스 사회에 시장이 확산되면서 등장했고, 근대에 들어 본격화됐다. 이렇게 보면 '서양에서 최초로 경제영역을 발견한 사람'이라는 폴라니의 평가가 아리스토텔레스에게 버겁지 않다.

사용가치와 교환가치의 모순에 대한 그의 진단과 처방은 명확하다. 아테네에서 모든 직업이 돈벌이 수단이 될 위험이 도사리고 있다. 그런데 모든 시민은 폴리스에서 자신이 발휘하는 기능을 중시해야 하므로, 돈벌이에 집착해서는 안 된다. 만약 이들이 자신의 사회적 기능이나 직업을 돈을 버는 수단으로 간주하는 경우 폴리스는 붕괴된다. 따라서 폴리스의 구성원들은 모두 자신의 생활을 유지하는 수준의 소득에 만족해야 하며, 그 이상을 넘어서는 돈벌이는 자제해야 한다.

경제활동은 '좋은 삶'을 위한 것이다

아리스토텔레스에게서 인간은 경제인이 아니라 '정치적 동물'이다. 이것이 근대적인 의미에서 '사회인'을 지칭하는 것은 아니더라도 도시국가 속에서 정치적 역할을 부여받은 인간을 뜻한다. 따라서 농부, 어부, 상인 등 경제주체가 아니라 '시민'이야말로 표준적인 인간이다. 시민은 폴리스에 소속되면서 노예나 외국인을 제외한 사람들이 얻을 수 있는 지위이자 자격이다. 국적을 '시민권'과 동일하게 여길 정도로 도시와 시민을 중요하게 여기는 서양의 전통이 바로 이때부터 부각되기 시작했다.

정치가 폴리스라는 사회의 핵심이므로 이것은 인간이 '사회적 동물'이라는 뜻도 된다. 사회는 여러 관계로 구성되어 있으며 인간은 여러 관계 속에 놓여 있다. 통치관계, 부부관계나 남녀관계, 부모·자식관계, 주인·노예관계, 교우관계 등이 대표적이다. 이에 더해 교환관계를 포함시킬 수도 있다. 이것은 인간이 '고립된 개인'으로 존재하지 않음을 의미한다.

관계와 관련한 아리스토텔레스의 특징은 인간의 동등성 혹은 시민들의 동등성에 대한 집착이다. 《정치학》에 등장하는 바와 같이, 통치자와 피통치자의 관계에 있어서도 기본적인 고민은 어떻게 시민들이 상하의 지배관계에 놓이면서도 서로 동등함을 유지할 수 있는가였다. 이 고민의 결론으로 아무리 탁월한 지도자라도 재임 기간을 제한받아야 한다는 '임기제'가 제출된다.

뿐만 아니라 그는 부부관계나 부모와 자식 간의 관계에서도 동등성을 찾았다. 심지어 일부 노예들도 주인과 동등해질 수 있다며 당시 상황에서는 수용하기 어려운 주장까지 내세웠다. 이런 동등성에 대한 집착은 이후 서양 근대에 이르러서 17세기 중엽에 홉스 등을 통해 다시 확인된다.

현대 사회에 적용한다면 아리스토텔레스는 사치를 삼가는 소비자, 상도덕을 지니며 돈에 대한 욕구를 절제하는 상인, 기업윤리에 충실하고 지역 사회에 공헌하는 기업인을 내세웠다고 이해할 수 있다. 그리고 이들 모두에게 경제활동보다 시민으로의 정치적 참여와 공민권을 강조할 것이다. 이런 시민들로 구성된 사회는 '도덕적 경제'를 표방할 수밖에 없다.

아리스토텔레스의 분배적 정의에 따르면, 도시국가의 구성원들은 권력과 자원 등에 있어 응분의 몫을 받아야 한다. 이것은 공헌, 노력, 능력 등에 따른 차이를 인정하므로, 기계적으로 똑같이 나누는 평등을 의미하지 않는다. 도시국가에서 이런 기준에 따른 분배가 이루어지지 않으면, 시민으로서의 정체성과 자긍심에 손상을 받게 된다. 따라서 그의 분배적 정의는 시장에서 결정되는 소득분배와는 다른 것이다.

이와 대조적으로 경제학의 표준이론에 의하면, 소비자는 효용을 극대화하고 기업인은 이윤을 극대화하면 그것으로 족하다. 이렇게 생각하는 이유는 합리적 개인과 시장의 균형을 통해 경제의 효율성과 절차적인 정의, 심지어 분배적 정의까지 보장된다고 생각하기 때문이다. 그래서 도덕, 이웃에 대한 배려, 정의를 구현할 분배를 시장 밖에서 별도로 강구할 필요가 없다.

도시국가를 이루는 도덕적인 시민은 단순한 생계나 삶이 아니라 '좋은 삶'을 추구한다. 삶을 영위하는 데 그친다면 동물과 다를 바 없으므로, 인간이라면 좋은 삶을 추구해야 한다. 좋은 삶은 도덕과 정의를 실현하고 철학적인 사색에 종사하는 삶이다. 좋은 삶을 추구하는 사람은 쾌락과 고통 등 감정 충족에 몰두하지 않으며 물욕과 사치에 물들지 않는다.

그에게서 인간의 행복한 삶eudaimonia, flourishing은 주관적인 감성이 아니라 객관적인 조건들로 주어진다. 행복의 객관적인 조건들로 우리는 자유, 참정권 등의 기본권, 기회 균등의 보장, 최소한의 자원과 소득, 여러 권리를 구사하고 향유할 수 있는 능력을 들 수 있다. 이것은 롤스John Rawls, 센, 누스바움Martha Nussbaum 등 아리스토텔레스에 친화적인 학자들이 지적한 바이기도 하다.

이 입장은 경제학과 심리학의 주관적인 행복과 대비된다. 경제학자들은 특정 수준의 소득으로부터 얻는 효용이나 후생을 중시하고, 심리학자들은 주관적인 후생subjective wellbeing을 중시한다. 이에 비해 아리스토텔레스와 그를 따르는 학파에게서 행복은 능력이나 기능에 의해 규정되는 것이므로 객관적이다. 주어진 능력이나 자원으로부터 인간이 얻는 감정이나 즐거움은 자의적이고 심지어 변덕스럽다. 책이 있고 독서능력이 있으면 그것으로 족하다. 같은 책을 읽고 사람마다 어떤 감상이나 즐거움을 얻을지는 각자의 몫이다.

사람이 사람을 수단으로 삼을 수 없다

(위작일 수도 있지만)《가정경제학Oikonomike》에서 아리스토텔레스는 농업이 경제에서 유일하게 자연스럽고 정의로운 인간의 경제활동이라고

주장해 농업에 대한 강한 집착을 드러냈다. 다른 경제활동과 달리 농업이 자연으로부터 생계 물자를 얻는다는 점, 농업에 종사하면 사람들이 신체와 정신을 건강하게 유지할 수 있다는 점, 전쟁이 나면 농토를 지키기 위해 용감해질 수 있다는 점 등이 근거였다.

아리스토텔레스는 인간과 자연의 관계를 인간과 인간의 관계와 구분하고, 경제활동을 전자에 국한시켰다. 그렇다면 그에게서는 수공업자나 상인이 아니라 농부만이 유일하게 경제주체로서 정당성을 지닌다. 여타 활동들은 자연과의 관계가 아니라 다른 사람과의 관계 속에서 생계나 이익을 얻는다.

다른 사람과의 관계 속에서 벌어지는 활동들은 다시 타인의 동의 여부에 따라 구분된다. 소매상과 임노동은 상호 간에 동의 하에 이루어지고, 전쟁은 그렇지 않다. 《정치학》에서 소매상을 제한적으로 정당화했다는 점을 고려하면, 소매상이나 임노동이 전쟁보다는 낫지만 농업보다는 못하다는 것이 그의 견해가 된다. 물론 이렇게 경제활동의 우열을 가리는 것은 폴리스에서 시민의 역할을 뒷받침하기 위한 것이다.

근대 자본주의, 산업혁명, 애덤 스미스가 대표하는 근대 경제사상은 모두 제조업에 초점을 맞춘 데 비해 이보다 앞서 18세기 중엽에 등장한 프랑스의 중농주의는 농업을 중시했다. 그런데 농업을 정당화하는 방식에 있어 중농주의는 아리스토텔레스와 차이를 보인다. 중농주의는 농업이 유일하게 부가가치를 낳는다고 주장하면서 자연스러움이나 정의보다 '생산성'을 근거로 삼았다. 농업이 인간의 정신과 육체에 미치는 영향에 대해서는 별 관심이 없었다.

더 중요한 차이로 근대 경제사상은 타인과의 관계를 당연시하면서 타인의 동의를 얻는지 여부를 중시한다. 근대에는 인간과 자연, 인간과 인간의 관계를 가리는 것보다 인간관계가 자발적으로 형성됐는지 아니면 강제적으로 형성됐는지가 더 중요하다. 이 구분에 따라 상업사회를 주창하는 근대 경제사상은 무역을 전쟁으로부터 엄격하게 차별화했다. 또한 자발성에 기초한 동등한 경제주체들의 교환과 사기나 강박에 의존하지 않는 동등한 사회구성원들 사이의 계약을 부각시켰다.

그렇다면 아리스토텔레스가 타인을 강제한 경우뿐만 아니라 타인의 자발성에 기초한 경제활동도 낮추어 본 이유는 무엇일까? 양자의 공통점을 찾는 것이 이에 대한 답이 될 수 있다. 양자는 모두 자연이 아니라 사람을 이용하거나 수단으로 삼아 인간관계를 물적인 관계에 종속시킬 수 있기 때문이다. 심하게 말하면 특정 경제활동이 다른 시민을 자신의 수단으로 만들 수 있다. 그리고 모두가 이와 같이 한다면 모두가 모두에게 수단이 될 수 있다.

아리스토텔레스는 경제활동과 관련해 '만인의 수단화'에 반대했다고 해석할 수 있다. 이 입장에서 모든 인간은 서로에게 수단이 아니라 목적이 되어야 한다. 반면 근대 경제사상에서는 인간이 서로에게 목적이 되려는 것이 비현실적이다. 모두가 모두에게 동등한 수단이 된다면, 누구도 다른 사람의 노예로 전락하지 않는다고 주장한다.

윌리엄 페티와 조사이아 차일드

:

무역으로 국가의 부를 축적한다

국가의 정책이 부의 축적을 가져온다

페티William Petty(1623~1687)와 차일드Josiah Child(1630~1699) 등이 제시한 중상주의mercantilism는 루이 14세가 대표하는 절대국가에 상응하는 사상이다. 중상주의는 국가의 정책을 통한 국부의 증대와 국력의 배양, 즉 부국강병을 목표로 삼았다. 국가에 의한, 국가를 위한 부를 축적하고자 중상주의는 수출을 늘리기 위한 보조금, 수입을 줄이기 위한 관세나 쿼터 등 '보호무역정책'에 의존했다.

중상주의뿐만 아니라 자유주의 경제사상도 상업과 무역을 중시하고 부의 추구를 강조했다. 그런데 중상주의가 국가에 의한, 국가를 위한 부의 추구를 내세웠다면, 고전학파는 개인에 의한, 개인을 위한 부의 추구를 주창했다. 고전학파는 사익이 공익으로 이어진다고 주장하면서 자유무역을 비롯한 자유로운 경제활동에 의존했다. 중상주의는 서양 근대 경제사상의 출발점을 제공하면서도 국가의 정책에 의존했기 때문에 고전학파와 이후 등장한 자유주의 경제사상과 대척점을 이루었다.

동서양에서 국가는 오랫동안 경제의 관리자였다. 서양에서도 중상주의에 이르기까지 사익을 추구하는 개별 경제주체의 경제활동이 공익이나 국가 전체의 이익으로 이어진다고 생각하지 않았다. 따라서 케인스의 적극적인 거시경제정책까지는 아니더라도 조세정책과 빈곤정책이 만들어지고, 미시적인 차원에서는 보호무역정책, 산업정책, 노동정책 등이 시행되었다.

근대에 들어서는 개별 경제주체도 경제활동과 관련해 방책을 세운다. 소비자가 소비나 저축과 관련한 규칙이나 계획을 세우고, 기업은 생산이나 투자에 대한 정책을 수립한다. 더구나 대기업이나 재벌기업의 정책, 그리고 노조의 정책은 정부의 정책만큼이나 경제에 커다란 영향을 미칠 수 있다. 그런데 중상주의와 관련해 문제가 된 것은 개별 경제주체나 여타 조직이 아니라 정부의 정책이었다.

중상주의는 상업과 무역을 중시하므로 생산자나 소비자가 아니라 '상인'이라는 경제주체를 부각시켰다. 나아가 상인을 찬양하고 심지어 만능인으로 묘사했다. 상인은 숫자에 밝고, 글도 잘 쓰며, 여러 나라의 물산에 대한 지식도 풍부하고, 환율도 잘 알고 있다는 식의 묘사가 그런 예다. 또한 보호무역정책 등 국가의 정책에 의존했으므로 이를 마련하고 수행하는 애국적인 정치가와 청렴한 관료 등 정책결정자를 중요시했다.

　중상주의에서는 개인의 이익이 아니라 국가경제와 국가를 위해 노력하는 것이므로 정치가와 관료뿐만 아니라 상인이나 무역상도 애국자이고 애국자여야 한다. 동시에 이런 상황에서 상인이나 사업가는 수입쿼터나 금융 혜택을 얻기 위해 정치인이나 관료에게 접근하게 된다. 이것이 쿼터 등 독점에 수반된 '지대추구행위'다. 따라서 중상주의는 지대추구형의 인간을 낳을 수 있다. 과거 중국이나 조선에서 이루어진 과거시험에 대한 응시도 제한된 양반계급에 대한 특권이 낳는 지대추구행위에 가깝다.

지대추구행위

경제학의 생산요소는 토지, 노동, 자본이고, 이들의 소유자인 지주, 노동자, 자본가는 지대, 임금, 이윤을 얻는다. 지대는 토지나 건물을 임대해서 얻은 소득이다. 그런데 노동자나 자본가와 달리 지주는 어떤 활동도 하지 않고, 경쟁도 겪지 않으며, 무엇보다 가치 창출이나 생산성에 공헌하지 못한다는 평판을 받는다. 지대에 대해서도 독점적 소유를 통해 타인으로부터 수취한 소득일 뿐이라는 인식이 오랫동안 있어왔다. 이를 확장한 넓은 의미의 지대는 노동·활동과 경쟁이 수반되지 않으며, 가치를 창출하기보다 소유를 통해 기존 가치를 이전시킨 결과다. 이런 지대추구행위는 토지개발이익, 이자소득, 수입허가권, 과거시험 등 독점적인 권리가 낳는 수익을 포괄한다. 이런 이유로 자본가보다 토지·건물의 소유자나 금융자산가에 대한 의구심이 더 강하게 나타난다.

　중상주의는 보호무역을 통한 화폐 축적을 주창했다. 중상주의에서 화폐는 국부 자체를 구성한다. 이 입장에서는 돈벌이 그 자체가 경제활동의 목표이므로 경제활동이 더 이상 윤리나 정의의 실천을 위한 수단이 아니다. 또한 이는 경제활동이 생활에 필요한 물자 획득에 국한되지 않는다는 것을 의미한다.

중상주의는 덕이나 지식 대신에 화폐를 쌓아 올리고, 의식주를 위한 물자 대신에 화폐를 쌓아 올리는 사람을 인정하기 시작했다. 신고전학파의 관점에서는 맹목적인 재산 축적이 아니라 '효용극대화'가 경제인이 구가할 수 있는 제대로 된 목표다. "쓸 수 없어도 무조건 모으자"가 아니라 "쓸 수 있어야 자기 돈이다"라는 구절이 신고전학파에게 부합된다.

사익보다 국익이 우선한다

동서양을 막론하고 오랫동안 개체와 전체, 사익과 공익의 간격이 인정되었다. 그리고 이런 간격을 메우는 데 오랫동안 종교, 공동체, 윤리나 도덕, 교육, 법, 국가의 정책들이 동원되었다. 당연히 경제사회의 구성원들은 윤리, 법, 규칙을 내면화해 행동의 준거로 삼아왔다. 이 때문에 인류 역사의 오랜 기간 동안 시장의 가격기구와 개인의 사익 추구에 대한 저항감이 있었던 것이다.

동양과 한국에서 개인이나 사익에 대한 믿음은 서양보다 느리게 진화되었다. 한국경제를 키운 개발국가의 이념도 자유주의보다 중상주의에 가깝다. 1960년대부터 한국정부는 거시경제정책과 조세정책 등을 넘어 보호무역정책, 산업정책, 노동정책, 금융할당정책 등을 수행했다. 이 시기에 한국에서 수출과 성장은 사익이 아니라 국익이었고 애국이었다.

기업의 수출목표는 청와대가 주재한 '수출진흥확대회의'에서 결정되었고 대기업들은 시달된 수출목표를 달성하는 데 전념했다. 국가의 이익뿐만 아니라 기업조직의 이익도 개인의 이익보다 우선했고, 기업의 목표도 명목상으로나 실질적으로나 이윤의 추구가 아니라 국가경제에 공헌하는 것이었다. 이런 상황은 개인의 사익 추구가 자연스럽게 공익으로 이어진다는 경제적 자유주의와 쉽게 부합되지 않는다.

중상주의는 '자본주의의 다양성varieties of capitalism'이라는 현대의 논의와 연결된다. 이 관점에 의하면 자본주의의 유형과 기업의 지배구조가 각 국가나 지역이 지닌 역사, 사회, 문화의 조건들에 따라 달라진다. 경영학에서는 문화권에 따른 기업지배구조의 차이를 오랫동안 당연시해왔다. 이에 따르면 신자유주의가 표준으로 삼고 있는 영미식 자본주의와 기업이 모두에게 모범이어야 할 이유가 없다. 다른 자본주의 유형은 이기적이고 합리적인 경제인과 구별되는 인간과 경제주체를 모색해야 함을 의미한다.

주류경제사상은 국가와 정부에 대한 반감을 안고 태어났다. 그런데 이 입장은 '시장 대 정부'라는 이분법을 전제로 한다. 그리고 시장이 여러 작은 경제주체들로 구성되어 있다고 본다. 결과적으로 거대한 단위인 정부는 경쟁을 배제하고 독점과 지대를 조장하는 반면, 작은 단위인 개별 경제주체들은 시장의 원리에 따라 경쟁을 겪으며 지대가 소멸한다고 주장한다.

현실에 비추어 보면 시장과 정부의 이분법은 너무나 단순하다. 시장에는 개인 이외에 기업이나 집단, 그리고 조직이 있다. 개별 경제주체와 정부뿐만 아니라 기업 등의 조직을 경제행위의 단위로 포함시켜야 한다. 또한 재벌기업이나 대기업이 규모에 있어 지방정부보다 더 크거나 경제력과 권력에 있어 우월할 수 있다. 나아가 정부도 하나의 단위가 아니라 중앙정부와 지방정부로 구분되므로 그 수준을 고려해야 한다.

경쟁과 전쟁의 차이

산업화나 세계화 과정에서 많은 국가들은 국제기구나 외국의 표준화된 규정이나 정책을 받아들인다. 그런데 정책을 받아들이는 과정에서 학자 등 지식인들의 해석과 관료들의 구체적인 적용 방식이 그것의 내용과 형식에 영향을 미친다. 1997년 아시아의 외환위기 이후 도입된 국제통화기금의 구조조정정책 적용이 중요한 예다. 이것은 한국을 비롯한 여러 국가들에서 정부의 정책과 이와 관련된 관료 및 학자의 역할이 좋은 방향으로든 나쁜 방향으로든 상당한 영향력을 지니고 있음을 말해준다.

표준이론은 흔히 정부의 개입을 부정부패와 연결시킨다. 그러나 표준이론이 상정하는 바와 달리 시장경제 역시 도덕적인 문제로부터 자유롭지 못하다. 2000년 초의 엔론 회계부정 사태나 2008년 금융위기가 대표적인 예다. 정경유착뿐만 아니라 시장경제가 육성하는 돈에 대한 과도한 욕망도 부정부패를 낳을 수 있다.

물론 정부와 기업의 긴밀한 관계로 인해 지대추구나 정경유착과 같은 부패가 발생할 수 있다. 이런 이유로 부정부패를 줄이기 위해 투명성을 제고하고, 객관적인 지원과 평가의 기준을 수립하며, 지원 중단의 기준과 시한을 설정할 필요가 있다. 또한 훌륭한 상인과 기업인뿐만 아니라 청렴한 공무원도 필요하다.

베버가 지적했듯이 오랫동안 서양에서는 동양보다 전쟁과 전사에 대한 칭송이 두드러졌다. 근대에 들어 상인에 대한 칭송이 전사에 대한 칭송을 대신하게 된다. 그런데 보호무역에 의존해 부국강병을 추구하는 중상주의에서 무역 경쟁은 무역 전쟁이고 실제의 전쟁과 무관하지 않다. 중상주의의 경쟁競爭은 전쟁戰爭과 뒤섞여 있다. 중상주의의 무역상도 전사와 명확히 구분되지 않는다.

반면 주류경제사상은 경쟁을 전장의 전쟁과 엄격하게 구분하면서 옹호한다. 기본적으로 타인에게 우호적인 상인은 타인에게 적대적이고 호전적인 전사와 구분된다. 원리상 상인이 공무원의 도움을 받는 것도 아니다. 특히 신고전학파는 효율성뿐만 아니라 청렴함이나 정직함도 시장을 통해 확보하기 때문에 경제학 교과서에서 공무원의 청렴함은 결코 시장경제의 요건이 될 수 없다.

그렇지만 현실에서는 시장의 경쟁이 전쟁에 가까워질 수 있다. 1970년대 한국의 수출경쟁도 부국강병과 자립경제를 지향했고, 자립국방과 함께 추진됐다. 이 당시 종합무역상사에 의존한 한국의 수출전략도 경쟁뿐만 아니라 전쟁의 양상을 지니고 있었다. 더구나 시장의 경쟁이 상징적인 의미에서뿐만 아니라 실제로도 사람들을 죽이고 살린다. 한국의 수출경쟁이나 입시경쟁은 필사적이다. 1929년 대공황이나 1997년 한국의 외환위기는 많은 사람들이 스스로 목숨을 끊게 만들었다. 한국의 입시경쟁은 실제로 많은 학생들을 죽음으로 이끈다.

한국 사회에서 수출경쟁과 입시경쟁 등 필사적인 경쟁은 왜곡된 인간상을 만들어왔다. 특히 사회를 이끄는 상류층 대다수는 너무 많은 상황들을 승부의 세계로 간주하고 그렇게 변형시킨다. 이들은 학교의 공부나 직장의 업무뿐만 아니라 '놀이'도 승부가 필요한 상황으로 만든다. 일에서든 놀이에서든 언제나 반드시 이겨야 하고, 지고는 견딜 수 없는 사람들이 양산되고 있다. 승부에 매달리는 사람들은 절제된 생활을 유지하고 특정 영역에서는 우수하지만 근원적인 결핍에 시달리고 행복할 겨를이 없다. 또한 끊임없이 경쟁(전쟁)으로 내몰리는 사회는 승자뿐만 아니라 무수히 많은 패자를 양산하며 심각한 병폐를 낳고 있다.

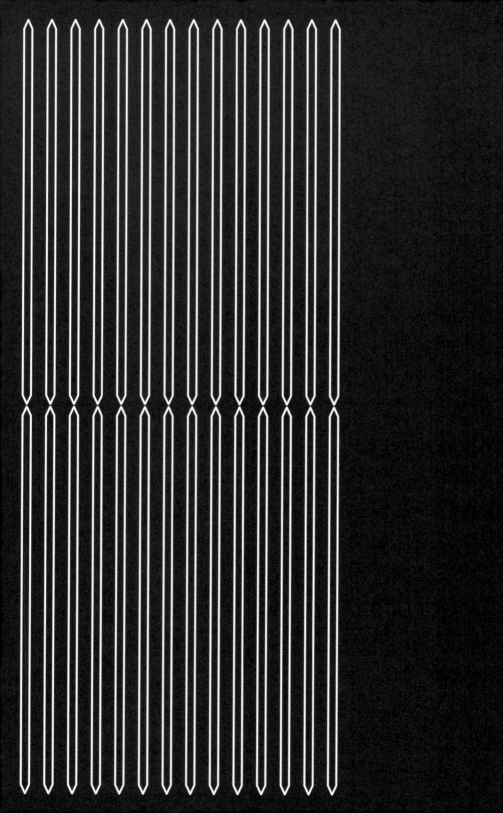

3부

◆ ◆ ◆ ◆ ◆ ◆

호모 이코노미쿠스를
발견하다

/

인간은 이기적으로 행동한다

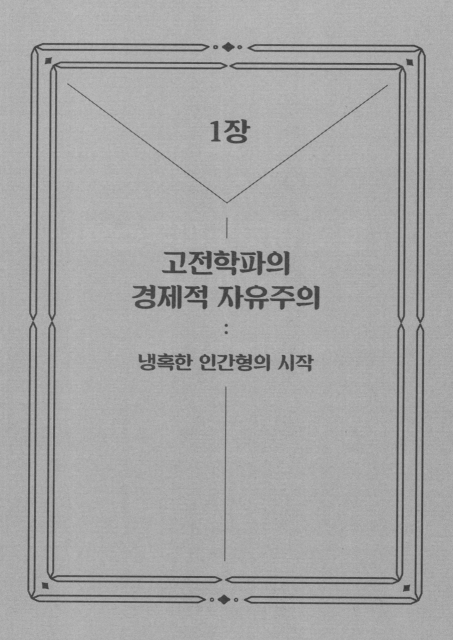

1장

고전학파의
경제적 자유주의
:

냉혹한 인간형의 시작

애덤 스미스

⋮

이기적이면서 이타적이다

상인은 전사와 다르다

스코틀랜드 사람인 애덤 스미스Adam Smith(1723~1790)는 경제학의 '아담'이
다. 스미스는 자신의 주저작인《국부론The Wealth of Nations》을 통해 최초로
자본주의경제를 이론화하고 정당화하면서 경제적 자유주의를 내세웠
다. 그리고 이 경제에 상응하는 인간으로 '이기적 인간'을 제시했다.

먼저 스미스가 옹호한 시장경제는 가격기구에 의존하는 시장과 자
유롭게 활동하는 인간으로 구성되어 있다. 그에 의하면 경제는 국가의
간섭으로부터 어느 정도 벗어나 가격기구에 의존해야 한다. 또한 경제
주체들이 전통적인 의미의 윤리나 도덕으로부터 어느 정도 풀려나야
한다. 이런 그의 입장을 자유지상주의libertarianism로 규정할 수는 없지만,

자유주의liberalism 그리고 경제적 자유주의로 규정할 수 있다.

스미스가 내세운 이기적인 인간은 상업사회에 부합된다. 스미스 이래 주류경제사상은 시장의 경쟁이 전장의 전쟁을 대신할 수 있고, 상업의 부드러움이 인간의 호전성을 줄여준다면서 상업사회와 자유무역을 옹호해왔다. 전쟁터의 호전적인 인간을 대신하는 자유로운 상업사회의 인간이 이기적 인간이다.

이런 생각은 상업적인 경제든 전쟁이든 모두 타인에게서 이익을 취한다는 점에서 차이가 없다며 부정적이었던 아리스토텔레스와 대비된다. 스미스에 의하면 전쟁에서는 사람들의 생사가 걸려 있고, 그 결과는 이익과 피해를 합했을 때 0으로 돌아가는 게임, 즉 '제로섬게임' 또는 영합게임이다. 반면 시장의 경쟁에서는 사람들이 죽을 필요가 없고, 영합게임일 필요도 없다.

구체적으로 교환의 기본 단위가 하나의 거래라면 전쟁의 기본 단위는 결투다. 결투에서도 내가 이기면(+) 상대방이 지고(−), 내가 살면(+) 상대방이 죽는다(−). 따라서 전쟁의 결과인 승패와 생사를 합하면 0이 나온다. 운동 경기도 이와 비슷하다. 내가 이기고 상대방이 지거나 그 반대의 경우뿐만 아니라 비기는 상황에서도 결과의 합은 0이다.

이에 비해 시장의 경쟁에서는 목숨이 걸려 있지 않다. 또한 반드시 이기고 질 필요도 없다. 이런 경쟁을 통해 가격이 하락하거나 생산성이 증대되거나 기술이 발전해 경제가 성장한다. 자유무역이 당사자 모두를 이롭게 하는 이익을 낳는다는 주장도 이와 연결되어 있다. 전장의 전사는 자신이 살려면 다른 사람을 죽여야 하므로 호전적이고 필사적이다. 이에 비해 시장의 상인이나 무역상은 목숨을 걸 필요가 없으며 다른 사람과 이익을 나눌 수 있는 여지가 있다. 따라서 이들은 이기적이고 계산적이지만 필사적이지는 않다.

시장에서 흔히 발견되는 사람은 누구보다 자신의 물질적인 이익을 앞세운다. 이런 사람은 가격을 의식하고 그것의 변동을 경제활동에서 항상 고려하므로 타산적이고 계산적이다. 당연히 그는 가감승제의 사칙연산을 수행할 능력을 지닌 사람이다. 스미스는 인간에게 교환의 본성이 있다고 주장했다. 과연 인간에게 보편적으로 교환이나 교역의 본성이 있는지는 확실치 않으나, 이런 성격이 상업사회에 부합된다는 사실은 틀림없다.

인간은 이기적 늑대에 가깝다

동양뿐만 아니라 서양도 중세까지는 윤리나 도덕 그리고 교육을 통해 인간을 성인이나 천사로 만들 수 있고, 윤리적인 인간들에 의존해 사회와 경제를 유지할 수 있다고 믿었다. 그러나 근대로 들어서면서 더 이상 인간을 이런 식으로 육성하는 것이 불가능하다는 결론에 이르게 되었다. 이런 생각의 전환점을 제공한 사상가가 《군주론The Prince》을 저술한 마키아벨리Niccolo Machiavelli다. 그에 의하면 왕이나 군주는 자신의 야망과 권력에 관심을 가질 뿐이므로 이들이 '철학자 왕'이 되거나 왕도정치를 펼치리라고 기대할 수 없다.

애덤 스미스는 왕이나 정치가뿐만 아니라 시장의 경제인도 이타적인 천사가 아니라 탐욕스럽고 이기적인 늑대라고 생각했다. 인간을 늑대로 여기는 이런 생각은 이후 경제학자들에 의해 전파됐고 여러 사회영역의 다양한 행위자들에게 확산됐다. 정치인, 관료, 상인, 사업가, 경영자, 종교인, 의사, 법조인, 학자, 교사, 노동자, 기술자 등이 모두 이기적인 존재로 간주되었다. 가령 공무원이나 최고경영자의 일차적인 관심은 나라나 기업이라기보다 자신의 수당이나 판공비, 자신의 자리나 예산이다.

사실 자본주의뿐만 아니라 민주주의도 이런 현실적인 인간상에 근거하고 있다. 민주주의는 인간의 한계를 강조하면서 아무리 현명하고 능력 있는 지도자라도 경계의 대상이라는 전제에서 출발한다. 특히 민주주의는 인간이 한계를 지닐 수밖에 없음을 강조하는데, 이와 관련한 오래된 경구 중 하나로 "절대 권력은 절대적으로 부패한다"는 말이 있다. 이처럼 민주주의는 특정 개인의 지혜나 능력보다 '삼권분립'이라는 제도에 의존해 견제와 균형을 유지한다.

시장경제도 특정 기업인의 지혜나 능력보다 '시장'에 의존한다. 이런 이유로 독과점에 대한 시장경제의 경계는 독재자에 대한 민주주의의 경계와 다르지 않다. 결국 민주주의와 시장경제 모두 인간보다 제도나 체제를 믿는다. 이에 비추어 보면 한국 사회는 제도보다 사람에 대한 집착이 너무 강하다. 대통령, 회장, 국회의원, 총장, 기관장 등 지위가 있는 사람에 대한 기대치가 지나치게 높다. 그리고 이것은 인간관계나 교육에 대한 집착과 무관하지 않아 보인다.

의도치 않은 사회적 결과, '보이지 않는 손'

스미스의 핵심적인 주장은 늑대들이 경쟁하는 상황이 경제사회를 파멸로 몰고 가는 것이 아니라 오히려 번영으로 이끌 수 있다는 것이다. 동네 빵집들이 좋은 빵을 싸게 공급하려는 것은 이웃에 대한 공동체적인 사랑 때문이 아니라 자신의 이윤을 높이고 경쟁에서 살아남기 위한 욕구 때문이다. 기업인을 포함한 모든 경제인이 늑대와 같이 이윤을 추구하는 상황에서 이기주의의 파괴적인 결과를 막기 위한 장치는 정부의 간섭이 아니라 시장에서 전개되는 늑대들 사이의 '경쟁'이다.

경쟁을 조성하고 여러 기업인들이 자유롭게 사업을 벌일 수 있도록 허용하는 것이 최상의 방책이다. 이는 기업인의 욕망을 다른 기업인의 욕망으로 막는 것과 같다. 늑대를 늑대로 막는 것은 적을 적으로 막는 이이제이以夷制夷와 같다. 그리고 이것은 시장의 가격기구를 통해 작용한다. 애덤 스미스는《국부론》에서 경쟁과 그로부터 얻는 이익에 대해 다음과 같이 서술했다.

> 푸줏간 주인, 양조장 주인 혹은 빵집 주인의 자비로부터가 아니라 자신의 이익에 대한 이들의 관심으로부터 우리는 우리의 저녁 식사를 기대한다. 우리는 그들의 인간성이 아니라 그들의 자기사랑에 호소하며, 그들에게 우리 자신의 필요가 아니라 그들의 이익을 말한다.[7]

이로부터 인간과 사회의 관계에 대한 중요한 주제가 등장한다. 인간의 행위나 관계들이 서로 결합되어 사회현상과 구조를 낳는 과정에서 양자가 반드시 일대일로 대응하지는 않는다는 것이다. 사람들이 좋은 의도로 실천한 행위들이 사회적으로 이로운 결과를 낳는다는 보장이 없다. 반대로 사람들이 나쁜 의도로 벌인 행위들이 반드시 사회적으로 해로운 결과를 낳는 것도 아니다. 예를 들어 좋은 의도로 시작된 혁명이 사회를 그 이전보다 더 악화시킬 수도 있다. 반대로 오로지 자신의 이익만 추구하는 일견 별로 바람직하지 못한 기업가가 모든 소비자들에게 훌륭한 제품을 제공하고 고용을 창출할 수도 있다. 부도덕하고 무절제한 사람들의 사치가 소득을 늘리고 고용을 창출할 수 있다. 이는 '인간 행동의 의도되지 않은 결과'로 통상적인 균형 개념과 구분된다.

하이에크에 의하면, 애덤 스미스는 이 개념을 통해 인간 자체를 다루는 인문학과 구분되는 사회과학의 핵심 과제를 제기했다. 스미스보다 앞서 의도치 않은 사회적 결과의 의미를 포착한 사람은《꿀벌의 우화The Fable of Bees》라는 책을 통해 논란을 일으켰던 맨더빌Bernard Mandeville이었다. 이 책의 부제인 '사적인 악덕과 공적인 미덕'이 이 과제를 잘 말해준다.

인간의 행위가 의도되지 않은 결과를 낳는다는 것은 개개인의 의도가 경제사회에서 왜곡되거나 심지어 무력화될 수 있음을 의미한다. 사실 시장뿐만 아니라 정치, 공론, 역사를 전체적으로 살펴보면 사람들의 의지, 의도, 이익과 무관한 독립적인 흐름이 수시로 형성된다. 이런 현상이 언제나 인간의 행위를 무효로 만드는 것은 아니지만, 인간의 행위와 독립적인 경제사회적 과정이나 원리가 있음을 분명히 말해준다. 이것이 스미스의 '보이지 않은 손invisible hand'이다. 그는《국부론》에서 다음과 같이 기술했다.

생산물이 최대의 가치를 지닐 수 있는 방식으로 노력을 기울임으로써 그는 자신의 이익만을 의도한다. 그리고 다른 많은 경우에서와 마찬가지로 이 경우에도 그는 **보이지 않는 손**에 이끌려 자신의 의도가 아닌 목적을 촉진시키도록 유도된다. 이것이 의도의 일부분이 아니었다는 것이 사회에 반드시 더 나쁘지 않다. 그는 실제로 그것을 촉진시키려고 의도한 경우보다 자신의 이익을 추구함으로써 흔히 더욱 효과적으로 이것을 촉진시킨다.[8]

주류경제사상은 이에 근거하여 필요한 것이 모두에게 시장 참여를 개방하는 것이지 보이는 큰 손, 즉 정부의 간섭이 아니라고 한다. 물론 시장을 조성하는 데 있어서 사기나 강압을 배제하고 계약을 준수하게 만드는 법률이나 시장 참여를 위한 기본적인 조건 등을 강제할 필요는 있다. 요식업의 위생법이나 소방법, 의사면허증 등이 그런 예다.

교육이나 공무원 임용 등 다른 영역에서도 경쟁이 봉건적인 신분과 기득권을 타파하고 기회의 균등과 결합된다. 이러한 경쟁의 원리는 사회 여러 부문에서 근대성의 상징이 되고 있다. 그런데 애덤 스미스가 생각하는 시장의 경쟁은 입시경쟁보다 더 동태적이다. 입시에서는 평가 기준이 객관적으로 주어져 있는 데 비해 시장의 경쟁을 가늠하는 가격은 지속적으로 변동하고 기술혁신으로 새로운 제품이 나타나는 등 불확실성이 상존하고 있다. 제품에 대한 예상치 못한 호평이나 열과 성을 다해 제작한 영화의 흥행 실패 등은 입시경쟁에서는 찾아보기 힘든 사례다. 그렇기 때문에 시장에서 경쟁하는 인간은 입시를 준비하는 인간보다 더 창의적이어야 하며 정서적으로는 더 불안정할 수 있다.

그럼에도 인간은 윤리적이다

주저인 《국부론》에서는 이기심과 경쟁이 두드러지지만, 스미스가 윤리나 도덕과 무관한 존재를 자본주의경제의 인간으로 상정한 것은 아니다. 《국부론》보다 앞서 쓴 《도덕감정론The Theory of Moral Sentiments》에서 그는 인간이 이타적이고 상호적이라고 생각했다. 특히 인간은 타인을 동정하고 남의 상황에 자신을 이입시켜 역지사지易地思之의 학습을 반복한다.

구체적으로 사람들은 자신의 기쁨이나 슬픔을 있는 그대로 표출하지 않고 타인을 의식해 조절한다. 가령 좋은 성적을 받은 학생이 나쁜 성적을 받은 친구 앞에서는 자신의 기쁨을 감춘다. 이같이 사람들은 사회 속에서 오랜 경험을 통해 자신의 행위나 감정을 조절하는 '심판관'을 내부에 갖춘다.

스미스는 동시대인이자 영미철학을 대표하는 흄과 교류했다. 그리고 스미스와 흄은 인간의 내부에 공정한 방관자impartial spectator가 있다고 말했다. 공정한 방관자는 반쯤은 신과 같고 반쯤은 인간과 같은 존재다. 이러한 개념을 통해 스미스와 흄은 윤리나 도덕이 사회적으로 형성된다는 점을 지적했다.

아리스토텔레스가 말했고, 독일의 경구가 강조하듯이 "모든 시작은 어렵다". 경제학의 시작도 마찬가지였다. 또한 모든 시작의 특징은 일관성이나 정연함이 아니라 '풍요로움'이다. 고전음악의 아버지인 바흐Johann Sebastian Bach는 이후에 전개된 여러 갈래의 음악들을 포괄하는 풍요로움을 자랑한다. 경제학의 시작인 애덤 스미스 역시 정돈됨보다는 풍요로움을 자랑한다. 그는 하나의 이론이 아니라 여러 가지 가치이론과 임금이론을 제시했다.

인간과 경제주체에 대한 스미스의 설명은 더욱 다양하다. 이것은 이후에 등장한 경제사상이 지극히 빠른 속도로 협소한 하나의 인간상에 집착한 것과 대비된다. 사실 경제학자치고 스미스만큼 다양한 인간상을 제시한 학자도 드물다. 스미스에게 인간은 차가운 계산만을 일삼는 존재가 아니라 여러 가지 감정들과 불완전함을 함께 지닌 존재다. 적어도 스미스가 생각한 경제주체는 신고전학파가 상정하는 경제인과는 다르다.

윤리와 도덕은 선험적인 도덕률이 아니라 사회 속에서 경험을 통해 형성되며 감정에 의탁한다. 스미스는 이를 아울러 '도덕감정'으로 표현했다. 이것은 애정 없이 의무로 주고받는 생일선물, 벌금 내기 싫어서 억지로 지키는 교통법규, 마음에 없으면서도 체면 때문에 내는 헌금이나 기여금 등이 지닌 한계를 드러낸다. 이런 스미스를 현대 기업이론의 시조인 코스^{Ronald Coase}는 다소 복잡하지만 다음과 같이 표현했다.

> 흔히 알고 있는 것처럼 애덤 스미스가 일방적으로 사익을 합리적으로
> 추구하는 '경제인'이라는 추상적인 인간관을 가지고 있다고 믿는 것은
> 잘못이다. 애덤 스미스는 인간을 합리적으로 효용을 극대화하는 사람
> 으로 취급하는 것이 합당하다고 생각하지 않았을 것이다. 그는 인간이
> 실제로 자신에 대한 사랑에 지배되지만, 다른 사람들에 대한 관심이 없
> 지 않아서, 비록 올바른 결론으로 나가는 추론으로 자신의 행동이 낳는
> 결과를 보는 것은 아니지만, 자기기만의 장막을 통해 이같이 한다고 생
> 각했을 것이다.⁹

이것은 플라톤이나 아리스토텔레스의 그리스 철학뿐만 아니라 칸
트 등의 대륙철학과도 차이를 보인다. 이들은 모두 윤리를 설명하는
데 있어 '이성'을 중심에 놓았다. 이성중심적인 철학은 느끼는 것과 경
험하는 것을 부차적으로 만든다. 사람이 실제로 느끼는 것이나 관찰할
수 있는 것을 중시한다는 점에서 스미스의 윤리관은 영국적이면서 시
장에 친화적이다. 종합하면 스미스는 과거 다른 사상보다 윤리와 도덕
의 수준을 낮추어 보다 현실적인 인간상을 제시했다고 볼 수 있다.

그렇더라도 스미스가 《국부론》에서 내세운 시장에서의 이기적 행
위와 《도덕감정론》에서 내세운 동정이나 감정이입을 결합시키기는 쉽
지 않다. 독일의 경제학자들은 이것을 이른바 '애덤 스미스 문제'로 제
기했다. 더욱이 동정이나 감정이입 등은 작은 사회에서 작동하는 기제
일 뿐 오늘날과 같이 세계화된 사회에 적용하기 힘들다는 의견도 제

기된다. 거대하고 익명적인 사회에서는 이기심과 경쟁이 지배적으로 나타날 수 있다는 것이다. 그렇지만 최근 인터넷과 실시간 동영상이 발달하면서 먼 나라의 실제 상황을 옆 마을의 사건과 같이 실감 나게 경험할 수 있다는 점을 들며 스미스의 윤리이론을 확대 적용할 수 있다고 주장하는 경우도 있다.

경제인에게는 장벽이 없다

스미스에게서 등장하는 인간은 시장의 경쟁에서 살아남기 위해 높은 이동성을 지니게 된다. 무엇보다 생산요소들이 보다 나은 보수를 찾아 끊임없이 이동한다. 노동이 더 좋은 일자리나 보다 높은 임금을 좇아 이동하고, 자본이 더 높은 이윤을 찾아 여러 산업들 사이를 이동하며, 상인들이 물건을 팔기 위해 여러 지역을 활발히 누비고 다닌다. 그리고 이런 이동은 근대헌법에 등장하는 거주 이전이나 여행의 자유에 부합된다.

봉건시대나 산업화 이전에는 한 곳에서 평생을 지내는 정착형의 인간이 지배적인 데 비해 자본주의에서는 이동하는 인간이 지배적이다. 스미스가 본격적으로 제시한 이런 자본주의의 인간상은 그 이후 더욱 심화되어 현재 우리의 일상이 되었다. 특히 산업화된 자본주의의 인간은 농경사회에서 특정 지역에 평생 머물러 있는 인간과 대비된다.

이런 이동성은 해상무역과 밀접한 연관을 지니고 있다. 근대 자본주의의 배양지인 영국뿐만 아니라 시장경제의 발생지라 불리던 고대 그리스 사회도 대표적인 해양국가로서 해상무역과 해양교통에 의존했다. 자유무역을 자유의 대명사처럼 내세운 스미스와 경제학의 입장도 이런 이동성에 부합된다. 자유무역을 주창한 스미스와 이후의 경제학자들은 보호무역을 추진하고자 국가의 정책을 중시한 중상주의를 비판했다.

결국 스미스에게는 개인주의와 세계주의가 공존한다. 이로부터 종교, 민족, 인종, 성별, 지역에 관계없이 이익이 되면 거래를 마다하지 않는 '개방성'이 경제주체에게 요구된다. 또한 모두가 이런 요인들에 관계없이 시장에서 평등하게 오로지 각자가 가진 물건으로 평가받는다는 관행이 정착되어야 한다.

사용가치와 교환가치의 모순

경제는 생산, 소비, 교환, 분배라는 네 가지 활동으로 구성된다. 스미스는 이들 중 생산을 중요하게 생각해 생산과 관련된 경제주체로 자본가, 지주, 노동자를 등장시켰다. 동시에 이들은 이윤, 지대, 임금을 획득하는 분배의 주체이기도 하다. 또한 이들은 모두 개인이 아니라 계급이나 계층이다.

특히 노동자는 '자연임금'이라고도 불리는 생계비 수준의 임금을 받는 존재다. 먹고살려면 직장에 다녀야 한다고 생각하는 대부분의 사람들은 이러한 상황에서 멀리 있지 않다. 스미스를 비롯한 고전파 경제학자들은 직장뿐 아니라 재화에 대한 선택도 제한적으로 생각했다. 인간의 물질적 필요를 중시했지만, 욕망이나 욕구 혹은 주관적인 선호나 수요를 부각시키지 않았다.

구체적으로 노동자는 의식주 등의 필수품과 편의품만으로 자신의 필요를 충족하지만, 자본가와 지주는 여기에 사치품을 더해 자신의 필요를 충족한다. 이것들은 모두 객관적인 속성과 기능을 지닌 '사용가치'다. 계층에 따라 소비가 규격화되어 있기 때문에 경제주체들은 다양한 소비를 추구하는 '소비자'나 '수요자'가 아니다. 따라서 이후의 경제학과 시장경제가 강조하게 된 주관적인 재화와 그것의 효용, 소비자주권이나 다양한 선택지도 스미스에게서는 부각되지 않았다.

자본주의경제에서는 교환이나 거래가 중요하다. 그것은 일차적으로 상인의 숫자가 늘고 그들의 지위가 개선되는 것으로 나타난다. 보다 근원적으로는 이전과 달리 생산자, 노동자, 소비자 등이 일상적으로 시장에서 매매 활동에 참여해 모든 경제주체들이 상인과 비슷해진다. 모든 사람이 가격을 의식하고, 돈에 신경을 쓰며, 상품시장·노동시장 등 시장에 참여하는 것을 당연시하게 된다. 그런데 스미스는 소비보다 생산을 중시했으므로 생산과 상업의 주체인 자본가와 노동자가 그 중요성에 있어서 지주와 소비자를 압도한다.

스미스가 제기한 '다이아몬드와 물의 역설'은 이런 맥락에서 중요하다. 다이아몬드는 가지고 있지 않아도 생존이나 생계에 지장이 없는 사치품이지만 값이 비싸고, 물은 생존에 반드시 필요한 필수품임에도 싸다. 스미스는 생계에 필요한 유용성이나 쓸모는 '사용가치'로, 시장의 가격은 '교환가치'로 규정했다. 따라서 이것은 '사용가치와 교환가치의 역설'이다.

이 역설은 순수예술이나 인문학에서 가장 극명하게 드러난다. 팔리지 않는 책, 관객이 없는 연극, 청중이 없는 음악회 등이 그런 예다. 그렇지만 교환에 참여해야 하는 자본주의의 모든 경제주체가 이런 역설과 갈등에서 벗어날 수 없다. 건강을 해치거나 환경을 파괴하지만 잘 팔리는 제품이기 때문에 이것을 만들어내는 생산자, 맘에 들지 않지만 값이 싸기 때문에 사야 하는 소비자, 보람을 느끼는 일보다 돈을 많이 주는 일을 택해야 하는 노동자 등 제반 경제주체들이 사용가치와 교환가치의 모순에 휩싸인다. 결과적으로 이 역설은 자본주의의 문제고 자본주의 경제주체의 문제다.

사용가치와 교환가치의 역설은 아리스토텔레스에게까지 거슬러 올라간다. 애덤 스미스가 다이아몬드나 물 등 상품을 중심으로 이를 규정한 데 비해 아리스토텔레스는 교육자나 의사 등 사람을 중심으로 비슷한 문제를 제기했다. 의사의 목표는 환자를 치료하는 사용가치를 제공하는 데 있지 돈으로 나타나는 교환가치를 버는 데 있지 않다.

애덤 스미스 자신은 이 역설에 대해 문제를 제기했을 뿐 답을 하지 않았다. 이후 경제학의 역사에서 이 문제는 오랜 기간 동안 다루어졌고 가치·가격이론에 출발점을 제공했다. 마르크스주의자들은 사용가치와 교환가치의 갈등을 더욱 이론적으로 발전시켜 자본주의의 내적인 모순이나 도덕적인 실패로 결론지었다. 이 입장에서는 모든 사람이 끊임없이 교환가치를 얻기 위해 노력하는 자본주의 사회로부터 사용가치가 교환가치를 압도하는 사회로 나아가야 한다.

이와 대조적으로 주류경제학을 계승하는 한계효용학파, 특히 제번스는 특정 상품의 사용가치는 총효용을 의미하며, 시장의 가격을 나타내는 교환가치는 한계효용에 의해 결정된다고 해석했다. 이에 따르면 경제인은 더 이상 사용가치와 교환가치의 갈등을 겪거나 고민할 필요

없이 자신의 효용과 가격만 고려하면, 언제나 최상의 대안들을 선택할 수 있고 효율적인 경제로 나아갈 수 있다.

저축과 소비에 대한 스미스의 입장

스미스에게서 경제발전은 자본축적에 의존한다. 그리고 금융업이 발전하지 않은 당시로서는 융자보다 저축을 통해 자본이 형성되었다. 따라서 스미스의 시대에는 소비하는 사람보다 저축하는 사람이 바람직했다. 그리고 저축을 결정하는 것은 신고전학파가 주장하는 바와 같은 '이자율'이 아니라 자본주의에 국한되지 않는 미덕인 근검과 절약이었다. 따라서 저축하는 사람이 칭송을 받았다. 한국경제의 성장기인 1970년대에 일상적으로 등장했던 저축에 대한 칭송과 '저축의 날'이 이를 단적으로 보여준다.

경제발전을 위해 저축을 중시한 스미스는 저축이 반드시 투자로 이어진다고 전제했다. 나아가 저축이라는 개인의 미덕이 전체의 미덕이 될 수 있다고 전제한다. 이것은 나중에 맬서스나 케인스가 저축보다 소비나 투자를 강조한 것과 대비된다. 케인스가 주목한 대공황의 시대에는 공급능력의 확충보다 유효수요가 중요했다. 이때부터 저축이 곧 투자를 부른다는 공식도 깨졌다. 그 이후로는 저축하는 사람만큼이나 소비하는 사람이나 투자하는 사람이 중요해졌다.

여기서 다시 개체와 전체의 문제가 등장한다. 스미스는 개인의 저축이 개인에게 좋을 뿐만 아니라 경제 전체로도 이롭다고 생각했다. 앞서 스미스는 전통적인 견해를 반박하면서 사익 추구라는 개인의 악덕이 공익이나 전체의 미덕으로 이어질 수 있다고 주장했다. 이것은 일종의 '구성의 모순fallacy of composition'이다. 그렇지만 스미스는 저축에 대해서는 전통적인 견해를 고수했다. 반면 케인스는 개인의 저축이 경제 전체의 불황을 낳거나 불황을 악화시킬 수 있다고 하면서 전통적인 견해를 반박했다. 케인스의 견해 역시 개체와 전체가 일치되지 않는 또 다른 '구성의 모순'이다.

소비와 저축에 대한 이런 견해의 차이는 현재까지도 이어지고 있다. 한국경제와 관련하여 등장한 '소득주도성장'에 관한 논쟁도 이런 이론적인 대립에 근거를 두고 있다. 논쟁에 대해 간단히 정리하자면, 장기적으로는 저축이 중요하지만 단기적으로는 투자나 소비 등 수요가 중요하다는 것이 대다수의 입장이다. 그렇지만 이것은 손쉬운 '절충적 결론'으로 보다 근원적인 논의를 필요로 한다.

분업과 협업, 이기심과 이타심, 끝나지 않는 논쟁

직위와 소득에 대한 접근이 열려 있는 민주주의와 자본주의는 '경쟁'이라는 시스템에 기초해 있다. 주요 공직을 두고 후보자들이 경쟁을 벌이고, 높은 이윤을 두고 기업들이 경쟁을 벌인다. 한국에서는 입시경쟁도 빼놓을 수 없다. 이처럼 민주주의와 자본주의의 인간은 경쟁의 주체로서 경쟁을 당연시한다. 나아가 일부 사람들은 경쟁을 통해 승부나 우열을 가리는 것을 즐기곤 한다.

우선 이는 서양에서 전쟁의 역할을 경쟁이나 상업 혹은 무역이 대신한 자본주의 역사와 맥을 같이 한다. 자본주의경제는 전사가 아니라 경쟁자나 상인 혹은 거래인을 원한다. 이들은 운동경기나 음악 경연의 참여자들과 비슷하지만 동시에 거래 조건에 대해 세밀하게 묻고 따지는 협상가이기도 하다.

시장의 경쟁자는 봉건적인 귀족처럼 행동하기 어렵다. 귀족에게는 체면과 지위에 대한 집착, 점잖음, 그리고 자신의 가치와 행위에 대한 우월감이 공존한다. 자본주의의 계약과 경쟁은 주체들 사이의 동등함을 전제하므로 이와 부합되지 않는다. 시장경제의 현실이 반드시 이와 같이 동등하다는 조건을 충족시키지 않을 수 있지만, 이상적인 관점에서 시장경제는 분명 동등한 조건을 강조한다.

근대적인 경쟁의 논리는 '기회의 균등'을 기치로 내세워 기득권을 반박하려는 의도를 담고 있다. 당시로서는 애덤 스미스의 경제학이 '기득권 타파'라는 시대적 진보성을 띄고 있었다. 이로부터 토지에 대한 독점적인 소유를 통해 얻는 지대와 이를 주된 수입원으로 삼는 지주계급에 대한 의구심이 생기게 됐다. 물론 시장경제의 현실에서는 경쟁의 승리자가 존재하며 그들은 더 이상의 경쟁을 막아 기득권을 유지하려고 노력한다. 그러나 이 경우에도 추후에 다시 새로운 경쟁이 나타날 가능성을 완전히 배제할 수 없다.

자본주의경제에서는 모두가 어느 정도 장사꾼이 되고 돈벌이에 열중한다. 그럼에도 불구하고 스미스는 사람들이 궁극적으로 원하는 것이 화폐가 아니며 화폐가 국부를 구성하는 것도 아니라고 주장했다. 사람들이 원하는 것은 생활필수품, 편의품, 사치품 등의 '사용가치'다. 이는 화폐에 집착했던 중상주의에 대한 스미스의 비판이기도 하다.

사람들이 원하는 것이 돈이 아니라 사용가치라는 선언은 그 이후 현재까지 200년 이상 주류경제학을 지배해왔다. 물론 고전학파는 소비의 대상을 객관적으로 파악해 사용가치와 유용성으로 보는 데 비해 신고전학파는 이것을 주관적으로 파악해 재화와 효용으로 규정한다. 이런 차이에도 불구하고 두 경제학파는 모두 경제활동의 목표가 돈이 아니라는 데 동의하고 있다.

이같은 돈에 대한 경시는 주류경제학의 일관된 입장을 이루고 현재까지 거시경제학과 정책에 영향을 미치고 있다. 주류경제학의 관점에서 필요나 효용과 무관하게 무한히 많은 돈을 추구하는 사람은 맹목적이고 비합리적이다. 경제인은 도덕이나 윤리의 제약을 받지 않지만 돈에 대한 집착으로부터도 자유롭다.

그런데 자본주의의 행위자들이 과연 그러한가? 중상주의, 마르크스, 케인스 등은 이에 동의하지 않는다. 특히 마르크스의 견해로는 자본가를 위시한 자본주의의 경제주체들이 돈을 추구하는 정도가 아니라 돈을 섬긴다.

애덤 스미스의 입장에서는 생산의 중요성이 교환이나 경쟁이라는 조건과 결합하면서 분업에 대한 고찰로 이어진다. 서양이 자본주의에 들어서면서 시장의 경쟁과 더불어 분업이 심화되었고 이것이 산업과 학문의 전문화를 낳았다. 이에 따라 근대 사회에서는 더 이상 이것저것을 두루 잘하는 사람이 아니라 한 가지만 잘 하는 숙련노동자나 전문가가 요구되었다. 이를 통해 생산성과 전문성이 증가한다고 보았다.

그렇지만 분업이 요구하는 직업인이나 전문가는 평생 한 직종이나 작업에만 종사해 전체를 알 수 없고 부분품으로 살아가는 소외를 겪을 수 있다. 또한 전문지식을 가지고 있다고는 하지만 일반적인 상식이나 양식을 도외시할 수 있다. 산업화를 주도해온 서양의 근대사상은 사물에 대한 분석적이고 원자적인 인식을 강조해 총체적인 인식이나 맥락에 대한 이해를 약화시킨다. 이러한 '분석주의'는 서양의 물리학과 함께 경제학에 두드러진다.

가격을 매개로 시장을 통해 간접적으로 연결될 뿐인 자본주의경제의 주체들은 각자가 독립적이고 고립되어 있다고 생각하기 쉽다. 그렇지만 자본주의의 분업이나 경쟁이 협동이나 협업과 완전히 대립된다고 보기는 어렵다. 사회학자 뒤르켐은 근대에 들어 특정 분야에 전념하는 사람들이 등장하면서 오히려 이전보다 다른 분야의 생산물에 더욱 의존적으로 변했다고 주장하며 분업을 협동이나 연대와 연결시켰다.

이기심과 이타심, 그리고 각기 이들과 연결되는 경쟁심과 협동심 중 어느 것이 더 인간의 모습에 가까운지에 대해서는 현재까지 논쟁이 이어지고 있다. 스미스 이후의 주류경제사상은 이기심과 경쟁심에 근거해 모든 논리를 전개해왔다. 그러나 최근 들어 등장한 행동경제학과 진화생물학 등은 인간의 이타적인 습성과 원초적인 협동심 등을 강조하며 기존의 '이기적 인간'에 대한 설득력 있는 반박을 내놓고 있다.

데이비드 리카도

：

서로 더 차지하려고 싸운다

소득의 분배가 무엇보다 중요하다

리카도^{David Ricardo(1772~1823)}는 연역적인 방법에 근거해 경제학을 과학적으로 체계화하면서 스미스와 비교해 보다 순수한 경제문제를 다루었다. 또한 리카도는 소득분배를 경제문제의 중심에 놓았다. 그의《정치경제학 및 과세의 원리^{Principles of Political Economy and Taxation}》를 살펴보면 이런 점들이 드러난다. 따라서 리카도에게서 인간은 시민이나 문화인이기보다 순수 경제주체에 가깝고, 생산, 소비 혹은 교환의 주체라기보다 분배의 주체로서 등장한다.

여기서 분배는 주어진 생산수단이나 생산요소 하에서의 소득분배이지, 보다 근원적인 생산수단·요소 자체의 분배를 의미하지 않는다.

즉 토지와 자본 등 사유재산 자체의 분배가 아니라 이런 사유재산과 자원에 노동이 결합되어 반복적으로서 창출되는 소득을 어떻게 분배 하는지가 주된 관심 대상이다. 주류경제사상은 생산요소에 대한 사유 재산제를 전제하기 때문이다.

이에 따라 자본주의의 경제주체는 거래자, 소비자, 노동자 등 다른 기능이나 자격에 앞서 '재산과 자원의 소유자'로서 등장한다. 토지, 노 동, 자본이 이런 재산이나 생산요소이고, 이들로부터 각기 받는 소득 은 지대, 임금, 이윤이며, 이런 소득들을 받는 분배의 주체는 각기 지 주계급, 노동자계급, 자본가계급이다.

이같이 리카도와 고전학파는 생산요소, 이로부터 받은 소득, 그리 고 요소의 소유자 및 소득의 수혜자를 일대일로 대응시켰다. 이는 노 동자가 금융소득을 얻거나, 자본가가 노동하거나 부동산 소득을 지니 거나, 지주가 노동하거나 금융소득을 얻는 복합적인 상황을 배제한 것 이다.

또한 리카도는 토지, 노동, 자본이 서로 이질적이고 이들로부터 형 성되는 소득인 지대, 임금, 이윤 역시 서로 이질적이라고 생각했다. 특 히 각 생산요소의 소유자인 지주, 노동자, 그리고 자본가가 이질적이 다. 물론 리카도에게서 지주, 노동자, 자본가는 모두 자기 이익을 좇는 이기적인 경제인이다. 그런데 이들은 모두 개인이라기보다는 계급의 일원이며 이들 각각의 계급적인 측면들이 동일하지 않다.

우선 다른 고전파 경제학자들과 마찬가지로 지주는 리카도에게서 도 노동자나 자본가에 비해 수동적이다. 그것은 노동이나 자본과 비교 해 토지라는 생산요소가 지니는 봉건적인 성격에서 비롯된다. 이에 더해 노동자보다 자본가가 더 능동적이다. 따라서 산업들과 지역들 사이의 자원 이동을 주도하는 것은 지주나 노동자가 아니라 자본가다.

노동자와 자본가는 분배의 주체이면서 생산의 주체인 데 비해 지주는 분배의 주체일 뿐 생산의 주체가 아니다. 이런 차이로 인해 리카도에게서 노동자와 자본가의 보수는 소득이면서 상품의 생산 비용을 구성하지만, 지대는 소득일 뿐 상품의 비용을 구성하지 않는다. 여기서 제품의 비용을 구성하는지 여부는 가치를 낳는지 여부와 동일하다. 따라서 리카도에게 있어 노동자나 자본가와 달리 지주는 가치를 생산하지 않으면서도 소득을 얻어가므로 지대는 정당한 소득이라 할 수 없다.

경제사상에서 노동자의 생산성이나 임금의 정당성이 부정된 적은 없다. 단지 임금의 수준이 문제가 될 뿐이었다. 리카도 등 고전학파는 아직 사회적으로 인정받지 못한 자본가계급과 이윤을 정당화했다. 노동자뿐만 아니라 자본가도 그저 소유하고 있는 것을 넘어서 생산적으로 활동하고 있다고 생각한 것으로 보인다. 이에 비하면 지주와 지대, 그리고 전주(돈을 빌려주는 사람)와 이자는 오랫동안 불로소득이라는 비난을 받아왔다. 또한 이들의 역할이 정당화된 이후에도 지대나 이자가 과도하다는 생각이 아직도 우리의 주변을 맴돌고 있다.

경제인은 자신의 몫을 얻기 위해 소리치고 투쟁한다

리카도의 인간도 자신의 몫을 챙기려 한다는 점에서 이기적인 인간에 속한다. 이처럼 주류경제학은 태초부터 경제인이 기본적인 인간의 특성이라고 가정해왔지만 오히려 그 반대가 사실일 수 있다. 즉 자본주의체제가 이 체제에 부합되는 이기적 인간을 요구하고, 이런 인간의 형성이나 진화를 강제한다. 소비자, 생산자, 상인, 노동자, 자본가 등 모든 경제주체들이 그렇다. 체제에 부합되는 경제주체들이 형성되고 경제주체들이 자신을 경제인으로 의식하고 행동하는 데까지는 시간이 필요하다.

소득분배와 가격

분배 문제는 리카도를 승계한 스라파Piero Sraffa와 스라파를 시조로 삼는 신리카도학파Neo-Ricardians의 특징이기도 하다. 리카도의 문제의식으로 나타난 소득분배와 가격의 관계를 명확하게 부각시킨 인물이 스라파다. 20세기 이탈리아 출신 경제학자로 지금은 크게 주목받지 못하는 스라파는 《상품에 의한 상품 생산Production of Commodities by means of Commodities》을 통해 이를 설명했다. 그는 노동자와 자본가가 착실한 소득의 수혜자가 아니라 투쟁적인 분배의 주체라는 점을 부각시켰다.

자본주의 하에서 자신의 이익을 드높이면서 싸우는 분배의 주체가 형성되는 데도 상당한 시간이 필요하다. 역사적으로도 자본주의로의 이행 자체가 순조롭지 못했고 국가 주도로 성장이 이루어진 한국에서도 노동자나 회사원이 형성되기까지 최소한 30여 년 이상의 경제성장기가 필요했다. 이것은 아마 소설가가 소설가와 관련된 소설을 쓰고 영화인이 영화인에 관한 영화를 만드는 데 상당한 시간이 걸리는 일과 비슷할 것이다.

또한 시장에서 이기심을 추종하는 것은 가격을 통해 익명적으로 처리되어 비교적 조용하게 진행되는 데 비해 리카도에게서 등장하는 분배의 주체는 협상장에서 소리치며 때로는 타협하고 때로는 투쟁하며 파업을 벌이는 적극적인 존재에 가깝다. 이는 소작인이나 노동자가 지주나 자본가를 더 이상 자신의 주인이나 은덕을 베푼 사람으로 보지 않고 이들 앞에서 당당하게 자신의 요구를 내세운다는 것을 의미한다.

분배와 관련한 투쟁·협상은 비록 노동시장의 수요–공급과 완전히 무관하지는 않지만, 이에 지배되지 않는 정치적이고 전략적인 요소를 담고 있다. 이와 대조적으로 신고전학파는 정치사회적인 요소나 제도적인 요소들을 배제하면서, 경제주체가 생산에 공헌하고 시장에서 인정받아 결과적으로 창출한 가치에 따라 소득이 결정된다는 '한계생산성이론'을 내세운다.

소득분배에 대한 신고전학파의 한계생산성이론은 재화의 가격결정에 대한 신고전학파의 이론보다 취약하다. 특히 생산자들이 개인이고 이들 각자가 생산한 결과가 시장에서 소비자들에게 평가받는다고 상정하고 있다. 그러나 현실의 경제에서 상품은 대부분 노동자, 자본가, 경영자 등 여러 생산주체들이 참여하는 기업조직이 만든다. 따라서 기업이 만들어낸 제품의 가치와 이런 제품들로 구성된 기업의 가치 중 여러 구성원들이 각기 얼마만큼 공헌했는지 가려내기란 힘들다.

특히 노동자, 자본가, 그리고 경영자가 지닌 이질적인 생산요소들의 공헌, 그리고 이들의 상호작용을 하나의 잣대로 측정하는 것은 더욱 어렵다. 최근에는 피케티 Thomas Piketty 등이 최고경영자의 보수가 자신의 능력이나 노력에 근거한 것이 아니라 이사회 등을 통해 최고경영자들이 스스로 결정하거나 우호적으로 서로의 보수를 올려주고 있다는 증거를 제시한 바 있다. 이런 이유로 소득은 각자의 생산성과 무관하지 않지만 힘이나 제도 등의 영향 속에서 결정되고 있다는 점이 드러나고 있다.

투쟁이나 협상은 사활이 걸린 전쟁과 다르고 경쟁과도 다르다. 경쟁은 수요─공급 및 가격이나 규칙의 지배를 받으며 어느 정도 익명적으로 진행되는 경제적 과정이다. 이에 비해 투쟁이나 협상은 시장에서 벗어나 있으며 규칙의 지배를 받지 않고 익명성도 적다. 당연히 경쟁의 주체와 투쟁 및 협상의 주체도 서로 다르다. 이런 이유로 신고전파 경제학의 체계 안에서도 전자는 일반균형체계의 대상이고, 후자는 게임이론의 대상이다.

토머스 맬서스

:

본능적으로 움직인다

인간은 합리적이기보다 '본능적'이다

맬서스Thomas Malthus(1766~1834)에게서 등장하는 인간은 이성적이거나 계산적이라기보다 감성적이고 본능적이다. 본능은 인간이 동물과 공유하는 부분이므로 맬서스는 인간을 동물에 가깝게 본 셈이다. 고전학파 전반에 걸쳐 인간의 동물적인 요소가 적지 않게 드러나지만 맬서스에 이르러 이런 성격이 가장 두드러지게 나타난다.

맬서스의 《인구론An Essay on the Principle of Population》이 인간의 동물적 성격을 본격적으로 보여준다. 익히 알려진 이 책의 구절로 말하자면, "인구는 기하급수적으로 증가하고 식량은 산술급수적으로 증가한다". 또한 사람들은 식량의 증감에 따라 출산하고 사망한다. 이들은 사회의 대다수를 이루는 노동자계급이나 빈곤층에 속한다.

경제성장이나 발전을 핵심 주제로 삼았고, 경제를 비교적 폭넓게 조망했던 고전파 경제학은 노동의 공급이 아니라 인구 자체를 문제로 삼았다. 그런데 인구의 증감을 실질임금, 좁혀서 생계물자, 그리고 더욱 좁혀 식량의 증감으로 설명하는 것은 사람과 동물 사이에 별 차이를 두지 않는 것이 된다. 먹이가 풍부해지면 아이를 더 낳고, 먹이가 부족해지면 덜 낳으며, 먹이가 허용하는 한 최대로 출산한다. 그리고 신생아들이 노동자로 성장한다. 이런 생각은 '인구人口'라는 동양의 번역어에서도 정확히 반영되어 있다.

인구변동과 임금결정의 관계에 대한 생각은 맬서스뿐만 아니라 스미스나 리카도 등 고전학파 전반에 깔려 있다. 고전학파가 전반적으로 내세운 '임금생계비이론'은 이에 부합되는 임금이론이다. 임금이 일시적으로 증가하더라도 출산이 늘어 인구가 증가하고, 이로 인해 노동의 공급이 증가하면 결국 임금이 생계 수준으로 다시 하락한다는 것이다.

본능적인 인간은 고대 그리스 폴리스에 등장하는 도덕적인 시민뿐만 아니라 근대 상업사회의 이기적이고 계산적인 상인이나 회계사와도 구분된다. 우선 본능적 인간은 윤리나 도덕의 고상함과 거리가 멀다. 아리스토텔레스의 입장에서 맬서스적인 인간은 인간적인 자연성이 아니라 이성으로 제압되지 않은 동물적인 자연성을 지니고 있을 뿐이다. 맬서스는 근대에 들어서며 인간을 이성적인 존재로 부각시킨 로크와도 대척점을 이룬다.

본능적 인간은 신고전학파의 표준이론이 강조하는 합리적 인간과도 거리가 멀다. 시카고대학의 베커가 논리적으로 정교화했듯이, 본능적 인간과 달리 합리적 인간은 아이의 출산과 양육에 수반된 모든 비용과 편익을 고려해 출산 여부를 선택한다. 또한 표준이론에서는 '식량'이 아니라 '화폐임금의 증감'이, '출산 및 인구'가 아니라 '노동공급'에 영향을 미친다. 표준이론은 원인과 결과 혹은 독립변수와 종속변수 모두에 있어 맬서스를 비롯한 고전파 경제학자들과 다르다.

고전학파에게 있어서 노동자나 빈곤층은 출산뿐만 아니라 수요에 있어서도 식량에 대한 필요로 압도되므로 인간적인 다양성을 보이지 않는다. 심지어 임금이 화폐가 아니라 생계물자인 실물로 나타나므로 선택의 자유가 없어 노예에 가깝다. 사실 맬서스를 비롯한 고전학파에게서 노동자, 빈곤층, 노예, 동물은 서로 명확히 구분되지 않는다.

'경제인'보다 '경제적 동물'이 더 많은 것을 설명한다

흔히 경제적 이익이나 화폐의 추구가 본능적인 욕구와 동일하게 취급되기도 한다. '경제적 동물'이라는 표현이 이를 잘 말해준다. 경제인과 경제적 동물은 모두 넓은 의미에서 각자의 이익을 추구하므로 윤리나 도덕과 대립된다. 그렇지만 양자 사이에 차이도 있다. 생존과 번식에 대한 욕구는 생물학적이고 물질과 돈에 대한 욕구는 사회적이다. 또한 경제인에게는 비록 도구적인 것이지만 합리성을 부여할 수 있다면, 경제적 동물에게는 합리성을 부여하기 힘들다.

그런데 다윈의 진화이론은 이런 동물적인 성격이 인간의 중요한 측면임을 부각시켰다. 실제로 다윈은 맬서스로부터 영향을 받았고, 저서

《종의 기원On the Origin of Species》에서 이 점을 명시적으로 인정했다. 다윈의 이론에 의하면 동물과 마찬가지로 인간도 생존과 번식을 위해 존재하고 이를 위해 진화해왔다.

쾌락과 고통을 느낀다는 점에서뿐만 아니라 생존과 번식을 목표로 삼는다는 점에서도 인간은 동물과 비슷하다. 또한 동물과 다른 것으로 알려져 있는 의복이나 음식 등 인간의 문화나 화폐, 기업, 시장 등 인간의 제도도 모두 생존과 번식을 위한 것이라고 해석할 수 있다. 전자가 생물학적인 진화라면, 후자는 문화적이거나 사회적인 진화라 할 수 있다. 이렇게 보면 경제인과 경제적 동물은 많은 부분을 공유하게 된다.

맬서스는 이런 동물적 면모를 귀족층이나 부유층을 제외한 대다수의 노동자와 빈곤층에게 적용했다. 노동자와 빈곤층은 교육을 통해 만혼을 유도하거나 그들의 출산을 줄일 수 없으므로 식량의 공급을 조절하여 억제시킬 수밖에 없는 존재다. 이같이 맬서스에게서는 계급적인 구분이 강하게 드러나며 자본가와 지주는 노동자와 빈곤층과 완전히 다른 종류의 사람처럼 나타난다.

'유효수요의 부족'을 제시한 사상가

여러 계급들 중 특히 지주계급은 토지로부터 발생하는 지대를 소비하며 사는 불로소득자다. 그런데 맬서스는 유효수요의 부족을 다른 학자들보다 먼저 지적하면서, 생산이 수반되지 않는 지주의 소비가 유효수요의 부족을 메워준다며 지주를 경제에 유익한 존재로 내세웠다. 지주를 생산자나 분배의 주체가 아니라 수요의 창출자로 만들어 일견 경제에 해를 주고 있는 존재를 경제에 이로운 존재로 탈바꿈한 것이다.

총수요에 근거한 지주계급에 대한 옹호로 맬서스는 고전학파 전반, 특히 리카도와 대립했고 지주에 의존하는 봉건체제에 대한 수호자라는 비난도 받았다. 리카도가 대변한 당시 고전파 경제학의 입장은 프랑스 경제학자인 세Jean-Baptiste Say가 제시한 '세의 법칙Say's Law'으로 표현된다. 이 법칙은 '생산된 것은 스스로 자신의 판로를 개척한다'고 요약되며 수요 측면을 경시한다.

같은 시대를 산 리카도와 맬서스는 세의 법칙을 신봉하는지 여부에 따라 전반적인 과잉생산 문제를 가지고 논쟁을 벌였다. 주류의 입장에 선 리카도가 비용이나 공급에 중점을 두는 데 비해 맬서스는 지출과 수요에 중점을 두었다. 맬서스는 저축하는 사람 이상으로 소비하는 사람을 중시한 셈이다.

맬서스는 고전학파의 주류를 이루지 못하고 경제사상에 있어 소비와 총수요를 중시하는 소수파인 '과소소비이론'의 대표적인 주창자가 되었다. 지주계급의 중요성에 대한 맬서스의 옹호는 그 이후에도 큰 호응을 얻지 못했다. 그러다가 1929년 대공황에 이르러 수요를 창출하는 경제주체의 역할이 본격적으로 무대에 등장했다. 케인스를 통해 주류경제학에서 본격적으로 총수요 문제가 부각되었기 때문이다. 그런데 총수요 문제는 아직도 많은 것이 정리되지 않은 갑론을박의 대상이다.

이밖에도 현대에 이르러서 맬서스는 생태계 혹은 환경문제의 선구자로 간주되고 있다. 식량 증가가 인구 증가에 부과하는 속박은 자연이 인류에게 부과하는 제약으로 해석할 수 있다. 맬서스는 인간이 자연이나 사회와 상호작용한다고 생각하지 않았다. 경제나 사회에 대한 이런 일방향적인 생각이 인간과 자연의 관계를 더욱 선명하게 드러낸 것이라 해석할 수 있다.

경제학에서는 경제현상을 설명하는 데 있어 물리학적인 유추와 생물학적인 유추가 공존해왔다. 주류경제학을 지배해온 물리학적인 유추는 경제를 기계에 비유하면서 균형이나 안정성 등에 관심을 둔다. 이에 비해 초기 경제학에 주로 등장했던 생물학적인 유추는 경제를 인간이나 생명체에 비유한다. 이것은 '생존'이나 '재생산' 등의 용어로 나타난다. 맬서스는 후자로 기울어져 있다.

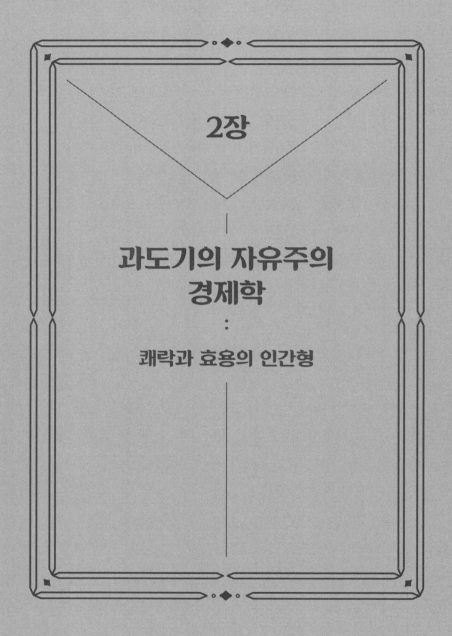

2장

과도기의 자유주의
경제학

:

쾌락과 효용의 인간형

존 스튜어트 밀

:

경제인이면서 계약의 주체다

경제인의 중요한 조건

고전학파의 마지막 경제학자인 밀John Stuart Mill(1773~1836)에 이르러 경제
인이 공식화되었다. 밀은《경제학의 정리되지 않은 문제들에 대한 논
고Essays on Some Unsettled Questions of Political Economy》에서 경제학을 새롭게 정
의하면서 경제인도 함께 규정했다. 그는 전통적인 경제학의 대상인 부
의 생산, 분배, 소비에 사회 속의 인간이 본성에 따라 경제활동을 벌인
다는 점을 결합시켰다. 더 많은 부를 추구하고 이를 위해 가장 효율적
인 수단을 강구한다는 점이 경제인의 특징이다.

　이에 더해 경제인은 노동을 기피하고 미래보다 현재의 즐거움을 더
좋아한다. 이것이 경제학이 중점에 두어야 할 인간이다. 그는 경제인

이 다양한 모습을 지닌 현실의 인간이 아니라 경제영역에서 부각되는 인간일 뿐이라는 단서를 달았다. 다루는 사회 영역에 따라 인간은 부가 아니라 권력이나 명예를 추구할 수 있다. 경제학과 경제인에 대한 밀의 정의는 아래와 같다.

> 인간의 본성에 관한 법칙들이 관련되는 한에 있어서, 부의 생산과 분배를 다루는 과학.[10]

> 다른 어떤 목적을 추구하는 것으로 수정되지 않는 한에 있어서, 부의 생산을 위해 인류의 결합된 작동들에서 발생하는 그런 사회현상들의 법칙을 추적하는 과학.[11]

밀에게 있어서도 돈 혹은 재산이 아니라 좋은 삶이나 행복이 인간의 궁극적인 목표다. 따라서 경제인이 좋은 삶이나 행복을 위한 재화의 확보가 아니라 무한정의 부나 돈을 목표로 삼는 것은 일견 비합리적이다. 그렇지만 그는 인생에서 장기적인 목표를 위한 수단이 단기적인 목표로 승격되는 경우가 적지 않음을 지적했다. 돈도 원래는 인생의 목표가 아니라 수단이지만, 이 수단이 단기적인 목표로 둔갑할 수 있다고 말하면서 그는 화폐 추구를 우회적으로 정당화했다.

밀이 제한과 조건을 달아 정식화한 경제인은 이후 이런 제한과 조건을 점차 벗어던지게 되었다. 특히 20세기 후반에 세계화가 진행되면서 경제인은 경제영역에서만 부각되는 인간의 모습이 아니라 사회의 모든 영역에서 등장하는 인간의 모습으로 나타나고 있다. 혹은 돈벌이가 단순히 인간의 경제활동이 아니라 점차 사회활동 전반의 모습으로 나타나고 있다.

동등한 관계를 표방하는 계약의 의미와 한계

시장의 대표적인 경제활동인 교환이나 거래는 법적인 근거인 계약을 통해 뒷받침된다. 밀에게서는 경제주체가 계약의 주체라는 점이 부각된다. 서양 근대에 있어 인간은 교환의 주체이기에 앞서 계약의 주체다. 이것은 이를테면 노동시장에서 노동자가 자본가와 동등한 경제주체로서 노동시간이나 근로조건 등을 자신의 이익에 따라 자발적으로 합의할 수 있다는 점을 부각시킨다.

계약이 성립되고 권리와 의무가 시행되는 것은 당사자들 혹은 경제인들이 서로 동등하며 사기나 강박이 없다는 전제가 있어야 가능하다. 이런 계약에 대해 제3자는 개입할 필요가 없고, 개입해서도 안 되며, 오히려 이를 존중해야 한다. 제3자에는 당연히 정부가 포함된다. 밀의 또 다른 대표작 《자유론On Liberty》 등을 봐도 알 수 있듯, 영국의 자유주의는 대륙의 사상보다 정부를 더 경계하고 되도록 정부의 역할을 줄이며 경제인(과 시민)의 역할을 늘리려 한다.

서양에서 계약은 근대성의 상징이다. 메인Henry Sumner Maine은 《고대법Ancient Law》에서 서양 근대성의 핵심이 신분에서 계약으로의 이행이라고 지적했다. 귀족과 평민 등의 봉건적인 계급이 사라지고, 모든 사람들이 동등해진 상황에서 서로의 이익에 따라 자유롭게 자발적으로 선택한 약속이 계약이다.

서양이 표방해온 동등성은 네 가지 형태로 도시 안에서 시민으로서의 평등, 신 앞의 평등, 법 앞에서의 평등, 그리고 시장에서의 평등이다. 이로부터 기회의 균등이나 계약의 자유가 파생된다. 여기서 계약은 루소Jean Jacques Rousseau 등이 중시한 사회계약이 아니라 사적인 계약을 말한다.

　재화시장, 노동시장, 금융시장에서의 계약을 통해 교환이나 거래가 효력을 발휘한다. 이런 이유로 사기나 강박이 개입되지 않은 계약은 기본적으로 존중되어야 한다. 계약의 준수는 법적인 강제로 뒷받침되는데 이것은 계약 당사자들이 자신의 권리와 의무를 잘 알고 있음을 전제한다. 또한 이는 계약에 위반이 있을 경우 계약의 당사자는 법적인 주체로서 피해보상을 청구할 수 있고 청구할 줄 안다는 것을 의미한다.

　따라서 이성을 지니고 있어 제대로 판단할 수 있는 사람만이 동등한 계약의 주체가 된다. 당연히 미성년자나 금치산자는 계약의 주체일 수 없다. 계약의 주체는 계약의 상대방과 대상 등과 관련된 자신의 단기적이거나 장기적인 이익에 대해 충분한 정보를 공급받고 이 정보에 대한 판단능력을 갖추고 있어야 한다. 또한 계약의 당사자들은 이런 정보를 알려줄 의무가 있다. 알려주었거나 알고 하는 계약과 알려주지 않았거나 모르고 하는 계약은 계약의 유효성에 있어 근본적인 차이를 지니고 있다. 이를 보장하기 위해 법과 정부의 정책이 동원된다.

　계약관계는 봉건적인 신분질서를 타파했다는 의미를 지니나, 절차적인 성격이 강하므로 실체나 내용을 담보하지 못한다는 한계가 있다. 권력이나 재산에서 차이가 나는 사람들 사이의 계약에 있어 양자의 동등성은 선언이나 절차에 그쳐 그것의 내용에까지 이르지 못한다. 밀도 공장법과 관련해 자본가와 노동자의 계약이 실질적인 동등성을 확보하지 못할 수 있다는 점을 고민했다.

특히 반복적이거나 장기적인 계약의 당사자들에게 계약조건의 준수를 요구하는 것이 쉽지 않을 수 있다. 실질적으로 열등한 계약의 당사자가 우월한 당사자에게 현재의 계약조건을 철저히 준수하라고 요구하는 것은 향후 계약의 갱신을 포기하는 행위가 될 수 있다. 이런 이유로 소송 등의 법적 절차를 통해 계약조건의 준수를 요구하는 것이 실질적으로 작동하지 않을 수 있다.

노동자와 자본가 사이의 노동계약도 외양에 있어 동등성을 표방하지만 내용적으로는 그렇지 않을 수 있다. 한국 사회에 흔하게 나타나는 갑을관계도 '갑을[#乙]'이라는 순서가 보여주듯 동등성에 근거하지 않고 있다. 물론 갑을관계가 봉건적인 수탈관계, 근대적인 노동자·자본가계급관계, 기업 내의 위계적인 관계 같은 상하관계와 동일하지 않다. 그렇더라도 실질적으로 우열이 생기면, 동등한 계약의 주체나 경제주체 혹은 법 앞에 동등한 시민은 허구적인 구호가 된다.

경제학에서 계약은 에지워스Francis Edgeworth가 만든 계약곡선 개념을 통해 등장하고 코먼스John R. Commons가 거래의 법적인 근거들을 설명하면서 부각되었다. 최근에는 경제와 법이 교차되는 영역에서 '법경제학'이 부상하고 있다. 대표적으로 계약이 예상되는 모든 상황들에 완전히 대비할 수 없다는 의미에서 '불완전계약'으로 개념화되는 등 계약은 최근 경제학의 일상적인 주제가 되고 있다.

생산과 분배에서 인간은 얼마나 자율성을 갖는가

밀에 의하면 생산은 자연법칙에 따르고, 분배는 인간이 정한 법칙에 따른다. 생산이 자연법칙에 따른다는 것은 기업이나 공장의 생산과정이 자동적으로 이루어진다는 의미가 된다. 이는 생산과정이 인간의 의지나 의도 혹은 자율성과 무관하게 진행된다는 것을 뜻한다. 이런 생각이 계약의 중요성과 결합되면, 노동자의 생산성이나 생산 실적이 노동시장에서 계약을 통해 명시되어, 공장에서는 더 이상 생산성 등이 변할 수 없는 것이 된다.

사실 생산이 물리학적이거나 생물학적인 법칙에 지배된다는 생각은 이후 현재까지 경제학자들의 머릿속을 지배하고 있다. 그런데 생산과정이 자연법칙에 따라 기계적으로 움직인다는 것은 착각에 불과하다. 물론 생산은 투입물을 산출물로 변형하는 과정이므로 이와 관련한 자연법칙을 벗어날 수 없다. 가령 제과점의 생산과정과 자동차의 생산과정은 서로 다른 법칙에 의해 지배되고 있으므로 제조되는 시간이나 투여되는 인력, 기계나 원재료 등에 있어 서로 다를 수밖에 없다. 그렇지만 생산과정은 자연법칙 이외에 시장의 경쟁이나 기업의 지배구조로부터 큰 영향을 받는다. 이런 점에서 마르크스의 착취이론까지 가지는 않더라도 현대 기업이론에서 설명하는 노동·노력추출 과정이 더 타당성이 있다.

인간은 생산과정에서 근면, 창의나 혁신, 투쟁 등 적극적이나 창의적인 활동을 벌일 수 있다. 또한 인간은 해이, 나태, 방기, 불이행 등 소극적이거나 기회주의적인 활동을 벌일 수도 있다. 그리고 이런 차이는 기업의 지배구조와 인사관리에 달려 있다. 이런 의미에서 시장의 교환

과정뿐만 아니라 공장의 생산과정도 불확실성을 안고 있으며 자동적으로 굴러가지 않는다.

분배과정에 있어서는 인간이 개입될 수밖에 없다는 밀의 생각은 이후 경제사상과 경제체제에 많은 영향을 미쳤고 그 영향은 긍정적이었다. 분배에 대한 개입과 조정은 법과 정책을 통해 가능하다. 법이나 정책은 집단의지나 총의(컨센서스)를 통해 가능한 사회적 선택이라는 점에서 시장에서의 개인적인 선택과 대비된다. 개인적인 선택이 자기 이익에 열중하는 경제주체 내지는 경제인에 부합된다면, 법이나 정책은 전체의 이익을 고려하는 시민으로서의 인간에 부합된다.

제러미 벤담과 윌리엄 제번스

:

쾌락을 추구한다

벤담의 공리주의, 인간은 쾌락과 고통의 존재다

벤담Jeremy Bentham(1748~1832)은 공리주의utilitarianism의 창시자다. 공리주의는 고대 그리스에서 등장했던 에피쿠로스Epicurus의 쾌락주의를 이어받는다. 벤담은《도덕과 입법의 원리 서설An Introduction to the Principles of Morals and Legislation》에서 인간을 지배하는 두 가지 주인으로 쾌락과 고통을 제시했다. 이에 따라 인간의 모든 감정을 쾌락과 고통으로 나누고, 인간이 쾌락을 최대화하고 고통을 최소화하려고 노력한다고 주장했다. 그는 인간의 행위와 인류가 만든 법과 윤리 등의 규칙을 모두 쾌락과 고통의 산술로 설명할 수 있다고 자부했다.

공리주의는 관념론 등의 대륙철학과 대립하며 영미 사회과학의 기반을 이루었고, 그중에서도 경제학과 가장 밀접한 연관을 지니며 발전해온 사회철학이다. 영미의 학문적인 전통이 정치학이나 사회학보다 경제학을 중시했던 것도 이와 무관하지 않다. 공리주의와 경제학의 연관성은 공리주의를 본격적으로 내세우지 않은 고전파 경제학에서도 이미 확인할 수 있다. 이렇게 보면 공리주의가 경제학에 가장 친화적인 인간관을 제시했다는 것이 이상하지 않다.

벤담의 쾌락적 인간과 경제학의 시장 속의 인간이 지닌 연관성을 찾아보자. 먼저 쾌락·고통은 동일한 물체나 대상에 대해서도 개인마다 다르게 나타날 수 있는 주관적인 느낌이다. 따라서 공리주의는 개인주의와 부합된다. 또한 우리는 쾌락·고통을 그저 느끼는 데서 그치지 않고 그것의 예상되는 정도를 계산한다. 이런 계산은 질적인 구분보다 양적인 측정을 요해서 경제현상과 통하며 경제현상을 파악하는 데 쓰일 수 있다.

나아가 특정인이 겪을 쾌락·고통의 의미를 넓혀 특정인이 얻을 편익이나 비용으로 바꾸어 생각할 수 있다. 이렇게 보면 공리주의적인 인간이 자신의 여러 감정들을 관찰하고 계산하는 것은 마치 회계사가 돈의 수입과 지출을 예민하게 다루는 것과 비슷하다. 따라서 공리주의는 경제학이 표방하는 개인의 합리성에 부합된다.

벤담의 쾌락주의적인 인간에 비하면 플라톤과 아리스토텔레스, 그리고 독일의 칸트가 내세웠던 도덕적이고 시민적인 인간은 너무 고상해서 비현실적이다. 감성에 대한 이성의 지배력을 중시했던 당시의 윤리학으로부터 크게 벗어나기 때문에 공리주의는 흔히 철학적인 급진주의로 불린다. 아리스토텔레스를 따르는 많은 철학자들의 객관주의적인 입장은 윤리와 도덕이 인간의 행위에 영향을 미칠 뿐만 아니라 인간의 다양성을 허용한다고 말한다. 그들의 입장에서는 개인이 지니는 다양성을 개인의 감정으로 간주해야 할 이유가 없다. 아리스토텔레스를 따르는 센이 개인마다 자동차의 용도나 기능이 다르다고 말하는 반면, 벤담은 개인마다 자동차로부터 얻는 쾌락의 정도가 다르다고 말하는 셈이다.

제번스의 한계혁명, 인간은 효용과 비효용을 계산한다

1870년대에 등장한 한계효용학파의 선구자 3인 중 하나인 제번스^{William} ^{Stanley Jevons(1835~1882)}는 벤담이 주로 법과 윤리를 설명하는 데 활용한 쾌락과 고통의 산술을 경제행위에 적용했다. 그는 《정치경제학이론^{The} ^{Theory of Political Economy}》에서 교환과 이를 위한 개인의 선택을 설명하는 데 벤담의 공리주의를 적용했다. 쾌락과 고통이 효용 그리고 비효용으로 확장되면서 이 논리는 이후 신고전파 경제학에게 합리적인 경제인의 기초를 제공했다. 이같이 경제학이 명시적으로 공리주의와 결합되면서 생산, 교환, 분배 등이 아니라 소비가 경제활동의 목적이자 종착점이 되었다.

여기서 효용을 느끼는 단위는 개인이고, 동일한 사물이 주는 효용이 개인마다 다를 수 있으며, 개인의 서로 다른 기호나 선호에 대해 우열을 가릴 수도 없다. 이렇게 서로 다르게 나타나는 선호는 시장에서 존중된다. 이런 개인은 공익을 생각하는 시민이 아니라 사익, 그중에서도 효용에 집착하는 경제인이다. 또한 경제주체들 중에서도 생산자, 노동자, 교환이나 계약의 당사자, 분배의 주체이기 이전에 소비자다.

소비자는 재화를 선택할 때 각 재화로부터 얻는 효용을 화폐소득 및 가격과 비교한다. 그리고 재화에 대한 소비자의 평가가 시장에서 재화들의 가격을 결정한다. 따라서 다른 경제주체들이 아니라 소비자가 제품이나 재화에 대한 최종적인 심판자가 된다. 그러므로 어떤 재화가 얼마만큼 생산되고, 여러 산업들 사이에 자원이 어떻게 배분될지 결정하는 주체는 소비자다. 이제부터는 소비자가 경제인을 대표하게 된다.

만약 소비사회가 경제의 현실이라면, 소비자가 중요해질 뿐만 아니라 여타 경제주체도 소비자와 비슷한 행태를 보일 것이다. 이는 상업사회가 확장되면 상인이 중요해지고 상인의 숫자가 늘어날 뿐만 아니라 여타 경제주체들도 상인과 비슷하게 되는 것과 같은 원리다. 예를 들어 재화시장에서 소비자가 재화를 소비할 때 쾌락을 느끼는 것과 같이 노동자는 노동시장에서 노동을 제공할 때 고통을 느낄 것이라고 간주할 수 있다. 이에 따라 노동자는 자신의 고통이라는 감정과 화폐임금을 비교해 공급할 노동량을 선택한다. 여기서 노동은 재화와 마찬가지로 양(+)이나 음(-)의 효용이라는 동일한 잣대에 놓이고 이에 근거해 측정된다.

제번스의 논리를 폭넓게 조망해 보자. 원래 소비자와 노동자가 비교하는, 한편으로 재화의 효용이나 노동의 비효용과, 다른 한편으로 화폐소득, 가격, 임금은, 서로 다른 차원의 두 가지 자극이었다. 그런데 자본주의 혹은 시장경제가 확산되면서 노동이 인간 본연의 활동이 아니라 임금을 얻기 위해 시장에서 팔리고 공장에서 수행되는 상품이 되었다. 이로부터 얻은 경험이 학습되어 모든 것을 효용으로 간주하고 다시 이것을 화폐와 비교하는 일이 일상화된 것이다.

거슬러 올라가 사람들이 농부가 경작한 쌀과 장인이 만든 신발을 비슷하게 비교할 만한 것으로 취급하고 이들을 화폐를 통해 수량적으로 계산한 일도 시장이 요구한 결과다. 이를 '통약'이라고 부를 수 있다. 시장에서 모든 것이 가격으로 환산되는 과정을 몸에 익히면서 사람들이 가감승제의 사칙연산을 수행하고 가계부를 적게 된다. 또한 기업에서는 차변(+)과 대변(-)을 지닌 대차대조표와 손익계산서를 적게 된다. 이런 상황에 공리주의가 결합되면서 모든 감정을 쾌락과 고통으로 나누고, 모든 활동을 수입과 비용으로 나누어 계산해 효용을 극대화하는 경제인이 나온다.

회계는 서양의 근대문명과 합리성, 특히 도구적인 합리성을 대표하고 있다. 그런데 서양에서도 생명보험이나 장례식 등 생명이나 죽음이 개입된 활동을 화폐와 연결시키는 데 상당한 시간이 걸렸다. 한국경제의 역사에서 고려청자를 돈으로 환산할 때까지 상당한 시간이 걸렸다는 점도 이와 비슷하다. 이처럼 시장경제가 확산되면서 여러 주체들에게 요구된 계산능력은 결코 단시간이 아니라 오랜 시간에 걸쳐 육성된 것이었다.

이미 언급한 로빈슨 크루소는 섬에 홀로 남은 자신을 위로하기 위해 자신의 처지에 관해 좋은 점이 무엇이고 나쁜 점이 무엇인지를 '차변과 대변'처럼 열거한다. 또한 '이성이 수학의 근원이고 실체이므로 모든 것을 합리적으로 판단하면' 상황을 정복할 수 있다고 생각한다.

이에 따라 그는 매일의 시간을 기도, 사냥, 식사, 오락, 수면 등 여러 활동들에 배분하기로 결심한다.

경제인의 이익 추구 행위를 정당화하다

고전파 경제학도 공리주의와 무관하지는 않았지만 전체적으로는 생산을 중심으로 경제를 파악했으며 경제주체들 중에서 생산자, 노동자, 생산요소의 공급자들을 중시했다. 이에 비해 제번스 등 한계효용학파는 소비를 중심으로 경제를 파악하고 소비자를 부각시켰다. 이에 따라 제번스 이후 주류경제사상은 '소비자가 왕'이라며 소비자주권을 외치게 된다.

제번스에 이르러 사용가치와 교환가치의 역설은 나름대로의 해법을 찾는다. 그리고 이 해법은 시장을 정당화하고 시장에 충실한 경제인을 육성하는 결과를 낳는다. 그는 재화의 사용가치는 총효용이고, 이것의 교환가치 혹은 가격은 한계효용에 의해 결정된다고 주장해 역설을 해소한다. 이렇게 되면 화폐가격이 사회적인 유용성으로 자연스럽게 연결되고, 개인의 갈등이나 고민도 합리적인 선택을 위한 대체나 보완으로 전환된다.

이에 따라 생계와 무관한 사치품인 다이아몬드의 비싼 가격과 생계와 직접 관련되는 필수품인 물의 싼 가격이 모두 정당성을 확보한다. 쉽게 말해 상품이나 재화가 비싼 데는 다 이유가 있고, '싼 것은 비지떡'이다. 시장에서 경제주체들은 가격을 보고 자신의 이익에 따라 계산하고 행동하면 그것으로 충분하다. 그리고 효용을 추구하는 이런 합리적인 선택과 행위들이 모여 가격을 형성하므로 일견 비정상적으로 보이는 가격도 정당성을 얻을 수 있다.

한계 개념은 재화시장에서 쓰이는 '한계효용' 개념을 넘어 노동시장의 '한계생산성' 개념으로 확장할 수 있다. 이렇게 하면 믿기지 않을 정도로 높은 CEO의 보수 및 상여금도 그의 노동 마지막 한 단위의 생산성에 따라 평가되는 것이므로 정당화된다. 비정규직 노동자든 의사나 변호사든 경제주체가 버는 돈은 그들이 사회에 제공하는 효용이나 서비스를 반영한다.

결과적으로 제번스의 논리는 자원배분과 소득분배 등의 경제문제를 가격에 의존해 해결하는 시장경제에 보다 확고한 근거를 제공한다. 상품에 매겨진 값이 이미 경제와 사회에 대한 공헌을 반영하므로 모두가 상품 생산과 돈벌이에 열중해도 부도덕하다고 탓할 근거가 없다.

소비자주권에 제기되는 의문들

공리주의는 인간의 모든 감정을 쾌락과 고통으로 양분해야 하는 부담을 안고 있다. 가령 고향을 그리워하는 향수는 쾌락인지 고통인지 분명치 않다. 소크라테스는 《파이돈》에서 자신의 족쇄를 풀면서 쾌락과 고통은 하나의 머리를 갖고 있다고 해야 할 정도로 서로 얽혀 있다고 말한 바 있다. 무엇보다 사람마다 느끼는 감정이 천차만별인데 서로 다른 쾌락과 고통을 산술적으로 합산하는 것이 지극히 어렵다는 문제가 있다. 경제학에서 활용하는 '사회적 후생함수'나 '파레토 최적'이라는 개념은 이런 어려움을 보여준다. 그렇지만 경제학자들은 줄곧 주관주의의 입장에 서서 효용이나 복지, 후생 등을 논의해왔다. 행복에 대한 심리학과 경제학의 연구들도 주관적인 후생을 강조하며 공리주의의 영향력을 보여주고 있다.

한계효용학파가 제시하는 소비자 중심의 경제와 사회에 대해 의문을 제기할 필요가 있다. 우선 경제학이 주장하는 바와 같이 소비자를 위시한 경제인이 과연 실제로 시장경제의 주인인가? 과연 현실의 자본주의경제를 소비자들이 실제로 움직이고 있는가? 이것은 민주주의에서 '국민이나 시민이 실제로 권력을 장악하고 있는가'라는 질문과 쌍을 이룬다. 국민이 아니라 기업, 언론, 검찰 등이 실질적인 권력을 쥐고 있다는 추정을 경제 속 소비자와 관련해서도 제기해볼 수 있다. 이제부터는 한계효용학파의 이론에 제기되는 이런 의문점들을 구체적으로 살펴보자.

첫째, 효용이 현실 경제주체들의 목표인가? 경제주체들이 현실 속에서 목표로 삼는 것은 재화나 효용이 아니라 화폐 혹은 돈 그 자체일 뿐이라고 반문할 수 있다. 이미 수조 원의 돈을 가진 사람이 효용을 더 늘리기 위해 돈벌이를 계속한다고 보기 어렵다. 이런 사람은 효용을 늘리기 위해서가 아니라 더 많은 돈을 벌기 위해 움직이고 있거나 아니면 제품을 만드는 자신의 활동이나 제품 자체에 집착하는 것일 수 있다.

둘째, 소비자가 과연 시장을 움직이고 있는가? 시장의 움직임을 좌우하는 경제주체는 소비자가 아니라 기업, 특히 대기업이라고 반박할 수 있다. 선택은 소비자가 하지만 선택의 대상이 되는 재화·서비스의 내용, 종류, 그리고 범위를 결정하는 것은 기업이다. 예를 들어 자동차를 만드는 기업과 소비자 중 누가 더 자동차에 대해 많이 알고 있을까? 나아가 기업이 막대한 광고를 통해 소비자들의 선택 자체에 영향을 미친다면, 소비자의 힘은 더욱 미약해질 수밖에 없다. 이런 근거들은 소비자가 시장경제를 이끌어간다는 주장이 환상일 뿐이라는 판단에 힘을 실어준다.

셋째, 소비자 중심 혹은 소비 중심의 경제사회가 우리의 지향점인가? 이 의문이 제시되는 이유는 무한정의 돈벌이뿐만 아니라 무한정의 소비나 향유가 바람직하지 않을 수 있기 때문이다. 바람직한 경제활동의 목표는 쾌락이나 물자의 소비가 아니라 생계와 삶을 위한 필요를 충족시키는 것일 수 있다. 나아가 행복한 삶을 위해서는 사적인 재화(자동차)뿐만 아니라 공공재(공원), 환경보호, 민주주의, 그 자체로 의미 있는 활동, 그리고 인간관계 등이 필요하다. 더구나 사적 재화가 아닌 다른 재화나 가치들은 시장이나 경제를 통해 획득하기 힘들다. 끝으로 무한한 소비는 무한한 환경파괴로 이어진다. 이 모든 것을 고려한다면 쾌락을 추구하는 경제인이 아니라 상식적인 수준에서 필요를 조절하는 경제시민 내지는 다면적인 주체가 우리 사회에 요구된다.

넷째, 소비자주권이 과연 주권재민이나 시민의 주권과 동일한가? 소비자주권은 근대의 정치이론가들이 왕권신수설을 부정하고 국민이나 시민으로부터 권력이 나온다는 주권재민을 부르짖었던 것과 외견상 비슷하다. 이에 따라 민주주의와 자본주의를 함께 내거는 대부분의 국가에서 정치가들은 유세장을 통해 국민과 시민의 한 표를 호소하고, 기업가들은 시장을 통해 소비자의 1달러를 갈망한다.

경제학도 민주주의와 시장을 비슷하게 생각하고, 소비자의 구매를 시민의 투표와 비슷하게 여기는 경향이 있다. 선거에서 유권자들이 표로 자신의 의사를 표시해 후보자들의 인기도나 득표를 결정한다. 이와 비슷하게 소비자가 돈을 통해 자신의 의사를 표시하고 이것이 재화들의 가격에 반영된다. 이렇게 생각하면 시장에서 물건을 사고파는 일이 상당히 고상한 행위가 될 수 있다. 소비지출을 민주주의의 발언권과 비슷하게 보는 것이다.

그렇지만 소비자가 시장경제를 지배한다는 생각과 국가권력이 국민이나 시민으로부터 나온다는 생각 사이에는 커다란 차이가 있다. 국민들은 모두 일인일표의 원리에 따라 평등한 발언권을 가지고 있으나, 소비자들은 소득이나 재산에 따라 발언권에 차등이 있다. 유권자들은 모두 선거장에서 각자 한 표를 가지고 있는 데 비해 소비자들은 시장에서 소득에 따라 천차만별의 권리를 행사한다. 이것이 주권재민과 소비자주권 사이의 차이다. 시장이 아닌 주주총회의 의사결정 과정을 보면 이 차이가 더욱 명확하게 드러난다.

주권재민과 소비자주권

선거장과 시장 사이에 다른 차이도 있다. 주권 행사는 투표를 통해 국민의 대리인을 선출하는 데 비해 구매는 재화와 그것을 생산한 기업에 대한 의사표시일 뿐 주인-대리인의 관계를 수반하지 않는다. 이런 차이들을 내포하면서 구매와 투표의 유비를 보여주는 장이 주주총회다. 주주총회에서는 보유 주식이 발언권이나 투표권으로 전환되고 주식을 소유한 정도에 따라 발언권과 투표권에 차등이 생긴다. 반면 협동조합이나 사회적 기업의 조합원들은 원리상 발언권에 있어 차등이 없다.

앨프리드 마셜

:

공급자와 수요자가 경제주체다

수요 - 공급 곡선의 완벽한 대칭성

마셜Alfred Marshall(1842~1924)은《경제학 원리Principles of Economics》를 통해 고전
학파의 정치경제학을 신고전파 경제학으로 변화시켰다. 먼저 마셜은
한계효용 개념을 확장해 한계생산성을 제시하고, 한계효용과 한계생
산성에 근거해 재화의 수요곡선과 공급곡선을 대칭적으로 도출했다.
양자의 대칭성을 통해 가위의 양날이 종이를 자르듯이 시장의 가격이
수요와 공급에 의해 결정된다.

　이로써 재화의 소비와 생산이라는 이질적인 활동이 '수요'와 '공급'
이라는 보다 동질적인 행위로 전환되었다. 이를 통해 마셜은 자신이
생산이나 공급에 중점을 두었던 기존의 고전학파를 부분적으로 수정

했다고 생각해 자신의 경제학에 '신고전학파'라는 명칭을 부여했다. 그렇지만 경제학에서 고전학파와 신고전학파 사이의 거리는 음악에서 베토벤과 브람스 사이의 거리보다 훨씬 더 멀다. 마셜을 통해 경제주체는 농장이나 공장의 생산자 또는 가정의 소비자가 아니라 시장을 통해 비로소 형성되는 '공급자'와 '수요자'가 되었다.

공급자와 수요자는 생산과 교환에 걸치는 존재로 개념화할 수 있다. 상식적으로 생산자와 소비자가 생산과 소비에 상응한다면, 판매자와 구매자는 교환에 상응한다. 이에 비해 마셜에게 있어서 공급자는 생산자와 판매자의 양면성을 지니고, 수요자는 소비자와 구매자의 양면성을 지닌다. 생산자와 소비자에 부과된 '거래자'라는 성격이 강화되면서 경제주체가 수요자와 공급자가 되었다고 볼 수 있다.

이 때문에 생산자와 소비자의 거리보다 시장에서 만나는 수요자와 공급자의 거리가 훨씬 더 가깝다. 가령 건설업자와 아파트 입주자가 서로의 역할을 바꾸기는 어렵다. 그렇지만 아파트의 소유자들은 손쉽게 수요자에서 공급자로 혹은 그 반대로 역할을 뒤바꿀 수 있다.

이와 관련해 인간이 시장을 형성하는 측면도 있지만 시장이 인간을 형성하는 측면도 있음을 지적해야 한다. 애덤 스미스가 인간이 지닌 교환의 본성을 강조한 데서 알 수 있듯이 주류경제학은 주로 인간이 시장을 형성하는 것으로 생각해왔다. 그렇지만 현실 속에서는 경제인이 시장을 낳을 뿐만 아니라 시장이 경제인을 낳는다.

학교에서도 시장경제의 원리를 가르치지만 시장에 부합되는 인간을 형성하는 곳은 학교라기보다 시장 자체일 수 있다. 머릿속에서 논리로 익힌 것보다 몸의 행동으로 체득한 것이 더 근원적이기 때문이다. 같은 이유로 학자나 학생보다 자본가나 노동자가 더 잘 아는 자본주의의 측면들이 있다. 학교가 아니라 자본주의 자체가 자본주의적인 사람을 만들고, 시장이 시장경제를 가르치는 진정한 학교가 된다는 것이다. 이같이 경제인은 상당 부분 사회적으로 형성된다.

인간이 사회적으로 형성된다는 관점은 자본주의에 앞서 민주주의에 대해 흔히 적용되어 왔다. 학교에서도 민주주의를 가르치지만 민주적인 시민은 보다 근원적으로 정치체제와 일상의 삶 속에서 형성된다. '지방 자치가 민주주의의 학교'라는 오래된 경구는 이 점을 말해준다. 같은 맥락에서 일제강점기 시대에 태어난 사람, 1970년대에 태어난 사람, 그리고 1990년대를 산 사람은 시대가 부과하는 사상적인 조류 때문에 서로 다른 사람일 수 있다.

마셜의 '신고전학파 선언'이 낳은 효과

마셜의 신고전학파 선언은 첫째, 소비나 생산이든 혹은 이것들이 전환된 수요나 공급이든 모두 개인의 합리적인 행위나 선택으로 분해된다는 생각을 촉진시켰다. 이에 따라 신고전학파의 최종적인 모습에서 생산, 소비, 분배, 교환은 모두 개인의 합리적인 선택과 이들이 모여서 형성되는 수요와 공급, 그리고 수요와 공급이 결정하는 균형가격으로 설명되기에 이르렀다.

둘째, 마셜에서부터 정치경제학이 경제학으로 변신해 보다 분석적이고 정교한 설명을 추구하면서 쉽게 수량화될 수 있는 변수들만으로 경제현상이 설명되기 시작했다. 이는 경제영역이 확고하게 자율성을 확보해 경제현상을 설명하는 데 있어 다른 사회, 정치, 문화와 관련된 요인들이 배제되기 시작했음을 의미한다.

그런데 20세기 후반 경제학의 흐름은 사회의 다른 요인들을 추가해서 경제현상을 보다 현실적으로 설명하는 것이 아니라, 거꾸로 자신의 변수를 가지고 정치, 사회, 문화현상까지 설명하는 것으로 나아갔다. 이것이 이른바 '경제학의 제국주의'다. 이렇게 경제학과 경영학이 여러 학문 분야를 지배하는 현상은 신자유주의나 세계화 등 현실의 변화와 맞물려 일어났다. 경제현상 뿐만 아니라 정치, 사회, 문화현상까지 경제인의 합리적인 선택과 수요-공급의 대상이 되기 시작했다. 그리고 사회과학 전체를 포괄하는 논리로 '합리적 선택이론'이 등장했다. 결과적으로 오늘날에는 경제학의 이기적이고 합리적인 경제인이 사회 전체를 지배하는 것과 같은 양상이 연출되고 있다.

마셜은 시장경제가 발전하면서 사람들이 비인간적으로 변한다는 주장을 반박했다. 공동체가 중심을 이루던 시대의 사람들은 공동체 내부의 사람들에게는 깊은 애정을 가지고 있었지만, 공동체 외부의 사람들에 대해서는 적대적이었다. 이와 달리 시장경제가 부상하고 교역이 늘어나면, 공동체 내부 사람들에 대한 애정이 상대적으로 줄어들지만, 공동체 외부 사람들에 대해서는 오히려 우호적으로 변할 수 있다. 이전에는 좁은 범위의 사람들에게 집중되었던 높은 수준의 애정이 넓은 범위의 사람들에 대한 낮은 수준의 애정으로 변한다는 것이다. 이렇게 보면 시장경제로 인해 사람들이 서로에게 적대적으로 변했다고 단정할 수 없다. 그렇지만 이런 변화에 인간의 전면적인 수단화가 수반된다는 점을 마셜에게 지적할 필요가 있다.

'수요자 중심의 경제'가 낳은 효과

마셜이 가격 결정과 관련해 수요(곡선)를 본격적으로 경제이론에 추가했다는 것은 경제사상과 현실 경제에서도 중요한 의미를 지닌다. 수요에 대한 존중은 그것이 근거로 하는 선호와 선택에 대한 존중이다. 이런 이유로 마셜 이후 수요를 존중하는 것이 시장경제의 생명선과 같이 여겨지고 있다. 심지어 수요에 대한 존중 여부가 시장경제에 대한 수용 여부와 동일시되기도 한다.

수요에 대한 존중은 점차 실수요, 가수요, 투기수요를 가리지 않게 되었고, 그것의 대상도 재화·서비스, 자원, 국내외 화폐, 채권과 주식을 비롯한 금융상품 등 광범위해졌다. 따라서 수요자가 경제인의 핵심적인 측면이고, 공급자보다 현대경제학에 더 근원적인 존재일 수 있다. 이런 수요자 중심의 생각은 수요를 억압하는 각종 규제의 철폐와 수요의 반대편에서 공급을 확대하는 정책들을 낳는다. 특히 공급 확대는 시장주의자들에게 손쉬운 방책이 되었다.

한국에서 '수요 존중 → 공급 확대'라는 논리에 근거한 사례로 아파트와 대학정원을 들 수 있다. 1981년에 실시된 졸업정원제는 주요 대학의 정원을 두세 배 늘려, 학부모와 학생의 선호와 수요에 부응했다. 이런 공급 확대는 대학 입학에 대한 열망을 잠재우기 위한 것이었다. 그런데 그 결과는 입시 경쟁의 확산, 절차에 대한 병적인 집착, 그리고 학벌주의의 강화였다. 이러한 사회현상은 특별한 이유가 없으면 수요와 선호를 존중해야 한다는 주장에 대한 반증 사례다. 특히 선호가 사회적으로 형성된다는 점을 고려해야 한다. 또한 교육과 학벌에 대한 병적인 집착이라는, 한국 사회의 교육수요자가 지니는 '기저질환'을 고려해야 한다.

다른 예로 서울, 특히 강남의 아파트에 대한 강력한 수요는 주택가격 상승의 원인이 되고 있다. 이에 대해서도 마치 대단한 경제이론에 근거한 것인 양 '공급 확대'가 방책으로 제시되고 있다. 그런데 공급 확대가 수요를 잠재울 수 있을까 아니면 수요를 부추겨 주택가격을 더욱 끌어올릴까? 졸업정원제의 사례를 보면 적어도 장기적으로는 공급 확대를 기본 정책으로 추진하는 것에 근원적인 어려움이 있다. 여기서도 '서울시의 인구 과밀'이라는 기저질환을 고려해야 한다.

물론 한계효용학파와 마셜이 경제이론에 수요를 끌어들인 것이 손쉬웠다거나 의미가 없었다고 말할 수는 없다. 먼저 주권재민보다 소비자주권은 200년 정도 나중에 등장했다. 또한 서양의 경제사상이 19세기 중엽 일본에 도착했을 때, 공급이나 생산과 달리 새로 만들어야 했던 단어가 '수요需要'였다. 이같이 동서양에서 모두 수요는 공급보다 탄생하기 어려운 개념이었다.

무엇보다 수요에 대한 존중은 정치적인 민주주의나 문화적 다양성과 연관이 있다. 사람들이 원하는 재화를 생산하는 것은 국민이 원하는 대통령을 뽑는 것과 비슷한 점이 있다. 왕권신수설에 대항한 주권재민의 등장과 노동가치론이나 생산비설에 대항한 효용가치론이나 소비자주권의 등장은 그 위치에 있어 유사성이 있다. 또한 주권재민이 정당과 매스컴의 중우정치나 선동정치, 인기영합주의로 손상될 수 있다면, 소비자주권은 기업과 매스컴의 선전과 광고에 의해 손상될 수 있다. 단점에 있어서도 둘은 큰 차이가 없어 보인다.

그러나 민주주의를 나타내는 일인일표(한 사람에게 한 표씩 권리가 주어지는 원리)와 달리 시장의 수요를 나타내는 일불일표(돈을 지불한 만큼 권리가 주어지는 원리)에는 소득·재산의 차이가 분명히 개입되어 있다. 가상적이지만 양자의 입장을 바꾸어 보면 둘 사이의 차이가 보다 선명하게 드러난다. 실제로 초기의 민주주의나 주주총회에서 시행된 바와 같이 신분이나 소유 자본에 따라 유권자의 투표권을 차등해본다면 어떨까? 혹은 연령에 따라 특정 시민이 평생을 두고 5, 4, 3, 2, 1의 하향되는 투표권을 행사한다면 어떻게 될까? 아마 심한 사회적 반발이 일어날 것이다.

이와 반대로 차등적인 소득·재산을 모두 동일하게 만들거나 협동조합이나 사회적 기업에서처럼 차등적인 구매력의 행사를 억제한다면 어떨까? 그렇다면 차등적인 구매력의 행사가 수반되는 '수요^{demand}'와 이와 무관한 '필요^{need}'를 구분해야 한다. 동시에 어렵더라도 주택, 교육, 의료 등에 있어 모든 사람들의 필요에 부응하는 실수요 및 실수요자와 구매력에 따라 크게 좌우되는 투기수요 및 투기수요자를 구분해야 한다. 그런데 사람들은 흔히 '필요의 충족'과 구매력에 의존하는 '수요의 충족'을 혼동하고 시장에서도 이것들이 뒤섞인다.

한국의 초중등교육은 입시에 대한 수요로 압도되어 있다. 그러나 학생들의 지적인 욕구에 부응하는 토론식 수업 등 교육적인 필요를 이와 구분할 필요가 있다. 그리고 무관해 보이지만 아파트 문제와 입시 문제는 모두 강남을 진원지로 삼으며 서울시로 수요가 집중화되면서 발생한 문제다. 이런 상황에서 무조건 수요자 중심의 경제를 추진할 수 있을까?

스미스는 이타심이나 타인에 대한 동정을 인간행위의 근거로 삼았다. 그런데 이로 인해 《도덕감정론》이 인간의 자애self-love나 자리self-interest를 강조한 《국부론》과 모순된다는 주장이 나오게 되었다. 스미스의 이런 이중성이 윤리나 이중성을 강조하는 독일 역사학파에 이르면 '애덤 스미스 문제Das Adam Smith Problem'로 부각된다.

홍훈, (2020) 《경제학의 역사》, 박영사

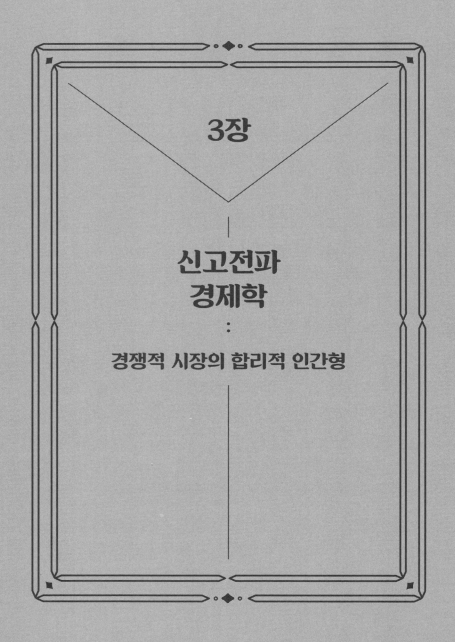

3장

신고전파
경제학
:

경쟁적 시장의 합리적 인간형

프리드리히 하이에크

:

시장 속에서 자유로울 수 있다

시장은 인간보다 자연적이고 자생적이다

하이에크Friedrich August von Hayek(1899~1992)는 20세기의 극단적인 시장자유주의자 혹은 자유지상주의자다. 하이에크는 통상적인 경제학자들보다 더 원리적인 시장경제를 추구해 결과적으로 더욱 극단적이다. 여타 경제학자들과 달리 그에게서 시장을 존중하고 보존해야 하는 근거는 시장이 단순히 효율적이어서 물질적인 풍요를 가져다준다는 수준을 넘어선다.

하이에크에게 시장은 오랜 역사를 통해 시험을 받으면서 진화해 인류에게 남겨진 문명이다. 이런 의미에서 시장은 국가나 정부가 인위적으로 만들어낸 체제가 아니라 자생적인 질서spontaneous order다. 시장이 진화의 산물이듯이 인간도 시장 속에서 진화해왔다. 그리고 인간은 시장을 통해 물질적인 풍요와 인구의 증가를 구가할 수 있을 뿐만 아니라 시장 안에서 자유롭다.

그의 저서 《법, 입법 그리고 자유Law, Legislation and Liberty》를 보면 자생적 질서가 의미하는 바가 잘 드러나 있다. "자생적 질서는 각각의 구성요소가 그들의 일부에게만 직접적으로 영향을 주거나 어느 누구에게도 그 총체가 알려질 필요가 없는 수없이 많은 상황에 스스로 적응한 결과이다." 또한 《치명적 자만The Fatal Conceit》에는 "경쟁은 발견의 절차이다. 경쟁은 모든 진화와 관련된 절차이다. 경쟁은 무의식적으로 인간을 새로운 상황에 반응하도록 만든다. 우리는 일치가 아니라 경쟁을 통해 점진적으로 효율을 늘려간다"고 쓰여 있다.

시장이 인간에게 자유와 풍요를 가져다주는 이유는 사유재산의 보호, 계약의 준수, 손해배상 등의 기본 규칙에 근거하면서도 경쟁을 통해 경제활동에 동태적인 성격과 불확실성을 부여하기 때문이다. 시장에서 경제주체들은 자유롭게 활동을 벌이지만, 그런 활동의 결과가 어떨지에 대해서는 누구도 아무런 보장을 받지 못한다. 많은 노력과 비용을 들인 제품이 시장에서 팔리지 않을 수도 있고, 반대로 큰 노력과 비용을 들이지 않은 제품이 시장에서 호평을 받을 수도 있다.

이같이 시장은 자유로운 활동과 기회를 제공할 뿐 활동의 결과에 대해 보장하지 않는다. 하이에크는 스미스를 인용하면서, 인간의 행동이 경제나 사회에서 흔히 의도되지 않은 결과를 낳는다는 점을 강조한다. 인간은 자신이 의도한 대로 행동의 결과가 나오도록 시장이나 사회를 통제할 수 없다는 것이다. 그리고 이 부분이 경제학을 위시한 사회과학의 연구대상이라고 주장한다. 이같이 인간이 불확실한 시장의 경쟁 속에서 진화한다고 여긴다는 점에서 하이에크의 경제주체는 통상적인 합리적 개인으로서의 경제인과 다르다.

시장에는 불확실성과 운이 작용하므로 결과적으로 분배된 소득에 윤리적인 정당성을 부여할 수 없다. 이 때문에 그는 대다수의 신고전학파와 달리 한계생산성이론이 시장의 분배를 정당화한다고 보지 않는다. 대신 시장은 동태적인 효율성과 장기적인 정당성을 지닌다. 만약 국가의 법이나 정부의 정책을 통해 결과를 보장하는 경우 시장은 고유한 강점을 잃게 된다. 이에 따라 그는 소득재분배정책을 비롯해 시장의 결과를 교정하려는 모든 정책적인 개입에 대해 반대한다.

이 점에서 하이에크는 다수의 신고전학파와 견해를 같이 한다. 이들은 시장에서 결정되는 분배의 결과를 수용하는 인간을 바람직한 경제주체로 간주한다. 인간은 시장경제에 대한 입장에 따라 시장에 순종하는 인간과 시장에 저항하는 인간으로 갈라진다. 특정 시점의 특정 상황에서 자신이 벌인 활동이나 만든 제품에 대해 적당한 가격을 보장받으리라고 기대하는 경제주체는 시장경제에서 능동적인 주체가 될 수 없다. 독과점기업이나 한국의 재벌기업 등은 이런 의미에서 시장경제에 부합되지 않는다.

시장에서 경쟁 과정을 거쳐 나타나는 결과가 많은 경우 국가의 법이나 정부의 정책보다 경제와 사회에 더 유익할 수 있다. 애덤 스미스가 언급한 '보이지 않는 손'이 이것을 의미한다고 그는 주장한다. 자신의 이윤만을 염두에 두고 경쟁하는 기업인이 국가나 지역사회를 염두에 두고 일하는 기업인보다 더 경제에 공헌할 수 있다는 것이다.

하이에크의 이상적인 시장경제에서는 실물경제뿐만 아니라 화폐도 중앙은행에서 독점적으로 발행하지 말고 상품과 마찬가지로 여러 사람들이 자유롭게 발행해 경쟁을 거치도록 해야 한다. 연장선상에서 모든 은행이 100퍼센트의 지불준비금을 유지해야 한다고 주장하는 하이에크주의자도 있다. 정부나 은행이라는 경제주체에 대한 의심에서 나온 이런 주장들은 화폐공급에 대한 정부의 재량을 억제하려는 프리드먼의 규칙보다 더 근본적이다.

명시적 지식과 암묵적 지식의 차이

하이에크에 의하면 경제주체의 지식은 개인들에게 분산되어 있어 중앙으로 집중시킬 수 없다. 계획경제는 지식을 중앙에 집중시킬 수 있다고 생각하기 때문에 실패할 수밖에 없다. 시장경제가 효율성 이전에 자생적인 질서로 역사적인 정당성을 갖는 반면, 계획경제는 비효율성이 아니라 지식을 집중하려고 시도했기 때문에 실패할 수밖에 없다고 그는 주장했다.

경제주체는 기호뿐만 아니라 경제활동에 필요한 기술이나 지식을 지니고 있다. 그런데 이런 지식이나 정보가 불완전해 시장의 불확실성을 완전히 극복할 수 없다. 동시에 지식은 미리부터 주어져 있는 것이 아니라 시장의 경쟁 속에서 발견되고 획득되며 진화한다. 신고전학파가 지식의 불완전함이나 지식의 발견 과정을 인정하지 않으므로 하이에크의 행위자는 표준이론의 경제인보다 불완전하지만 더 적극적인 존재다.

불완전하고 분산된 지식 중 상당 부분이 '암묵적 지식tacit knowledge' 이다. 학교에서 교육해서 전달하고 말과 글로 표현되고 개념화된 지식 은 '명시적 지식explicit knowledge'이다. 암묵적 지식은 사람들의 지식 중에 서 개념화하거나 말과 글로 표현해 전달하지 못하면서도 일상적으로 활용되는 지식이다. 이는 형인 칼 폴라니와 달리 자유주의자였던 동생 마이클 폴라니Michael Polanyi가 내세운 개념이다.[12]

예를 들어 김치를 오래 담근 사람은 처음 김치를 담그기 시작한 사 람이 요리책을 보고 따라하는 것보다 김치를 더 잘 담근다. 그런데 초 심자가 숙달된 사람에게 어떻게 김치를 담그는지 물어보면 말로 표현 하지 못하고 '그냥 하다 보면 된다'고 말한다. 골프선수 타이거 우즈는 자신의 코치로부터 성실히 교육을 받지만 실전에서는 자신의 코치보 다 경기를 더 잘 한다. 선수가 코치보다 명시적인 지식에서는 부족하 지만 암묵적인 지식에서는 우월하기 때문이다.

학교에서는 자전거가 움직이는 원리로 원심력과 구심력을 설명하 며 명시적인 지식을 제공한다. 그러나 이런 원리를 알지 못해도 사람 들은 현장에서 연습을 통해 자전거를 타는 방법을 몸에 익히는데 이 것이 암묵적 지식이다. 이같이 암묵적 지식은 경제주체에게 '왜'가 아 니라 '어떻게'에 대한 실천적이고 체화되는 지식을 제공한다.

하이에크는 경제주체들이 활용하는 암묵적 지식이 개념을 통해 전 달되기 힘들기 때문에 중앙에 결집시킬 수 없다고 주장하며 이를 계 획경제의 어려움을 설명하는 근거로 삼았다. 그렇지만 그의 목적과는 무관하게 암묵적 지식은 지식경제나 지식경영에 있어 불가결한 개념 이다.[13] 특히 기술혁신이나 제품개발에 있어 암묵적 지식의 중요성은 널리 알려져 있다.

이런 지식의 보유자는 반드시 개인이 아니다. 오히려 기업조직이나 기업 내의 특정 집단이 이런 지식을 보유할 수 있다. 기술혁신이나 업무처리방식과 관련된 지식에는 명시적인 부분도 있고 묵시적인 부분도 있다. 이 중에서 묵시적 지식이 흔히 말하는 '기업문화'를 구성한다. 따라서 개별 생산자가 아니라 기업조직이나 기업의 내부집단이 행위의 주체일 뿐만 아니라 인식의 주체가 된다.

세계화에도 불구하고 묵시적 지식은 쉽게 전파되지 않으므로 여러 기업들이나 지역들에 흩어져 있다. 그 결과 다른 지역에 이미 오랫동안 존재하던 지식을 선진국이 가로채 특허권을 내세우는 경우가 생기곤 한다. 신고전학파는 경제인이 지닌 명시적인 지식과 정보에 집중하기 때문에 기업이나 지역에 분산된 묵시적 지식을 중시하지 않는다.

아인 랜드

:

능력 있는 사람들이 희생당하고 있다

자본주의를 보다 근본적으로 방어하다

랜드Ayn Rand(1905~1982)는 자신의 소설과 철학을 통해 보수주의와 자유지
상주의에 많은 영향을 미쳤다. 이런 이유로 그녀의 책들은 미국 공화
당원들의 필독서로 여겨지기도 한다. 그녀는 철학적으로, 그리고 근원
적으로 인간의 본성이나 기본권에 근거해 자본주의를 방어한다. 이 점
에서 랜드는 프리드먼보다 하이에크에 더 가깝다.

랜드에 의하면 자본주의를 제대로 이해하기 위해서는 부족주의에
서 벗어나 인간으로부터 출발해야 한다. 자본주의의 옹호자들조차 부
족주의와 방정식에 붙들려 개인으로서의 인간을 부각시키지 않고 있
다. 인간은 부족에 속해 있지 않고 개인으로 존재하며 자신의 생존과

이익을 위해 생산한다. 인간은 철저하게 이기적이므로 부질없는 이타주의를 버려야 한다.

경제영역에서는 개인이 창출한 잉여들이 모여 사회 전체의 잉여를 구성하므로 사회적 잉여가 별로 존재하지 않는다. 동시에 자본주의가 공공선이나 공익을 달성한다는 주장은 자본주의의 결과이지 이에 대한 일차적인 방어의 근거가 될 수 없다. 하이에크와 마찬가지로 랜드에게서도 부족주의의 연장인 국가주의가 근대의 많은 문제와 죄악을 낳는다.

물리적이고 강제적인 힘에 의존한다는 것이 국가와 같은 정치적인 공동체의 특징이자 자발적으로 생성되는 경제적 힘과의 차이다. 이런 이유로 국가는 외적으로 전쟁을 일으키고 내적으로는 이익집단들과 붕당들의 투쟁을 낳는다. 이는 자본주의가 평화를 가져온 것과 대비된다. 역사적으로도 전사와 상인은 적대적이었다. 국가는 집단을 위해 개인을 희생시켜왔고, 19세기 내내 혼합경제였던 자본주의에 심각한 영향을 미쳤다.

> 물리적 강제력은 오로지 정치권력뿐이다. … 경제력이란 무엇인가? 그것은 생산하고 생산한 것을 교역하는 힘이다. … 경제력은 오로지 자발적인 수단을 통해서만 획득할 수 있다. 즉 생산과 교역의 과정에 참여하는 모든 사람들의 자발적인 선택과 참여를 통해서만 획득할 수 있다. … 자유로운 시장이라는 장치는 모든 참여자들의 경제적 선택과 결정을 반영하고 종합한다. … 자유로운 시장에서 부는 자유롭고, 일반적이며, '민주적인' 투표를 통해 성취된다. … 이 제품이 아니라 다른 제품을 살

때마다 당신은 어떤 제조업자의 성공에 투표를 던지고 있는 것이다.[14]

랜드에 의하면 개인이 자신의 생계를 추구하기 위해 활용하는 생각과 지식은 이성에 근거한다. 그리고 이런 판단과 노력에 있어 개인은 다른 사람들이나 집단으로부터 구속받지 않아야 한다. 이에 따라 자본주의의 네 가지 요건이 도출되는데, 형이상학적으로는 인간의 본성과 생존, 인식론적으로는 이성, 윤리적으로는 개인의 권리, 정치적으로는 자유가 그것이다.

이에 부합되는 가치이론은 내재주의나 주관주의가 아니라 '객관주의'다. 내재주의는 철학자들의 주된 생각으로 사물 자체가 가치를 지닌다고 본다. 주관주의는 가치가 사람마다 다르게 나타난다고 보므로 자의나 우연에 맡긴다. 객관주의는 개인들의 상황과 필요에 따라 시장에서 가치가 결정된다고 본다.

내재적 가치는 철학자들이 생각하는 고상한 가치를 일반인들에게 강요하는 결과를 낳을 수 있다. 주관적 가치도 비슷한 위험을 안고 있다. 과거 독재자들은 이런 방식으로 흔히 자신의 가치를 민중에게 강요해왔다. 내재적 가치가 철학적으로 객관성을 확보하고자 한다면, 객관적 가치는 시장에서 결정되는 것이므로 사회적으로 객관성을 확보한다. 객관적 가치에 따르면 아인슈타인보다 엘비스 프레슬리가 얼마든지 돈을 더 많이 벌 수 있다.

역사적으로 지배층이나 강자들이 피지배층이나 약자들을 착취해왔다. 자본주의에서는 이런 일이 드물고 오히려 약자들이 강자들을 이용한다. 여기서 강자는 엘리트층이나 능력 있는 사람들이다. 기술혁신가나 사업가는 자신이 노동자들의 생산성에 공헌한 바에 비하면 적은 보상을 받는 셈이다.

랜드의 경제이념이 도외시한 것들

랜드에게서는 소득과 재산의 차이로 인한 실질적인 권리의 차이나 대량실업이 지닌 여러 문제들이 중시되지 않는다. 특히 소득·재산의 차이는 시장에서 재화의 획득뿐만 아니라 이에 앞서 가격 결정에도 영향을 미친다. 이것이 민주주의의 투표와 시장경제의 가격 결정이 지닌 사회성·객관성의 차이다. 그러나 랜드는 오로지 다원성과 다양성에만 집착해 민주주의 선거장의 일인일표와 시장경제의 일불일표 사이의 차이를 인식하지 못하는 것으로 보인다.

경제이념과 경제이론 사이에 차이도 있다. 랜드의 경제이념은 시장의 가격에 대해 객관적이고 사회적이라고 주장하는데 이것은 경제학이 흔히 가격을 주관적인 가치로 설명하는 것과 대비된다. 경제학은 가격을 정당화하기 위해 효율이나 적정성에 근거하므로 주관이나 객관의 구분에 연연하지 않는다.

또한 랜드는 경제이론과 달리 '경제력'이라는 힘의 존재를 인정한다. 다만 랜드는 경제력이 자발적인 선택과 의사에 의존한다는 점을 강조하면서 경제력을 정치력과 대비시킨다. 랜드에게서 개인들의 다양성이나 이질성은 필수적인 데 비해 경제학은 이론적 엄밀성 때문에 합리적 기대, 동질적·수렴적 기대, 대표행위자 개념 등을 통해 개별 행위자들의 차이나 이들 사이의 상호의존성이나 상호작용을 도외시한다.

이와 관련해 개인주의가 성립하기 위한 전제들을 명확히 할 필요가 있다. 개인주의는 개인들의 선호, 기대, 이익, 욕망, 신조 등이 다양하고 이질적이라고 전제한다. 또한 경제사회에 공헌한 바를 개인별로 분할해 귀속시킬 수 있다고 전제한다. 자유주의자들은 전자에 집중하는 경우가 많은데 경제적으로는 후자도 중요하다. 여러 사람이 협동해 이루어 놓은 성과에 대해 각자의 공헌을 할당할 수 있어야 하기 때문이다.

자본주의에서는 강자가 약자를 위해 희생한다는 랜드의 주장은 경제학보다 더 적극적으로 자본가나 부자를 옹호한다. 경제학의 한계생산성이론에 의하면 자본가든 노동자든 지주든 각자 자신이 공헌한 바에 따라 소득을 받아간다. 랜드에 의하면 상당수의 기업가나 최고경영자들은 자신이 공헌한 것보다 심지어 적게 가져가고 있다.

그렇다면 노동자는 이들을 원망할 것이 아니라 오히려 이들에게 고마워해야 한다. 바꾸어 말하면 경쟁에서 이긴 자를 질투하거나 원망하지 말고 인정해주어야 한다고 경제이론이 말한다면 랜드는 '존경해야 한다'고 주장하는 셈이다. 역설적으로 이 주장으로부터 '남보다 더 탁월하다면 더 책임 있게 행동하고 양보하라'는 노블리스 오블리주 noblesse oblige가 규범으로 도출될 수 있다. 이렇게 자신의 몫을 못 받고도 잘 참는 우아한 엘리트 계층이 한국에는 얼마나 있을까?

주류경제사상은 경쟁의 승리자가 아니라 경쟁 과정 자체가 경제사회에 공헌한다고 주장한다. 시장의 경쟁이 단순히 승리한 기업을 골라내는 것이 아니라 기술을 혁신시키고 경제를 성장시킨다. 입시경쟁이 순위를 매기고 합격자와 불합격자를 가려내는 데 그치는 것이 아니라 학생들의 수학능력을 향상시킨다는 것이다. 그렇다면 경쟁의 승리자가 경제에 도움을 주지도 못하고, 경쟁자들의 평균적인 수준을 끌어올리지도 못하며, 단순히 우열을 가리기 위해 경쟁이 시행되고 있다면 그러한 경쟁은 폐기되어야 한다.

밀턴 프리드먼

⋮

경쟁하는 선택의 주체다

시장에서는 합리적인 사람들만 살아남는다

흔히들 신고전학파에서 대표적인 시장주의자 중 하나로 시카고학파 The Chicago School의 창시자인 프리드먼Milton Friedman(1912~2006)을 든다. 하이에크에게는 시장이 포괄적으로 경제, 정치, 사회 전반에 걸쳐 인간의 생존 및 문명과 관련된다면, 프리드먼에게는 시장이 주로 경제영역에 한정되어 있으며 효율성과 관련된다. 그는 시장경제에서 현실적으로 존재하고 규범적으로 추구해야 할 인간으로 이기적이고 합리적인 경제인을 내세운다.

프리드먼은 《자본주의와 자유Capitalism and Freedom》를 통해 누구보다 시장경제의 특징이자 강점으로 기능이나 직업에 관계없이 누리는 '선택의 자유'를 강조하면서 경제인을 선택의 주체로 설정했다. 시장경제가 효율적인 이유도 선택의 자유를 허용하기 때문이다. 소비자의 선택이 재화의 가격을 결정하므로 자본주의는 가장 자유로운 체제다.

선택의 자유는 선택하는 주체의 합리성을 전제로 한다. 그리고 개인의 합리적인 선택은 정부의 정책을 무력화시킬 정도로 강력하다. 가령 정부에서 통화정책을 통해 이들을 특정 방향으로 몰아가려고 하면, 경제주체들이 물가변동에 대한 정보를 수용해 임금변동에 대한 기대를 조정하고 공급할 노동의 수량을 선택한다. 이 때문에 통화정책이 약화되거나 무력화된다. 이같이 프리드먼에게서 합리적으로 선택하는 개인은 시장경제의 보루이고, 정부의 정책에 항거하는 방패다.

프리드먼, 그리고 허쉬라이퍼^{Jack Hirshleifer} 등이 합리적인 인간을 내세우는 이유는 모든 인간이 합리적이어서가 아니라 비합리적인 사람들이 있다 하더라도 시장에서는 이들이 숨어져 합리적인 사람들만 살아남기 때문이다. 이는 다윈이 말하는 생태계의 적자생존 내지는 자연선택과 비슷하다. 덧붙이자면 입장에 관계없이 시장을 다윈이 상정한 생태계와 비슷하게 생각하는 경제학자들이 늘고 있다.

경제인의 합리성은 기본적으로 일관성을 비롯한 여러 조건들을 필요로 한다. 신고전학파가 개인의 합리적 선택에 담아 놓은 여러 측면들을 펼쳐보면 다음과 같다.[15]

- 선택과 행위의 주체는 계층, 계급, 집단, 조직이 아니라 개인이다.
- 개인은 특정 시점이나 여러 시점에 걸쳐 안정되고 일관된 선호를 지니고 있다.

- 개인은 각자 자신의 선호를 잘 알고 있으며, 최소한 이것을 타인보다 더 잘 안다.
- 개인은 자신의 선호를 고려해 한계 원리에 따라 효용이나 이윤을 극대화한다.
- 개인은 선택대상의 내용과 이름, 내용물의 포장이나 은폐, 진짜와 가짜를 가려낼 수 있다.
- 개인은 물가변동을 위시한 경제의 변동에 처해 실질 가치를 찾아낼 수 있다.
- 개인은 계산능력을 갖추고 있어 특정 시점에 주어지거나 여러 시점에 걸쳐 변동하는 정보를 효율적으로 처리해서 활용한다.

여기서 한계 원리는 도구적 합리성의 일반적인 속성들이 아니라 경제학의 합리성에 고유한 특징이다. 그러나 위의 가정들과 달리 많은 사람들에게 있어서 가짜, 포장, 불량품을 걷어내는 능력이 생각보다 당연하지 않다. 썩은 사과나 상한 생선을 찾아내기는 쉬우나 광고와 선전으로 포장된 상품들에 대해 얼마나 제대로 선택할 수 있을지 확실치 않다. 재화가 아니라 정치인, 연예인, 대중적인 지식인, 성형수술 한 사람들은 스스로 이보다 더 복잡하게 포장하고 있어 진실을 제대로 파악하기가 더욱 어렵다.

'선택의 자유'는 다른 수많은 자유를 포괄한다

1789년 프랑스 혁명 이후 등장한 서양의 시민사회는 시민들의 동등함을 전제하고 기회의 균등을 내세운다. 물론 현실의 시민사회에서는 실질적인 내용에 있어 시민들 사이에 차이가 있으나 형식이나 절차에 있어서는 동등하다. 이와 비슷하게 시장경제도 기회의 균등을 바탕으로 시장 참여에 있어 경제주체들의 동등함을 표방한다. 이로부터 동등한 주체들 사이의 약속으로서 계약이 등장한다.

그런데 프리드먼에게 있어 경제주체의 동등함은 무엇보다 선택의 주체로서 지니는 자유의 동등함이다. 그에게는 정치, 언론, 집회, 결사의 자유보다 선택의 자유가 우선한다. 그에게 있어서는 '자유가 아니면 죽음을 달라!'라는 헨리Patrick Henry의 웅변이 '선택의 자유가 아니면 죽음을 달라!'라는 문구로 바뀔 것이다. 그의 또 다른 책《선택할 자유 Free to Choose》역시 제목을 통해 이 점을 웅변하고 있다.

선택의 자유는 다른 수많은 자유들을 포괄한다. 정치적인 자유는 후보로 출마할지 여부에 대한 선택이고, 투표는 후보자에 대한 선택이다. 언론의 자유는 보도기사와 내용에 대한 선택이자, 구독신문에 대한 선택이다. 집회와 결사의 자유는 시위에 대한 참여나 파업 여부에 대한 선택이다. 소비, 투자, 취직, 보험, 결혼, 출산, 치료, 이사, 이민, 신앙 등이 모두 재화, 주식, 직장, 보험 상품, 배우자, 아기, 의사나 병원, 거주지나 거주국, 종교 등을 대상으로 하는 선택이다.

시장의 매매는 판매자와 구매자가 각기 자신에게 가장 유리한 대안을 사거나 팔기로 선택했고, 양자의 선택들이 일치했기 때문에 생긴 결과다. 프리드먼의 논리를 연장하면 시장경제에서는 인간관계도 다른 사람에 대한 선택이다. 그리고 이 경우에도 선택의 목표는 효용이나 이익의 극대화다. 시장경제에서 사람들은 서로를 인간이나 인격체로서 좋아해서가 아니라 서로가 가지고 있는 것을 주고받으려는 목적으로 만나는 것이다. 서로에게 주는 것에는 재화나 돈뿐만 아니라 학벌, 용모, 웃음, 농담 등의 즐거움이 포함된다.

시장경제에서는 이웃을 사랑하거나 다른 사람을 목적으로 대할 수 없다. 동시에 시장경제에서는 봉건 사회에서와 같이 서로가 서로를 노예나 천민으로 만들지 않는다. 따라서 인간에 대한 수단화는 모두에게 동등하게 이루어진다.

현실의 시장경제에서는 일방이 목적이 되고 타방이 수단이 되는 상황을 배제할 수 없다. 그럼에도 모든 사람의 동등한 수단화가 시장경제의 가장 이상적인 모습이다. 결국 시장의 경제인들은 선택의 주체로서뿐만 아니라 서로에 대한 수단으로서도 동등하다. 홉스가 제기한 '만인에 대한 만인의 투쟁'에 대한 시장의 해결방법은 군주의 등장이나 사회계약이 아니라 '만인에 대한 만인의 수단화'다.

이런 선택의 자유는 형식이나 절차에 집중하므로 선택의 대상이나 내용에 대해서는 묻지 않고 전적으로 각 개인의 몫으로 남겨둔다. 선택의 자유가 집단이나 공동체 혹은 사회가 아니라 개인 차원의 자유이기 때문이다. 여러 자본주의체제 중 미국의 자본주의가 이런 식의 개인의 합리적 선택을 가장 중시한다.

이 입장에서는 동일한 소득 하에서도 선택할 재화나 대상이 늘어나는 것을 그 자체로 후생의 증진으로 여긴다. 여러 종류의 자동차가 생산되거나 수입되어 소비자가 선택할 수 있는 기회가 늘어나면 같은 소득 수준이라 할지라도 효용과 후생이 증가한다. 다양한 기회를 중시하기 때문에 경제학에서는 기회비용이 중요하고, 돈이 가장 좋은 이유도 이것이 다양한 선택을 허용하기 때문이다.

이런 이유로 누구에게나 10만 원 가치의 장학증서나 옷보다 같은 가치의 상품권이 낫고, 상품권보다 현금 10만 원이 더 낫다. 상품권도 살 수 있고 옷도 살 수 있는 현금 10만 원은 전용가능성^{fungibility}이 가장 높다. 이에 비해 상품권은 특정 백화점에서만 돈과 같이 활용되므로 전용가능성이 적다. 더구나 장학증서는 오로지 학교 등록에만 활용될 수 있으므로 상품권보다 더 선택이 제한되어 있다. 만약 돈보다 상품권을 좋아하거나 상품권보다 옷을 좋아하는 소비자가 있다면, 그는 선택의 중요성을 모르는 사람이므로 비합리적이다.

재화를 선택해 구입하는 데 지출하지 않고 돈을 그냥 쌓아두고 있는 사람도 효용이나 선택에 눈뜨지 못했다는 점에서 맹목적이고 비합리적이다. 합리적인 소비자들은 화폐소득을 한꺼번에 지출할 수 없으므로 특정 시점에서 추후의 거래를 위해 일정 비율의 소득을 보유한다. 그렇지만 현재나 미래의 소비와 무관하게 많은 돈을 축적하는 사람은 비합리적이다.

프리드먼에게 무한히 많은 재화의 소비를 통해 무한히 많은 효용을 추구하는 것은 합리적이지만, 이와 무관하게 무한히 많은 돈을 축적하는 것은 비합리적이다. 이것은 유통·거래에 활용되지 않고 퇴장되어 거시경제의 불안정성을 조장하거나 가치를 저장하는 화폐의 기능을 인정하지 않는 신고전학파의 입장에 부합된다.

정보는 과연 대칭적으로 주어져 있는가?

경제인이 합리적으로 선택하기 위해서는 선택대상에 대한 정보가 충분히, 그리고 완벽하게 제공되어야 한다. 시장경제에서 제도화된 정보 공개는 합리적 선택과 경쟁의 전제조건이다. 제품의 품질, 수량, 성분 등에 대한 정보가 소비자의 선택을 가능케 하기 때문이다. 손익계산서, 대차대조표, 현금순환표 등 재무제표에 공개되는 기업들에 대한 정보는 기업이 발행한 주식에 대한 선택과 매매를 가능케 한다. 대학별로 연구능력이나 졸업생의 취업률을 공개하는 것도 학생들과 학부모들의 대학 선택에 도움을 준다.

이런 정보는 모든 경제인들에게 동등하게 대칭적으로 제공되어야 한다. 특히 생산자와 소비자, 대기업과 중소기업, 내부자와 외부자 사이에도 정보가 비슷하게 제공되어야 한다. 비대칭적인 정보 제공이 현실경제에서 간혹 일어나지만 심각하게 지배적이지는 않다. 이제 경제주체가 동등해지기 위한 조건으로 선택과 계약에 이어 '대칭적 정보'가 포함된다.

정보가 동등하게 제공된다는 측면과 함께 경제주체들이 모두 정보를 제대로 처리한다는 측면도 시장경제에 전제되어 있다. 만약 정보가 제공되더라도 경제주체들이 정보를 제대로 처리하지 못한다면 올바르게 선택할 수 없다. 또한 정보를 처리하는 능력에 있어 경제주체들 사이에 차등이 있다면 시장 전체 수준에서 합리적 선택을 운운할 수 없다. 따라서 동등한 선택의 주체는 동등한 정보의 보유자이면서 동등한 정보처리 능력을 가지고 있다.

정보에는 공적인 정보와 사적인 정보가 있다. 소비자의 선호나 기
업의 기술은 완전히 공개된 정보가 아니고 소비자들도 기업의 내부
사정에 대한 정보를 가지고 있지 않다. 따라서 경제주체가 모든 정보
를 보유하고 처리하는 것은 아니다. 그렇지만 적어도 대부분의 중요
한 정보가 가격에 포함되어 있다고 경제학은 자부한다. 경제주체들의
합리적인 선택과 시장의 경쟁 덕분에 가격에 중요한 정보들이 담기게
된다는 것이다.

가령 어떤 식당의 음식이 가격에 비해 질이 좋아 '가성비(가격 대비
성능의 비율)'가 높다고 하자. 합리적인 소비자들은 자신의 효용을 높이
기 위해 이 식당을 선택하게 된다. 손님이 늘어날수록 이 식당의 음식
가격이 올라가거나, 주어진 가격에서 질이 내려가 가성비가 낮아진다.
이렇게 되면 다른 식당과 가성비가 비슷해진다. 음식 가격이 올라가는
경우 이 식당의 음식의 질이나 식당의 분위기 등이 이제서야 가격에

반영되었다고 볼 수 있다. 결과적으로 시장원리에 따르면 식당들 사이의 가성비 차이는 그다지 오래 갈 수 없다.

여기서 가격이 상승한다는 것은 시장의 경쟁 속에서 사람들이 합리적으로 선택하고 이것이 시장가격에 반영되는 과정이라 할 수 있다. 이런 이유로 시장의 가격에는 상당 수준의 정보가 담겨 있다. 그리고 가격이 주는 신호와 정보에 따라 다시 소비자와 생산자들이 선택하고 행동하면서 시장경제가 효율성을 지니게 된다.

이같이 경제학에서는 시장, 경쟁, 가격, 선택이 서로 얽혀 있다. 개인들이 합리적으로 선택하면 가격은 경제 상황을 제대로 반영하고, 가격을 보고 수행한 경제주체들의 선택도 적정하게 된다. 반면 개인들이 합리적으로 선택하지 못하면, 가격은 경제상황을 제대로 반영하지 못하고, 잘못된 가격 정보를 보고 수행한 선택들도 적정하지 못하게 된다.

개인이 선택과 의사결정을 위해 처리하는 정보에는 제품의 규격이나 품질과 같이 변동하지 않는 정보와 주가와 같이 변동하는 정보가 있다. 변하지 않는 정보는 단지 알아내는 것만으로 충분하지만, 알아내는 데 어려움이 따를 수 있다. 반면 변하는 정보는 알아내는 데는 어려움이 없더라도 이를 지속적으로 갱신하고 처리해 의사결정에 반영해야 한다는 어려움이 따른다.

소비자는 제품과 이 제품의 제조회사에 대해 알고자 노력한다. 대학의 입학관리처, 보험 회사, 기업, 은행은 입시생의 수학능력, 보험신청자의 건강상태, 구직자의 근면함과 생산성, 대출신청자의 신용상태에 대해 믿을 만한 정보를 알아내려고 온갖 방법을 동원한다. 결혼 상대를 구하는 사람들도 서로에 대해 알기 위해 누구보다 많은 노력을 기울인다.

일반적으로 재화나 자원에 대한 정보보다 사람에 대한 정보를 확보하기가 어렵다. 반면 주가나 경기에 대한 자료는 계속 변해 이것을 따라잡고 의사결정에 즉각 반영하는 것이 중요하다. 그렇더라도 경제학에서는 경제인들이 시장의 가격 등에 의존해 이런 어려움을 극복할 수 있다고 전제한다.

경제인은 가게나 기업의 허명이나 포장에 속지 않고 제품의 품질에 충실하다. 내용과 이름의 구분이 거시변수들에 대한 실질가치와 명목가치의 구분으로 이어진다. 합리적인 경제인은 물가변동을 간파해 소득이나 이자율을 계산하는 데 있어 명목변동과 실질변동을 구분한다. 특히 통화량의 증가로 인한 물가 상승과 이로 인한 임금 상승을 실질임금의 상승으로 착각하지 않는다.

경제학의 극단적인 시장자유주의는 통화정책을 포함해 정부의 정책에 대한 강한 불신을 낳는다. 오스트리아학파의 미제스^{Ludwig von Mises}와 프리드먼은 링컨의 말을 인용해 경제인의 합리성을 민주주의에서 시민의 현명함과 동일하게 생각했다. "모든 사람을 일시적으로 속일 수 있고, 일부 사람들을 언제나 속일 수 있지만, 모든 사람을 언제나 속일 수는 없다."

이런 이유로 프리드먼은 화폐공급에 대한 정부의 재량을 억제하기 위해 '일정 비율의 기계적인 통화량 증가'라는 규칙을 주창했다. 프리드먼에 이어 등장한 루카스의 합리적 기대에 이르면, 사람들의 합리성이 보다 강력하게 그려져 거시경제에 대한 예측으로 이어진다. 물론 이런 통화주의와 새고전학파New classical economics의 견고한 합리성을 케인스주의와 새케인스주의New Keynesian economics는 상당 부분 인정하지 않는다.

인가와 허가로 인한 지대추구를 경계하다

프리드먼이 내세우는 선택의 자유는 적어도 둘 이상의 대안들을 필요로 한다. 대안이 하나밖에 없다면 그것은 명목상의 선택에 불과하다. 후보자가 하나밖에 없는 선거나 독점기업이 지배하는 산업에서는 선택의 여지가 없다. 프리드먼에게 독점기업의 피해는 시장에 독점이윤이 발생한다는 것이라기보다 소비자가 선택의 자유를 누릴 수 없다는 데 있다.

기업인의 자유로운 선택은 생산, 고용, 투자를 대상으로 삼는다. 이것은 기업인이 사회적 책임이나 사회봉사, 자선 등을 강요받지 않고 이윤을 극대화하도록 허용하는 것을 의미한다. 극단적인 시장주의자인 프리드먼에 의하면 기업의 유일무이한 목적은 이윤극대화다. 이렇게 할 때 투자를 통해 경제의 성장과 고용도 극대화된다. 그리고 시장경제는 가까이 있는 소수의 사람들을 위한 체제가 아니라 멀리 있어 보이지 않는 다수의 사람들을 위한 체제다.

프리드먼은 일견 당연하게 보이는 변호사나 의사의 학위증이나 자격증도 개인의 선택을 억제해 시장경제와 부합되지 않는다고 비판했다. 자격증은 본인의 능력과 무관하게 많은 사람들을 해당 업종으로부터 배제해 독점과 독점적인 지대를 낳는다. 이 점에서 자격증은 봉건

시대의 귀족층에 부여된 특권이나 동양의 과거시험과 다르지 않다.

프리드먼은 과거 미국에서 이발사가 되기 위해서는 이발과 관련이 없는 세균학이나 소독학 등의 많은 과목들을 이수해야 했다는 것을 이에 대한 증거로 들고 있다. 한국에는 현재도 많은 자격시험이나 고시가 남아 있고 취직시험에 불필요한 내용이 요구되는 경우도 많이 있다. 이런 과도한 자격 요건이 시장에서 공급자의 숫자를 줄이고 경쟁을 제한할 수 있다는 것이다.

그의 입장에서는 졸업장이나 자격증이 없더라도 변호사는 법원에서의 승소 여부로 고객들의 심판을 받을 것이다. 또한 의사는 진료 결과를 통해 환자들이 평가할 것이다. 그리고 이런 평가들은 고객이나 환자들의 선택들을 통해 시장에서 드러날 것이다. 이 점에서는 회계사, 세무사 등 자격증에 의존하는 여러 직업인들이 모두 마찬가지다.

프리드먼의 이런 생각은 면허나 허가로도 확장된다. 영업허가증, 운전면허증이나 사냥허가증뿐만 아니라 제품의 표준이나 품질에 대한 인증 등도 이에 속한다. 이런 것들이 직간접적으로 독과점을 조장하고 개인의 선택을 제한한다는 것이다. 면허증이나 자격증의 발급이 대부분 정부의 소관이므로, 그의 주장은 정부의 역할을 줄이고 시장의 역할을 늘리는 것으로 이어진다.

경제인이 선택할 수 없는 문제에 대하여

자유주의의 원리에 따라 개인의 경제활동은 다른 개인들에게 피해를 주지 않는 범위 내에서 진행된다. 만약 피해를 주면 금전이나 기타 방법으로 보상하거나 교정해야 한다. 시장경제에서는 가격기구가 이런 보상과 교정을 위한 가장 신뢰할 만한 장치다.

물론 개인의 선택에 맡길 수 없는 문제도 있다. 혹은 선택이 가능하더라도 선택에 수반된 비용이나 편익이 부분적으로 당사자에게 귀속되지 않는 경우도 있다. 많지는 않지만 프리드먼도 이런 경우들을 인정한다. 그의 입장에서도 시장이 현실적으로 가능한 최상의 체제일 뿐 완벽한 체제는 아니다. 이런 경우들은 개인이나 시장이 아니라 정부가 관리해야 한다.

외부효과가 대표적이다. 그중 교육을 예로 들면, 초등학교부터 고등학교까지는 시민교육이나 교양교육을 내용으로 삼아 시민이나 경제주체의 능력을 키운다. 이런 교육이 부족한 사람은 인적자본이나 생산성이 줄어들 뿐만 아니라 다른 사람에게도 피해를 준다. 투표권을 행사하지 않거나 교통신호를 준수하지 않으면, 자신뿐만 아니라 타인에게 피해를 줄 수 있다.

외부효과로 인해 초중등교육은 당사자나 당사자 부모의 선택 여부와 무관하게 정부에서 의무화하고, 이를 장려하기 위해 보조금이나 장학금을 지급할 필요가 있다. 이와 대조적으로 대학원, 특히 법, 의학, 그리고 경영 등의 전문대학원은 생산성의 증가로 인한 교육에 대한 보상이 당사자에게 돌아가므로 교육비용도 당사자의 부담이어야 한다. 따라서 이 교육에 대해 정부가 보조금을 주어서는 안 된다.

그런데 프리드먼은 의무교육에서도 학교들 사이의 경쟁을 촉진시키기 위해 학생들이 다른 지역의 공립학교들과 사립학교를 선택할 수 있도록 허용해야 한다고 주장했다. 정부가 보조금을 주면서도 이런 이동을 가능케 하려면 교육수혜증서, 즉 바우처를 발행해야 한다. 이 증서는 상품권이나 장학증서와 비슷하게 학교를 지정하지 않고도 일정 금액을 교육비용으로 사용할 수 있게 허용한다. 따라서 이것을 활용해 다른 공립학교도 다닐 수 있고, 바우처의 액수를 넘어서는 교육비를 당사자가 추가로 부담하면 사립학교에도 갈 수 있다.

암이나 비만 등은 본인이 어떤 음식, 운동, 생활습관을 선택하는지에 의존하므로 개개인의 관리가 가능하다. 따라서 이것은 전적으로 본인의 책임이고 내부효과다. 이에 비해 코로나19와 같은 전염병은 한 사람이 걸리면 다른 사람에게 옮을 수 있으므로 각자의 선택으로 통제할 수 없는 외부효과를 지닌다. 따라서 암과 비만은 정부가 관리할 필요가 없지만, (인간과 동식물의) 전염병은 정부가 예산을 들여 관리해야 한다.

프리드먼은 한편으로 현실 경제인의 선택을 강조하면서, 다른 한편으로 경제주체에 대해 엄밀하게 이론적으로 규정하지 않았다. 우선 신고전학파는 수리적인 방법을 활용해 여러 현상들을 설명한다는 점에서 높은 수준의 일관성을 보이지만, 여러 가정들을 통해 구체적인 현실을 손쉽게 제거한다. 무엇보다 현실의 경제주체에 대한 자의적인 가정들을 내세워 경제인을 설정했다. 그런데 프리드먼은 이론의 목표가 설명이 아니라 예측에 있기 때문에 경제인이 예측에 유효하면 그것으로 충분하며 현실적일 필요가 없다고 주장했다.

가령 해바라기는 효용을 극대화하기 위해서가 아니라 받아들이는 햇빛을 극대화하기 위해 움직인다. 하지만 프리드먼의 입장에서는 그러한 사실과 관계없이 해바라기가 효용을 극대화한다고 가정할 수 있다. 이 가정에 입각하여 해바라기가 기둥을 타고 구부러지는 방향을 예측할 수 있다면, 그것으로 충분하다. 동일하게 어떤 사람이 실제로 효용을 극대화하지 않더라도, 경제인이 효용극대화를 추구한다는 가정을 이용해 그의 선택과 수요를 예측할 수 있다면, 그것으로 족하다.

'선택지상주의'에 대한 의문점들

우리는 시장에서뿐만 아니라 인생에서 여러 가지 선택 상황에 부딪힌다. 그리고 선택의 자유는 봉건 사회로부터 탈출시키는 해방적인 측면을 지니고 있다. 다원적인 사회에서 각자 좋아하거나 믿는 것을 실현하고 실천하기 위해 일정 수준 이상의 선택 범위를 보유하는 것은 누구에게나 중요하다. 인생, 배우자, 학교, 직장, 취미, 지도자, 영화, 책, 방송 등에 대한 선택이 모두 이와 같다.

문제는 개인의 선택을 어디까지 인정하느냐이다. 이런 관점에서 프리드먼을 위시한 신고전파 경제학자들이 내세우는 '선택지상주의'에 대해 몇 가지 의문을 제기할 수 있다.

하나, 선택의 자유는 합리성을 전제한다. 만약 사람들이 합리적이지 않다면, 선택할 수 있다는 사실이 자유나 효율을 보장할 수 없다. 그런데 사이먼Herbert Simon의 '제한적 합리성'에 의하면 사람들의 합리성은 경제학에서 내세우는 것과 달리 상당히 제한되어 있다. 특히 행동경제학은 지난 30여 년 동안 제한적 합리성을 확장해 인간의 비합리성들을 지적해왔다. 가령 인지능력이나 계산능력에 한계가 있어 어느 수준 이상으로 많은 대안을 제공하면 사람들에게 과부하를 낳아 제대로 된 선택을 오히려 어렵게 만들 수 있다. "많은 것은 적은 것과 같다." 혹은 과유불급過猶不及이란 이를 두고 하는 말이다.

이론이 충족해야 할 요건으로 일관성이나 정합성과 현실성은 중요하다. 그런데 신고전학파는 경제에 대한 일관성 있는 논리와 시장경제의 이상에 집착하면서 오히려 비현실적인 의견을 내놓게 됐다. '합리적 개인'이라는 신고전학파의 경제주체도 비현실적이라는 어려움을 안고 있다. 합리적으로 선택하고 기대하는 개인이 경제학의 모든 영역에서 일관되게 등장하는데 이런 개인이 현실 경제주체들의 선택이나 행위를 마땅하게 설명할 수 있을지 의문이다.

또한 신고전학파는 시장경제가 보편적이라고 생각하기 때문에 시장경제에 부합되는 인간이 보편적이라고 자부하는 경향이 있다. 그렇지만 합리적인 선택의 주체는 보편적인 경제체제에 부합되는 보편적인 인간이 아니라 단지 시장경제에 부합되는 인간일 수 있다.

둘, 선택의 자유는 개인과 선택대상들의 수평적인 다양성을 전제로 한다. 그런데 한국 사회에서는 많은 대상들이 개인의 기호나 선호뿐만 아니라 역사적·사회구조적으로 수직적인 서열 속에 있다. 이렇게 되면 선택의 자유가 무력해진다. 얼마 전만 해도 한국 담배들은 가격의 차이에 따라 수직적인 서열을 보였다. 이 경우 비싼 담배와 싼 담배가 있을 뿐, 맛이 다른 담배를 고르거나 선택하기 힘들다. 일등품과 이등품, 프리미엄 상품 등도 마찬가지의 예다. 특히 한국의 대학은 서열이 정해져 있어 이들을 자유롭게 선택할 수 있다는 것 자체가 상당 부분 난센스에 불과하다.

반면 프리드먼은 수직적인 상황조차 수평적인 상황으로 만든다. 그에게 인종차별은 기호나 선호의 문제다. 아이스크림 가게에서 백인 주인이 흑인 종업원을 고용하지 않는 것은 주인 때문이 아니라 백인 손님들 때문이며 차별 때문이 아니라 백인 손님들이 흑인 종업원을 '싫어하기' 때문이다. 손님이 백인 종업원을 좋아하느냐, 흑인 종업원을 좋아하느냐 하는 문제는 바닐라 아이스크림을 좋아하느냐, 초콜릿 아이스크림을 좋아하느냐 하는 것과 같은 문제로 취급된다. 개인의 선택에 대한 과도한 신뢰가 인종차별이라는 사회적 문제를 개인의 선호로 규정하는 극단적인 왜곡을 낳는다. 여기서 프리드먼의 일관성, 용감함과 함께 그의 확실한 한계를 확인할 수 있다.

셋, 행위자들이 모두 합리적이더라도 사회의 여러 계층이 지닌 소득이나 재산, 자원의 차이는 선택의 자유에 차등을 낳는다. 모두 합리적이지만 소득이 월 2,000만 원인 사람과 월 200만 원인 사람이 접근할 수 있는 재화, 투자대상 등 선택의 범위에는 차이가 있다. 따라서 그저 절차적이거나 형식적인 선택의 자유를 허용한다고 해서 모두가 실질적으로 동일한 수준의 자유를 누릴 수 있는 것은 아니다.

모두가 대학에 진학하도록 기회가 주어지더라도 소득에 따라 과외 공부 여부나 그것의 질과 양이 달라지므로 선택의 자유에도 차등이 생기게 된다. 따라서 프리드먼이 중시하는 선택의 자유를 사회구성원들이 골고루 향유하려면 소득의 불평등이 완화되어야 한다. 이를 위해 교육이나 의료와 같은 특정 부문에 대한 보조금이나 복지, 나아가 최저임금의 상향조정이나 기본소득과 같은 포괄적인 조치를 고려해야 한다.

소비의 기회는 당사자의 재산·소득에 따라 차이가 나는 데 비해, 교육의 기회는 부모의 재산·소득에 따라 차이가 난다는 사실이 사회복지제도를 확충해야 한다는 주장을 강화시킨다. 어떤 사람의 재산·소득이 그 사람 자신이 선택한 결과라고 주장할 수는 있어도, 부모의 재산·소득이 그 사람의 선택이었다고 주장할 수는 없다. 부모의 소득이 부모의 선택이었다 하더라도, 자식이 부모를 선택했다고 볼 수 없고, 부모가 자식을 선택했다고 보기도 어렵다. 이같이 부모와 자식의 관계는 우연과 자의에 따라 결정되며 어떤 부모를 만난 것에 대해 자식이 책임져야 할 이유가 없다. 이처럼 '합리적 선택'이라는 경제학의 논리를 따르더라도, 부모의 소득 차이로 인한 교육 기회의 차이는 방어하기 힘들다. 더군다나 소득의 차이가 다음 세대에 걸쳐 지속되다 보면 더욱 근원적인 차등을 낳을 수 있기에 제도적으로 차등을 줄여야 한다는 입장이 더욱 힘을 얻을 수 있다.

또한 소득의 차이가 유년기에 지속되면 기호나 선호에까지 영향을 미칠 수 있다. 가난한 집안에서 교육을 받지 못한 사람이 많으면 그 집안사람들은 교육에 대한 '선호'를 상실할 수 있다. 미국의 가난한 흑인들의 가정이 이런 예다. 이렇게 되면 경제학의 가정과 달리 선호의 차이가 소득의 차이와 무관하지 않고, 선호의 차이 자체가 결과적으로 소득의 차이를 낳을 수 있다.

넷, 소득이나 자원이 있더라도 그것을 활용할 능력을 지니고 있어야 한다. 자동차를 운전하기 위해서는 자동차뿐만 아니라 운전능력이 필요하며, 독서를 위해서는 책을 살 돈뿐만 아니라 독서할 능력이 필요하다. 중등교육이나 고등교육을 받기 위해서는 등록금뿐만 아니라 어느 정도의 수학능력도 필요하다. 따라서 실질적인 선택의 자유를 부여하려면 대상을 향유할 능력을 배양해주어야 한다. 소득이나 자원이 주어지면 이런 능력이 어느 정도 형성되지만, 소득을 능력과 동일시할 수는 없다. 이것은 생산(김치 담그기)뿐만 아니라 소비(음악 감상)에도 능력이 필요하며, 이런 능력은 경제이론의 단순한 규정과 달리 선호나 소득으로부터 도출될 수 없다는 것을 의미한다.

능력은 경제학자 센이나 철학자 누스바움이 강조했다. 정부 예산으로 생산과 소비의 능력을 배양해주는 것이 사회구성원들에게 선택의 자유와 기회의 균등을 실질적으로 보장하는 방법이다. 프리드먼과 같은 시카고학파인 베커가 내세운 인적 자본human capital도 능력의 중요성을 인정하지만, 시장경제를 중요시해 이에 대한 배양을 사적인 영역에 묶어 놓았다는 한계가 있다.

다섯, 보다 근원적으로 인간이 선택할 수 있는 것이 있고, 선택할 수 없는 것이 있다. 아직까지는 유전자를 바꿀 수 없으므로 출생과 관련된 여러 사항들은 선택의 대상이 아니다. 인종, 성별, 지역, 선천적인 능력 등이 모두 이와 같다. 누가 어떤 부모에게서 태어나고 어떤 자식을 낳을지는 부모와 자식 모두에게 선택사항이 아니다. 내가 어느 정도의 재산을 가진 부모에게서 태어날지, 그리고 내가 어떤 자식을 낳을지도 선택할 수 없다.

특히 롤스가 지적했듯이 내가 어떤 종류의 능력을 어느 정도 가지고 태어날지 나 자신뿐만 아니라 나의 부모도 선택할 수 없다. 모차르트의 아버지가 모차르트를 선택한 것도 아니고 모차르트가 자신의 아버지를 선택한 것도 아니다. 이같이 특정인의 공부능력이나 업무능력은 사회경제구조뿐만 아니라 유전자에 의해 결정된다. 논란이 있지만 최소한 모든 능력이 후천적이라고 보기 어렵다. 이것은 사회에서 얻는 지위나 소득을 당사자뿐만 아니라 부모가 선택하는 데도 한계가 있음을 의미한다.

민주주의와 시장경제는 개인의 다양성을 존중하고 차별을 억제한다고 선언하지만, 실질적으로는 이런 차별을 제대로 억제하지 못하거나 오히려 강화하는 상황도 적지 않다. 또한 사회경제구조가 배제하는 선택들도 기억할 필요가 있다. 자본주의 사회에서 생활을 영위하기 위해서는 누구든지 시장에서 물건을 구입해야 한다. 또한 대부분 일하지 않고는 살아갈 수 없다. 따라서 교환하지 않겠다든지 취직하지 않겠다는 선택은 가능하지 않다.

이에 더해 한국 사회에서는 교육받지 않겠다는 선택도 가능하지 않다. 투표하지 않겠다고 선택하는 한국인은 있지만, 스스로 교육을 받지 않겠다고 선택하는 한국인은 거의 없다. 교육, 특히 입시교육은 역사문화가 개입된 한국 사회의 강제이다. 물론 소득이나 재산이 부족해 교육을 받지 못하는 사람은 많다. 여기서 말하는 것은 소득제약이 없는데도 교육을 스스로 받지 않겠다고 선택하기는 힘들다는 점이다.

여섯, 인허가가 독과점과 지대를 낳는다는 프리드먼의 주장에는 긍정적인 측면이 있다. 그렇지만 능력이나 자격의 표준, 그리고 제품도량형 등의 필요성까지 부정할 수는 없다. 또한 이것들을 시장과 개인의 선택에 전적으로 맡기기도 어렵다. 과연 자격증이 없는 변호사들에 의존해 몇 번 패소하는 과정을 거쳐 비로소 사람들이 이들을 알게 되는 것이 옳은가? 더구나 자격증 없이 활동하는 의사들에게 생명을 맡겨 큰 피해를 입은 후 이들에 대해 알게 되는 것이 '시장의 합리적 결과'라고 말할 수 있을까? 물론 표준이나 자격증에 대한 관리를 반드시 정부가 독점할 이유는 없다. 정부와 민간기구의 협의를 통해 기준을 마련할 수 있다.

이와 관련해 한국은 능력이나 품질에 대한 인증을 경제성장기부터 오늘에 이르기까지 주로 정부에서 맡아서 수행해왔다. 각종 학위증, 면허증, 허가증, KS마크나 모범업소 등이 대부분 정부의 이름으로 부여된다. 그 이유는 서구로부터 많은 기준을 받아들이는 과정에서 정부가 규칙을 해석해서 시행하는 역할을 담당해왔기 때문이다. 앞으로 한국의 정부는 프리드먼이 인정하는 '경기 심판관'의 수준을 넘어서 경기규칙의 제정자나 시행자로 남을 가능성이 높다.

한국에서 시장과 정부의 관계는 미국형보다 독일형·일본형에 가까워 보인다. 같은 이유로 미국에서 전개된 케인스주의와 통화주의 사이의 대립 구도보다 독일에서 전개된 역사학파와 질서자유주의 Ordoliberalismus 사이의 대립구도가 한국에 더 적합해 보인다. 질서자유주의는 자유주의를 내세우면서도 법과 제도를 중시한다. 이런 상황에서 개별 경제주체들의 선택에 맡길 부분은 상대적으로 줄어든다. 전체적으로는 정부와 기업이나 민간부문 사이에 역할을 재검토하고 재조정할 필요가 있다.

일곱, 20세기 말부터 진행된 세계화로 인해 미국을 중심으로 금융자본과 주주자본이 부상하면서 기업의 목표가 주주가치를 극대화하는 데 있다는 생각도 확산되고 있다. 그런데 경제주체로서 소비자와 주주의 역할이 다르기 때문에 소비자 중심의 전통적인 시장경제와 주주자본주의, 그리고 소비자의 후생극대화와 주주가치극대화가 동일하다고 미리 단정할 수 없다.

　프리드먼의 입장에서는 둘 사이의 차이가 문제가 되지 않는다. 거시적으로 프리드먼 등 통화주의는 화폐·금융부문이 적어도 장기적으로 실물경제의 기초여건을 반영한다고 보기 때문에 소비자의 효용 혹은 후생극대화와 주주가치극대화를 동일시할 수 있다. 어떤 기업의 제품이 좋아지면 이것이 소비자의 후생을 증대할 뿐만 아니라 이 기업의 주가를 끌어올린다.

　이 입장에서는 미시적으로도 소비자와 주주가 모두 합리적인 선택의 주체다. 더구나 소유와 경영이 분리되고 소액주주가 등장하면서 재화와 서비스, 노동뿐만 아니라 금융자산이 합리적 선택의 대상이 된다. 이에 따라 소비자가 동시에 주주일 수 있다. 따라서 후생극대화와 주주가치극대화를 명확히 구분할 필요가 없다.

　반면 케인스와 케인스주의는 2020년 9월의 경제상황과 같이 거시적으로 화폐금융부문이 실물경제의 기초여건과 무관하게 움직일 수 있다고 생각한다. 또한 이 입장에서 주가는 기업의 내재적 가치와 무관하게 변동할 수 있다. 그렇다면 소비자와 주주가 모두 합리적으로 선택하더라도 소비자의 후생극대화와 주주가치극대화가 반드시 일치하지 않는다.

　미시적으로 양자의 괴리는 경제주체들의 목표인 효용극대화와 이윤극대화의 이질성에 뿌리를 두고 있다. 소비자가 얻는 효용은 주관적이고 심리적인 데 비해 생산자가 얻는 이윤은 화폐로 표시된 객관적인 수량이다. 한계효용학파가 등장한 이래 경제학은 이윤을 효용으로 바꾸어 생각하려고 노력해왔지만 양자는 아직도 명확하게 연결되지 않고 있다.

이런 이질성은 자산가격에 대한 모형들에서도 재현되고 있다. 투자자들이 원하는 것이 주식으로부터 얻는 수익이나 자본이득인지 아니면 이것으로 재화·서비스를 구입하여 얻는 효용인지가 정리되지 않았다. 이론적으로는 효용이어야 하는데 현실이나 상식으로 보면 화폐추구 혹은 돈벌이로 나타나고 있고 둘 사이에 갈등이 남아 있다.

현실 경제에서 전통적인 입장은 제품의 질, 생산성, 기술혁신을 강조하는 독일과 일본의 자본주의에 부합된다. 반면에 주주자본주의는 영국과 미국의 자본주의에 부합된다. 이런 자본주의의 다양성도 소비자후생과 주주가치가 반드시 일치하지 않는다는 증거라 할 수 있다. 비록 소비자가 상당 부분 주주여서 양자를 동일한 주체로 간주할 수 있다 하더라도, 동일한 주체가 내면에서 겪을 갈등을 배제할 수 없다.

폴 새뮤얼슨

:

일관성이 있다

선호의 일관성이 경제인의 정체성이다

경제학은 도구적인 합리성을 내세우므로 인간이 추구하는 목표나 가치를 논의하지 않고, 주어진 목표를 달성하기 위한 효율적인 수단들을 강구하는 데 집중한다. 이런 이유로 사람들의 기호나 선호에 대해서도 애초부터 어떤 것이 낫거나 못하다고 말하지 않는다. '기호에 대해서는 논할 수 없다'가 경제학의 기치다. 나아가 경제학은 가치, 윤리, 이념에 대해 중립성을 표방한다. 이런 의미의 합리적 인간이 경제학의 핵심이론인 '현시선호이론revealed preference theory'과 '기대효용이론expected utility theory'에 담겨 있다.

새뮤얼슨Paul Samuelson(1915~2009)이 제시한 현시선호이론은 오로지 드러나서 관찰된 수요와 선택에 근거해 수요곡선을 도출한다. 현시선호이론은 관찰된 것에 초점을 맞추기 때문에 개인의 인식이나 인지를 거쳐 선택으로 이어지는 과정에 대해 묻지 않는다. 자극과 반응 혹은 투입과 산출에 집중할 뿐, 중간 과정은 미지의 상자로 남겨 둔다. 이렇게 상정한 경제인은 기계에 가깝다. 이것은 맬서스 등이 인간을 동물과 비슷하게 상정했던 것과 대비된다.

여기서 기수적인 효용이 서수적인 효용으로 바뀐다. 어떤 사람의 사과에 대한 효용이 바나나에 대한 효용보다 더 크다고 말할 수는 있으나, 얼마나 큰 지는 말할 수 없다. 경제학 교과서에 등장하는 무차별 곡선도 효용이 서수이기 때문에 요구되는 개념이다. 현시선호이론은 서수적인 효용보다 효용의 내용을 더 약화시켜 효용을 직접 측정할 수 없다고 본다.

주어진 가격에서 어떤 과정을 거쳐 특정 수요량이 선택됐는지는 쉽게 알 수 없으나 이 가격에서 수요량이 얼마나 되는지 관찰할 수는 있다. 이렇게 관찰된 가격들과 수요량들을 연결해 수요곡선을 얻는다. 이때부터 '실증경제학'이라는 칭호가 경제학을 따라 다녔고, 인간이 지닌 합리성의 실체나 효용의 내용이 줄어들었다. 특히 인간이 이기적인가 이타적인가를 따지는 것이 부차적인 문제가 되었다.

그 결과 20세기 초중반 이후 신고전학파의 표준이론에서 합리성은 거의 일관성과 동의어가 되었다. 보다 근원적으로 선호의 일관성은 경제인이 인간, 그리고 개인으로 존재하기 위한 정체성을 대표한다.[16] 합리적 개인의 정체성은 시간의 흐름 속에서 여러 선택과 상황들을 관통하며 타인과 구분되는 선호를 일관되게 유지하는 것이다. 이런 선호에 근거하여 무차별곡선이나 효용함수도 일관성 있게 나타난다. 따라서 경제인의 선호는 가격변동이나 소득변동으로부터 독립적이다.

선호의 일관성과 수요의 법칙

특정 가격이나 소득에 따라 선호가 변동한다면, 그것은 주관이 없어 합리성의 기반을 가지지 않은 것이다. 가령 같은 가격과 소득 하에서 짜장면을 좋아하는 사람은 한 달에 짜장면을 여섯 번 먹고, 별로 좋아하지 않는 사람은 세 번 먹는다. 이것은 선호의 차이다. 그런데 짜장면의 가격이 오르면, 짜장면을 좋아하는 사람도 네 번으로 줄이고, 별로 좋아하지 않는 사람도 두 번으로 줄인다. 이것은 수요의 법칙이다. 가격이 오른 상황에서도 두 사람은 짜장면을 좋아하는 사람과 별로 좋아하지 않는 사람으로 남아 있다. 이것이 경제주체들이 각기 일관되게 선호를 유지한다는 것의 의미다.

어떤 정당의 정체성은 시간의 흐름에 따라 여러 정치 상황들이 전개되는 가운데 다른 정당들과 구분되는 정강을 일관되게 유지함으로써 성립된다. 합리적인 경제인의 경우 정강에 해당하는 것이 '선호'다. 일관된 정강을 통해 어떤 정당인지 확인되듯이, 일관되고 안정된 특정의 선호를 통해 특정의 합리적인 경제인이 확인된다.

일관성으로 무장한 합리적 경제인의 특징

표준이론에서 개인의 선택은 시장의 수요-공급으로 이어진다. 또한 방법론적인 개인주의에 따라 개인의 수요-공급(곡선)을 수평으로 합하면 시장의 수요-공급(곡선)이 된다. 개인과 시장의 수요-공급은 가격에 따라 변동하며, 거꾸로 가격도 수요-공급에 따라 변동한다. 그리고 이런 변동이 시장경제의 뇌관이다.

여기서 수요-공급의 변동과 가격의 변동을 선호나 기술의 변동과 혼동하지 않아야 한다. 특히 가격 변동에 따른 선택과 수요의 변동은 선호의 변동과 구분되며, 오히려 이것은 선호의 일관성이나 안정성, 심지어 불변성을 전제한다. 선호의 일관성과 안정성이 합리적 개인의 기반이기 때문이다.

합리적 경제인은 똑똑해서 쉽게 속지 않는다. 이것은 진짜와 가짜를 가려내 사기당하지 않음을 의미한다. 합리적 경제인은 어느 것이 더 낫고 못한지 정도상의 차이를 구분하므로, 진짜와 가짜라는 질적인 차이를 구분하는 것은 당연하다. 경제인은 사과나 생선의 빛깔을 보고 신선도를 알아 낼 수 있고, 재무제표를 보고 수상한 기업의 주식을 가려낼 수 있다.

나아가 포장이나 이름에 현혹되지 않고 내용물을 간파할 수 있고, 내용을 겉모습이나 명목 혹은 형태로부터 가려낼 수 있다. 예를 들어 진열된 사과들 중에서 썩은 사과를 가려내고, 멋진 포장 속에 숨어 있는 불량품을 가려낼 수 있다. 또한 겉모습이나 광고에 속지 않고 사과, 집, 자동차, 종업원, 신입생, 배우자, 학교, 의약품, 파생상품을 선택할 능력을 지니고 있다.

특히 기업의 광고에 들어있는 미사여구를 간파해 자신이 진정으로 원하는 제품을 선택한다. 이런 이유로 경제학에서 광고의 역할은 정보 제공에 그친다. 경제인은 기업의 광고로부터 제품에 관한 정보를 얻을 뿐이다. 적어도 광고가 경제인의 기호나 선호에 영향을 미치거나 경제인을 세뇌할 수 없다.

　새뮤얼슨은 경제영역의 경제인과 정치영역의 시민 사이에 근원적인 차이를 두지 않는다. 특히 경제인과 달리 시민이 공익을 고려한다고 생각하지 않는다. 시민들도 실제로는 오로지 자신들의 이익, 선호, 믿음에 따라 후보자나 정책에 대한 의견을 가지고 투표를 행사한다. 정당이 표방하는 이념이나 입장도 겉모습과 달리 해당 정당인들의 이익, 선호, 믿음을 반영할 뿐 위대하거나 거창한 가치를 담고 있지 않다.

　'어떤 후보자에게 투표하느냐'는 '점심으로 어떤 음식을 먹느냐'와 근원적으로 차이가 없다. 당연히 시민들에게도 경제인과 같은 수준의 합리성이 요구되고 이들도 실제로 그만큼의 합리성을 지닌다. 따라서 정치인의 선전이나 정책에 관한 정부의 홍보도 시민들에게는 후보자나 정책에 대한 정보를 제공하는 데 그칠 뿐 이들의 믿음과 선호에 영향을 미치지 않는다.

　그런데 아 경우에도 사람들이 합리적이라면 일관성을 유지해야 한다. 어떤 사람이 연극보다 영화를 좋아하는 것으로 드러났으면, 거꾸로 영화보다 연극을 좋아하는 것으로 드러나서는 안 된다. 또한 연극보다 영화를 좋아하고 영화보다 독서를 좋아하는 것으로 드러났으면, 이 사람은 연극보다 독서를 좋아해야 한다. 이렇게 효용의 순서를 유지하는 것이 일관성이다. 그리고 이것이 소비자를 위시한 경제주체들의 합리성이라고 표준이론은 주장한다.

　표준이론의 일관성에는 정태적인 일관성과 동태적인 일관성이 있다. 표준이론에서 정태와 동태는 언제나 시간의 개입 여부로 구분된다. 가령 소비자가 여러 재화들을 선택하는 상황에서는 시간이 개입되지 않으므로 정태적인 일관성을 말한다. 돈을 빌려주거나 주식을 매입할 때는 미래의 받을 돈이나 수익을 계산하면서 시간이 개입되므로 동태적인 일관성이 중요하다. 이 경우 이자율의 근거가 되는 미래수익에 대한 할인율을 유지하는 것이 일관성이다.

노이만John von Neumann과 모르겐슈테른Oskar Morgenstern이 제시한 기대효용이론에 의하면 경제인들이 각자의 위험회피 정도를 고려해 미래에 기대되는 효용을 계산하여 주식이나 보험 등을 선택한다. 서수적인 효용이론에 근거한다고 볼 수는 없지만, 기대효용이론에 담긴 합리성도 일관성을 전제로 한다. 특히 미래수익과 미래효용이 고려되므로 동태적인 일관성이 적용된다.

선호와 기호, 그리고 믿음

경제학자들은 흔히 기호taste와 선호preference를 구분 없이 사용한다. 그런데 현시선호이론 등에서 제시된 바와 같이, 경제학은 효용 자체보다 선택을 중시하고 어떤 과정을 거쳤든 수요로 관찰되는 것에 초점을 맞춘다. 이런 의미의 선택에 집착해 경제학자들은 '기호'보다 '선호'라는 말을 더 빈번하게 사용한다. 이렇게 보면 '선호'는 적확한 번역어이다. 이와 비슷하게 가격에 민감하고 소득의 제약 하에 있다는 점에서 경제학의 '수요demand'는 상식적인 의미의 '필요need'와 구분된다. 선호 혹은 호불호의 관점에서 짜장면인가 비빔밥인가, A 후보인가 B 후보인가, α 종교인가 β 종교인가는 경제학에서 근원적인 차이를 가지고 있지 않다. 그렇더라도 이들은 정보나 판단의 단순함이나 복잡함에 있어차이가 있다. 이런 점들을 고려해 단순히 '선호'를 넘어 '선호와 믿음'으로 확장해서 규정하기도 한다.

경제인이 지닌 일관성은 현실적인가

신고전학파의 일관성에 대해 가장 근원적으로 비판하고 있는 흐름은 행동경제학이다. 행동경제학은 표준이론의 합리성과 불가분의 관계에 있는 공준으로 '절차 관련 불변성procedural invariance'을 지적하며 이를 비판해왔다. 이 공준은 선택대상들 간의 관계, 조합, 배열, 순서 등의 제시 방식이 합리적 경제인의 선택에 영향을 미치지 않는다는 것을 의미한다.

절차 관련 불변성의 예는 다음과 같다. 사원을 채용하는 경우 지원자들을 한꺼번에 면담하든 한 명씩 면담하든 선발자들에 대한 합리적인 선택에는 영향을 미치지 않는다. 특정 제품을 다른 제품과 함께 보여주는지 여부도 특정 제품에 대한 소비자들의 선호나 선택에 영향을 미치지 않는다. 학생 선발, 배우자 선택, 대통령이나 국회의원 선거 등에서도 이와 비슷한 절차상의 변동들이 결과에 영향을 미치지 않는다.

선택을 어떻게 유도하든, 선택된 상황을 어떻게 서술하거나 제시하든 경제주체의 선택에는 변함이 없다. 행동경제학은 이와 같은 '절차 관련 불변성'을 지적함으로써 표준이론의 일관성이 현실이 아니라고 비판한다. 이에 대해 표준이론은 사람들이 이해방식이나 서술방식과 무관하게 언제나 합리적으로 선택하고 있다고 주장한다.

민주주의와 시장경제는 모두 다양성과 문화적인 다원주의를 표방한다. 민주주의는 시민들의 다양한 정치적 입장들과 의견들을 수용한다. 경제학의 성지인 시장경제에서 이에 상응하는 것은 경제주체들의 다양한 선호다. 민주주의에서는 보수주의자인가 또는 진보주의자인가가 중요하다면, 시장경제에서는 고기를 좋아하는가 아니면 채소를 좋아하는가가 중요하다.

경제학이 경제인의 다양한 선호를 기준으로 삼는 이유는 효용극대화가 이윤극대화보다 더 근원적이라고 보기 때문이다. 돈을 벌어 맹목적으로 축적하는 것이 아니라 돈을 현재나 미래의 재화·서비스, 그리고 그것이 낳는 효용으로 전환시키는 것이 경제인이다. 소비자의 구매뿐만 아니라 노동자의 구직, 그리고 주식 투자에 대해서도 신고전학파는 효용을 중심으로 생각한다. 신고전학파의 모태가 된 한계효용학파도 한계생산성이 아니라 한계효용에서 시작했다. 따라서 선호의 다양성이나 이질성이 합리적 개인의 다양성을 대표한다.

경제인의 이상과 현실

자세히 보면 신고전학파의 시장경제와 경제인에게도 이상과 현실이 있다. 우선 신고전학파는 시장경제에 대한 믿음으로 인해 가격기구와 경제주체들이 시장경제의 효율성을 확보하는 방향으로 움직인다고 주장한다. 그리고 이런 주장을 내세우기 위해 완전한 합리성과 이기심, 완전한 대체, 완전경쟁과 가격순응, 완전한 정보 등의 가정과 전제들이 동원된다. 이에 따라 신고전학파의 세계 안에서 완전한 시장과 불완전한 시장, 그리고 완전한 합리성과 불완전한 합리성이 각기 이상과 현실을 이루게 된다. 양자의 간격을 외부효과, 거래비용, 그리고 정부의 정책 등이 메우고 있다. 결국 신고전학파는 자신의 입장에 비추어 시장과 합리적인 개인 안에 이상과 현실을 재구성했다고 볼 수 있다.

경제학이 물리학에 가까워지다

경제학을 물리학에 가깝게 만든 대표적인 학자가 바로 새뮤얼슨이다.

사회과학은 오랫동안 물리학의 과학성을 부러워했다. '물리학에 대한 질투'로 불리는 이 경향은 경제학에 가장 두드러진다.[17] 특히 19세기 후반의 한계효용학파는 물리학을 모방하기 위해 부단히 노력해왔다. 20세기 들어 이런 경향은 신고전파 경제학에서 개체주의, 분석주의, 수리화, 계량화 등으로 나타났다.

경제학은 사회과학이고 사회과학은 인간과 사회의 현상을 파악한다. 이런 이유로 사회과학이 물리학에 가까워진다는 것은 인문학에서 멀어진다는 것을 의미한다. 사실 경제학은 경제현상에서 인간의 존재나 자율성을 약화시키려고 노력해왔다. 현시선호이론은 인간을 쾌락과 고통을 느끼는 존재로부터 자극에 반응하는 기계적인 존재로 바꾸어 놓았다. 그렇지만 케인스가 강조했듯 현실 속에서 경제를 인지하고 활동하는 행위자들이 경제현상을 만들어내고 있다.[18] 경제주체들은 감정과 판단을 지닌 자율적인 존재이기 때문이다.

가격기구가 작동하려면 가격신축성과 가격탄력성이 조건으로 요구된다. 가격신축성은 수요-공급 등 경제의 상황이 변하면 이를 반영해 가격이 신속하게 움직이는 것을 뜻한다. 가격탄력성은 경제인이 시장의 가격변동에 예민하게 반응해 선택을 바꾸는 것을 의미한다. 가격신축성이 시장과 관련된다면, 가격탄력성은 경제인과 관련된다.

경제상황이 바뀌었는데도 시장의 가격이 변동하지 않거나, 가격이 바뀌었는데도 경제인들이 이에 반응하지 않는다면, 가격기구는 제대로 작동할 수 없다. 이것은 가격신축성이나 가격탄력성이 작동하지 않는 시장경제가 자원배분 등의 경제문제를 효율적으로 해결할 수 없음을 뜻한다. 따라서 시장경제는 어느 정도 이상의 가격신축성과 가격탄력성을 반드시 지니고 있어야 한다.

경제학은 시장의 가격기구와 개인의 합리적 선택을 강조한다. 하지만 이들이 등장하기 이전에 이미 인류의 경제사회를 유지하기 위한 여러 장치들이 있었다. 종교, 윤리 및 도덕, 법, 관습, 교육, 정책, 혁명 등이 대표적인 예다. 오늘날 형성된 시장경제 시스템을 제외한 다른 모든 것들은 이미 오랫동안 인류를 지배해왔다.

인간 사회를 구성하는 수많은 장치들이 가격기구 및 개인의 합리성과 다양한 방식으로 결합되어 여러 경제사회체제를 구성한다. 개인의 행위와 재화·자원에 대한 선택은 이같이 윤리, 법, 교육, 정책, 가격으로 인해 가능해지면서 동시에 제약을 받는다. 그런데 경제학은 유독 개인의 합리성, 그리고 시장과 가격만을 강조한다.

Gary Becker

게리 베커

:

결혼, 출산, 범죄는 합리적 선택의 결과다

모든 것을 '편익'과 '비용'으로 계산하다

베커Gary Becker(1930~2014)는 합리적 선택을 결혼, 출산 ,범죄 등 경제 외적인 영역으로 확장시킨 학자다. 그래서 베커는 경제학자이자 사회학자로 평가된다. 재화나 자원과 같은 경제적 대상과 달리 경제 외적인 대상들과 관련해서는 여러 특수성들과 이질적인 요소들을 고려해야 한다. 하지만 베커는 이런 차이들에도 불구하고 경제학의 방법을 그대로 사용하여, 비용과 편익을 계산하고 비교하는 합리적인 경제인이 결혼, 출산 ,범죄 등을 선택한다고 보았다.

범죄 역시 그것을 실행했을 때 얻는 수익(금전 등)과 비용(체포되면 받게 될 형벌×체포될 확률)을 비교해서 수행되는 경제인의 합리적 선택이다. 예를 들어 불법주차에는 시간과 주차료를 절약하는 이익과 함께 일정 수준의 확률로 적발되었을 경우 정해진 벌금을 물어야 한다는 위험이 수반된다. 이 상황에서 사람들은 각자 다른 시간과 돈의 가치 등을 고려해 불법주차 여부를 선택한다는 것이다.

이와 비슷하게 결혼은 학벌, 용모, 애정, 장래 소득 등 상대방과 주고받을 수 있는 요소들을 합산해서 내리는 의사결정의 결과다. 실제로 이것은 입시 채점 및 평가 과정과 비슷하다. 출산도 비용(아이를 낳아서 기르는 데 수반되는 양육비용 및 시간)과 이익(아기의 재롱 등으로 얻는 위안이나 부부의 유대 강화)을 비교해서 판단한 결과다. 한국의 경우에는 출산과 관련해 교육비의 비중이 보다 크게 고려될 것이다. 결과적으로 베커의 합리적인 개인에게 출산은 냉장고 구입과 다르지 않다. 그래서 "아기는 냉장고다"라는 말까지 나온다.

이런 분석은 정치, 법, 문화, 종교 등으로 확장된다. 그리스 시대 때부터 서양의 정치학과 정치사상은 제대로 된 정치인이나 관료라면 윤리를 고려해야 하고 공익을 대표해야 한다고 가르쳐왔다. 그리고 이것이 일반 대중이 정치인과 관료에 거는 기대이기도 하다. 그렇지만 경제학, 적어도 시카고학파는 일관되게 이 전제를 의심해왔다.

이런 방식으로 경제학에 의존해 정치행위를 설명하는 '공공선택이론'은 정치인·관료도 경제인과 다르지 않다고 가정한다. 설령 정치인·관료가 공익을 생각한다고 하더라도, 정치체제를 비교하고 구상하는 데 있어서 이들이 경제인과 같다고 가정하는 것이 안전하다고 뷰캐넌^{James M. Buchanan}은 주장한다.

법의 발생과 변경이 당사자들의 비용과 편익에 따른다는 법경제학의 논리는 또 다른 예다. 가축들로부터 농산물을 보호하기 위한 울타리를 만드는 비용을 축산업자와 농부 중 누가 더 부담할지에 대해, 법경제학에서는 가축의 숫자나 농지의 크기 등으로 누가 더 피해를 많이 발생시키고 피해를 받는지에 따라 결정된다. 또한 교회의 크기와 신도의 숫자를 생산함수에 의존해 설명하는 것도 이것의 연장선상에 있다. 다만 이 경우 생산의 결과는 사적인 소유의 제품이 아니라 교회의 모임을 통해 형성되는 신앙심으로 이것은 집단적 재화나 공공재다.

사회학의 주요 영역인 경제사회학은 외견상 베커의 경제학과 비슷해 보이지만 경제사회학은 경제인과 경제영역에 대해 제한을 부과하므로, 오히려 베커와 반대 입장에 있다. 폴라니가 경제사회학의 대표적인 학자다. 이와 반대로 베커의 입장은 이른바 '경제학의 제국주의'로 표현되고, 경제학자가 사회과학의 제국주의자로 불리게 된 중요한 근거를 제공했다.

경제학·경영학이 학계를 지배하게 된 것은 시민이나 문화인을 경제인으로 변형시키기 위한 과정이었다. 그리고 이것은 1980년대 이후 진행된 신자유주의, 세계화, 금융자본의 지배와 맞물려 있다. 그런데 2008년 세계 금융위기 이후로는 경제인의 이런 확대에 어느 정도 제동이 걸린 상태다.

개인과 시장은 동일하게 합리적으로 작동한다

경제학자들은 경제인이 개인이라고 생각해 계급, 계층, 조직이나 집단을 경제행위의 단위로 인정하지 않는다. 20세기 후반부터는 기업조직의 존재를 인정했지만 조직 자체를 주주, 경영자, 노동자 등으로 분해하는 경향을 보이고 있다. 조직을 구성하는 이들은 계약을 통해 일시적으로 묶여 있으나 언제라도 다시 분화될 수 있다고 본다.

개별 경제인들은 현실에서 선호나 기술 등에 있어 이질성을 가지고 있다. 그렇지만 이론적으로는 수시로 이런 이질성을 무시하는 경향이 있다. 경제인들이 동질적이면 시장이 경제인들의 단순한 합이 된다. 심지어 시장과 개인이 동일해져서 한 명의 합리적인 경제인이 시장 전체를 대표하게 된다. 이런 행위자들의 평균적 존재가 '대표행위자representative agent'다. 대표행위자의 선호, 기대, 선택, 행위가 최소한 산업 전체, 나아가 시장 전체나 경제 전체의 동인이나 움직임이 된다.

재화의 가격이 상승하면 개인 소비자가 수요를 줄이는데 이것이 곧 시장에서 가격이 오르면 수요가 줄어드는 결과를 가져온다. 이것은 마치 한 명의 행위자를 부풀려 키우면 시장이나 경제가 된다고 생각하는 것과 같다.[19] 이렇게 하려면 어떤 사물의 축소판이나 나무의 분재와 비슷하게 개인이 시장 전체의 모습이나 비율을 이미 담고 있어야 한다.

일단 이렇게 되면 자유경제사상이 정부에 대한 반발로 설정하는 '시장과 정부의 대립'이 '개인과 정부의 대립'으로 변형된다. 이는 정부가 시행하는 법규나 정책이 경제인의 자유를 지키기보다 이것을 손상시킨다는 경제학의 태생적인 생각과 부합된다.

이런 맥락에서 표준이론은 개인의 합리성·효율성을 시장의 합리성·효율성과 동일시한다. 또한 일관된 관점에서 비합리성이나 비효율성이 생기는 소수의 경우에도 개인과 시장을 동일시한다. 개인들이 합리적으로 선택하기 때문에 이들이 모여 형성되는 시장과 시장의 가격이 효율적이고, 개인이 비합리적이면 시장도 비효율적인 것이 된다. 가령 개인이 선택할 때 자신의 이익이나 비용으로 고려하지 않으면 시장에서 외부효과가 발생하고 비효율성이 생긴다. 이런 이유로 표준이론에서 개인의 의사결정에 반영되는지 여부가 시장의 가격에 반영되는지 여부나 시장이 효율적인지 여부와 일대일로 대응한다.

그러나 시장과 개인이 일치한다는 가공적인 관점은 계속 유지되기 어렵다. 그 이유 중 하나는 개인들이 선호나 기대에 있어 서로 다르기 때문이다. 이것은 자유주의 입장에서나 상식적으로나 매우 당연한 주장이다. 그럼에도 경제학이 개인과 시장을 동일시하는 것은 개인들 간의 이질성이 낳는 복잡성을 회피하려는 것에 불과하다. 더구나 시장에 있는 소비자, 기업, 은행 등 개인들이나 개별 조직들은 서로 이질적일 뿐만 아니라 상호의존적이고 상호작용하고 있다. 뒤집어서 표준이론처럼 상호관계나 상호작용을 배제한 상태에서 시장을 쪼개면 개인이 되고 개인들을 합하면 시장이 된다.

개인과 시장이 일치하지 않는다는 근거들

표준이론은 시장의 효율성이나 안정성을 보장하기 위해 개인의 합리성을 규정해왔다. 합리적 개인을 규정하는 반사성, 이행성, 연속성, 볼록성convexity 등 여러 가정들은 이질성이나 상호작용을 허용하지 않으면서 우하향의 수요곡선 등 시장의 결과를 얻기 위해 필요하다. 현실의 행위에 대한 반영이 아니라 개인의 행위와 시장의 결과 사이의 간격을 메우기 위해 동원되므로 이런 합리적 개인은 현실의 인간에서

벗어난다.[20]

베커는 정반대 방향으로 나아가, 개인들 중 비합리적인 사람들이 있더라도 시장이 이들을 여과해 합리적이고 효율적인 결과를 낳는다고 주장했다. 개인이 비합리적이어서 시장이 비합리적이고 불안정하다는 표준이론에 대한 비판을 반박하면서 오히려 시장의 논리를 강화시킨 것이다.

현실의 가계들이 합리적으로 행동하지 않더라도, 만약 '대표'라는 것이 시장의 반응을 축소해 재현한다면, '대표'가계는 합리적으로 행동할 것이다. … 시장의 합리성이 가계의 비합리성에 부합될 수 있기 때문에, 가계에 관한 이론이 단순히 시장을 재현할 필요가 없다. 이것을 깨닫지 못하고 관찰된 시장의 행태를 관찰되지 않는 가계의 행동을 추론하는 데 활용해왔다. … 물리학에 비유하면 … 매우 많은 미시 물체들의 일정치 않고 '비합리적인' 움직임들로부터 거시 물체의 부드럽고 '합리적인' 움직임이 나온다고 가정한다. … 가계는 비합리적인데 시장은 대단히 합리적일 수 있다.[21]

베커에 의하면 가계가 비합리적이거나 습관 등 다른 의사결정의 규칙을 따르더라도, 가격의 변동이 '예산제약'을 통해 작동하고 있기 때문에 시장이 안정적일 수 있다. 이것은 개인이 효용을 극대화하지 않더라도 우하향의 시장수요곡선을 얻을 수 있음을 의미한다. 만약 이것이 사실이라면 시장의 합리성이 개인의 합리성을 어느 정도 대신하는 셈이다.

예산제약을 부과하면 기계도 인간과 같이 전체적인 자원 배분의 효율성을 달성할 수 있다는 연구도 있다. 여기서 '예산제약'은 지불할 의사보다 비싸게 사거나 비용 이하로 팔지 않음을 뜻한다. 이 요건을 지키지 않으면 예산이 소진되어 경제주체가 존속할 수 없다. 기계라도 예산제약만 부과되면 자원배분의 효율성을 달성하므로, 인간의 선호나 지능 등 합리성이 아니라 예산제약이나 시장이 중요하다는 베커의 주장을 확인시켜준다.

또한 이것은 개인의 합리성이 시장의 효율성의 필요조건이 아니라는 주장을 낳게 된다. 똑똑하지 못한 사람은 시장에서 여과되므로 시장에는 합리적인 사람들만 남게 된다는 것이다. 이렇게 되면 시장경제에 중요한 것은 개인의 합리성이라기보다 시장의 가격기구나 경쟁이다. 그렇지만 표준이론의 입장에서는 개인의 합리성을 완전히 져버리고 시장의 합리성에 의존하는 것에 큰 부담이 있다.

따라서 다수의 경제학자들은 경제인의 합리성이 시장경제의 합리성이나 안정성을 제공하는 일차적인 기반이라고 생각한다. 결론적으로 한쪽에서 표준이론은 여전히 경제인이 합리적이기 때문에 시장이 효율적이고 안정적이라고 생각한다. 다른 한쪽에서 행동경제학 등은 경제행위자들이 합리적이지 않기 때문에 시장이 비효율적이고 불안정하다고 주장한다.

양자의 중간에서 복잡계를 수용하는 경제학자들은 다른 맥락에서 개인의 (비)합리성이 시장의 (비)합리성과 일대일로 대응하지 않는다고 주장한다. 이들은 베커와 정반대로 나간다. 즉 경제인이 비합리적이더라도 시장이 합리적일 수 있을 뿐만 아니라, 이와는 정반대로, 경제인이 합리적이더라도 시장이 비합리적이거나 불안정할 수 있다.

이것은 미시적 단위와 거시적 체계의 '상대적 자율성'을 내세운 셈이다. 이 입장에서는 개인이든 시장이든 계속해서 합리적·비합리적이지 않으며, 계속해서 안정·불안정한 것도 아니다. 호황과 불황을 겪는 경제의 변동이 보여주듯이, 합리성과 비합리성 혹은 안정성과 불안정성은 수시로 교차한다. 어떤 때는 합리적이고 안정적이었다가, 다른때는 비합리적이고 불안정하다. 여기서 두 국면을 관통하는 중요한 조건은 고립된 경제인의 예산제약이나 생존 자체가 아니라 경제행위자들의 상호의존성과 상호작용이다.[22]

다양한 경제주체들의 차이를 무시한 결과

신고전학파는 선택과 활동의 단위를 개인으로 생각하기 때문에 재화와 자원도 사유재산이나 사적인 재화로 규정한다. 또한 개인이 자신의 효용이나 이윤을 극대화하는 과정에서 재화와 자원들을 개체로 분해해 미세한 단위들로 대체할 수 있도록 규정한다. 특정 재화에 대한 소비를 계속 늘리면 효용이 하락하므로 다른 여러 재화들을 소비하여 효용을 늘린다는 식이다. 이에 따라 특정 재화만 극단적으로 많이 소비하기보다 여러 재화들을 골고루 다양하게 소비하는 현상이 일어난다.

이같이 합리적 행위자는 소비 등의 경제행위에 있어 다양성을 추구한다. 짜장면 두 그릇보다 짜장면 한 그릇과 짬뽕 한 그릇을 소비한다. 혹은 짜장면과 짬뽕 중 어느 하나보다 양자를 결합한 '짬짜면'을 소비한다. 시장도 수요의 법칙을 거치며 이에 부응한다. 특정 재화에 대한 수요가 지나치게 늘어나면 가격이 올라 수요를 억제시킨다. 이것이 경제학이 균형을 제시하기 위해 주로 의존하는 '음의 환류negative feedback'다.

그런데 일상에서는 이런 현상뿐만 아니라 반대되는 현상도 발견할 수 있다. 바로 유행, 쏠림, 집중 혹은 중독이다. 언제부턴가 남녀노소 모두가 핸드폰과 커피를 들고 다니는 문화가 생겼다. 이 경우에는 특정 재화에 대한 소비가 압도적으로 증가해 가격이 오르더라도 수요를 억제시키지 못하며, 유행을 타고 오히려 더 큰 수요를 부를 수 있다. 이것이 표준이론에서 제시하는 것과 대비되는 '양의 환류positive feedback'다.

이런 생각은 상식적으로 타당할 뿐만 아니라 표준이론의 교과서가 등장하기 전에는 오히려 당연한 것이었다. 가령 코먼스는 《제도경제학Institutional Economics》에서 경제주체가 소비자인지 기업가인지에 따라 수요-공급법칙을 구분했다. 소비자는 재화의 실수요자이므로, 교과서에서 말하는 대로 가격변동과 반대 방향으로 수요량을 변화시킨다. 반면 사업가는 이윤을 추구해 예상되는 가격변동에 따라 움직여 투기적일 수 있으므로, 수요량이 가격변동과 같은 방향으로 움직일 수 있다.

이런 생각은 숨겨진 몇 가지 차이들을 상기시킨다. 바로 소비자와 생산자나 투기자의 차이, 효용극대화와 이윤극대화나 돈벌이의 차이, 실수요와 가수요나 투기수요의 구분이다. 표준이론의 교과서는 이들의 차이를 무시하거나 심지어 은폐한다. 모든 경제주체들이 궁극적으로는 효용을 극대화하려는 합리적인 경제인이라고 생각하기 때문이다.

표준이론에서 시장과 가격은 익명적이다. 이론적으로는 완전경쟁시장이 그러하고 현실적으로는 백화점이나 편의점, 배달 전문 앱 등이 이를 대변한다. (지역이나) 고객에 관계없이 일률적인 일물일가로서의 가격은 익명적이다. 일상적으로 편의점에서 물건을 골라 지불할 액수를 확인한 후 돈을 지불하면, 점원과 거의 대화할 필요가 없다.

시장이 익명적이므로 사람들은 이름이 아니라 숫자나 번호로 기억된다. 인터넷이 발달하고 계산이 자동으로 이루어지면서 이런 성격은 더욱 강화되고 있다. 이에 비해 지역이나 고객에 따라 가격이 달라지는 '가격차별'은 익명성을 줄인다. 합리적 경제인도 익명적인 시장에서 주어진 가격을 지불하고 물건을 구입하는 사람에 가깝다. 이것은 경제인이 가격이나 품질에 대해 특별히 소통하거나 흥정하거나 협상하지 않음을 뜻한다. 이같이 경제인은 협상가나 흥정하는 사람 혹은 외교관과는 일차적으로 거리가 있다.

베커는 '경제적 이익을 추구하는 합리적 선택'이라는 하나의 논리로 경제뿐만 아니라 정치, 문화, 법 등을 설명하려 했다. 또한 최근 경제학자들은 그동안 외생적이어서 주어져 있다고 보았던 선호·기술의 발생과 변화를 베커와 같은 방식으로 설명하고자 한다. 이러한 학문적 흐름 덕분에 전통적인 경제인은 한편으로 보다 견고한 논리적 기반을 얻었지만, 다른 한편으로 보다 현실적이어야 한다는 근원적인 비판과 마주하게 되었다.

로버트 루카스

:

미래를 정확하게 예측할 수 있다

합리적 선택과 합리적 기대의 차이

루카스Robert Lucas(1937~)는 시장경제의 근간인 가격기구의 효율성과 개인의 합리성을 극단적으로 신봉한다는 점에서 시카고학파의 전통 속에 있다. 특히 루카스는 표준이론의 거시경제학을 '합리적 기대rational expectation'라는 개념에 결합시킨 경제학자다. 그에게서 개인의 합리성은 '합리적 선택'이라기보다 '합리적 기대'로 나타난다.

합리적 기대란 일반 경제주체들이 변동하는 정보를 효율적으로 활용해 계량경제학자와 마찬가지로 경제변수들에 대해 최선의 추정치를 얻어내 미래의 경제변동에 대해 예측할 수 있음을 의미한다. 합리적 기대에 이르러 경제주체의 합리성은 최고 수준의 합리성, 즉 '초합리성'을 이룬다.

통상적인 합리적 선택뿐만 아니라 합리적 기대도 경제인이라는 표준이론의 인간상을 공유하고 있지만 차이도 있다. 합리적 선택이 주로 미시경제학에서 등장한다면 합리적 기대는 주로 거시경제학에서 등장한다. 그렇지만 주가나 주택가격의 예측에도 합리적 기대가 동원되므로 둘 사이의 차이는 그리 크지 않다. 합리적 선택과 달리 합리적 기대에서는 정보에 대한 처리, 그것도 변동하는 정보에 대한 처리가 요구된다는 점이 더 중요하다.

합리적 선택에서는 합리성이 주어진 정보를 활용한 효용극대화나 이윤극대화를 의미한다면, 합리적 기대에서는 변동하는 정보에 대한 효율적인 활용을 의미한다. 구체적으로 슈퍼마켓에서 재화를 구입할 때 확인해야 할 재화들에 대한 정보는 주어져 있다. 사과가 썩었는지 혹은 얼마나 맛있는지는 이미 주어져 변하지 않는다. 이에 비해 주식을 거래할 때 필요한 거시경제나 주가에 대한 정보는 시시각각으로 변동한다.

합리성의 극단을 달리다

원래 경제인의 합리성은 경제주체들이 사칙연산을 수행할 능력이 있다는 것을 의미한다. 또한 경제주체들이 모집단, 표본, 도수분포, 평균, 분산, 대수의 법칙, 교집합과 합집합 등 통계적인 계산에 필요한 기본 개념들을 알고 있다고 전제한다. 학교에서 가르치는 통계학은 그저 학점을 따기 위해 배우는 지식이 아니라 경제인이 합리성을 실행하기 위한 도구인 셈이다.

문제는 경제학자가 아닌 경제주체들이 변동하는 정보를 지체 없이, 그리고 저항 없이 수용하고 갱신하느냐이다. 그리고 이자율, 물가, 성장률 등에 대해 주어진 자료를 최대한 설명할 수 있는 예측치, 가령 최소자승법에 의한 최상의 추정치를 얻을 수 있느냐이다. 합리적 기대가설은 이 모든 가정에 대해 긍정적이다. 이런 수준의 합리성을 갖는 경제인은 단순히 이기적이고 타산적인 경제인을 넘어선다.

경제인이 도구적인 합리성의 달인이 되려면 선택 대안들을 비롯해 선택 상황에 대한 정보와 정보를 처리할 수 있는 능력을 필요로 하므로 어느 정도 인식적인 합리성을 갖추어야 한다. 도구적 합리성이 자원의 효율적인 활용을 부각시킨다면, 인식적 합리성은 정보의 효율적인 활용을 부각시킨다. 물론 효율성에 봉사한다는 점에서 넓게 보면 인식적 합리성도 도구적인 합리성에 포함된다. 같은 이유로 경제학에서 말하는 인식적 합리성은 철학에서 말하는 '인식'과 구분된다.

인식적 합리성은 가격 등 시장의 정보를 활용해 제품이나 주식에 대해 판단하고 미래의 가격을 체계적인 오류 없이 예측할 것을 요구한다. 체계적인 오류가 없다는 것은 예측이 미래의 가치를 정확히 맞춘다는 것을 의미하지 않는다. 어떤 경우에도 인간의 예측이 미래의 가치를 정확히 맞출 수는 없다. 그렇지만 그간 알려진 모든 정보를 가지고 관찰된 모든 상관관계를 활용하기 때문에 이는 추정된 결과보다 더 나은 예측을 얻을 수 없음을 의미한다.

시장의 가격은 합리성에 따라 균형을 찾아간다

경제학에서는 시장의 가격을 고려해 경제인의 선택이 합리적이라고 결론 내리거나, 합리적 선택에 근거해 형성되므로 시장의 가격이 효율적이라고 결론을 내린다. 여기서는 후자가 더 부각된다. 즉 '경제주체들의 효율적 정보 처리 → 합리적 기대 → 효율적 선택 → 시장의 가격 형성 → 효율적 시장'이라는 순서다. 시장의 가격, 특히 주가가 이런 선택들이 모여 형성되므로 경제에 관한 가장 중요한 정보를 주가가 모두 반영하고 있다. 이 주장은 '효율시장가설'에 담겨 있다.

가성비가 높은 식당으로 사람들이 몰려 수요가 증가하면 그 식당

음식의 가격이 올라가든지 음식의 질이 떨어져 다른 식당과 가성비가 비슷해진다. 주식시장에서는 수익률이 높아 저평가된 주식에 대한 매입이 늘고, 수익률이 낮아 고평가된 주식에 대한 매도가 늘어, 수익률이 비슷해진다. 그리고 시장의 가격, 특히 주가는 경제주체들의 이익에 따라 움직이므로 다른 어떤 지표보다 빠른 속도로 시장의 정보를 반영한다. 이런 현상들은 모두 넓은 의미의 '일물일가의 법칙'에 포함된다.

여러 개인들의 합리적 선택이 반영되어 형성된 주가의 변동은 임의보행을 그리게 된다. 임의보행이란 주가변동이 규칙성이나 상관관계를 보이지 않는 것을 뜻한다. 만약 주가변동이 상관관계를 보이면, 투자자들이 이것을 활용해 주식을 매매한다. 이런 차익 거래를 수행하면 원래의 상관관계가 사라지게 되어 다시 임의보행을 그리게 된다.

예를 들어 어떤 기업의 주가가 계속 오르면, 투자자들이 나중에 팔아서 차익을 얻으려고 지금 이 주식을 사들일 것이다. 그런데 다수의 투자자들이 이같이 행동하면, 이 주식의 가격은 미래시점이 아니라 현재시점에서 더욱 상승한다. 이같이 투자자들이 주가가 미래에 상승하리라고 예상하면 나중이 아니라 지금 주가가 오르게 된다. 반대 상황에서는 주식을 미리 팔아 주가가 현재 시점에서 하락한다.

이렇게 주가가 미리 오르거나 내리면 나중에는 오르거나 내리지 않는다. 그러면서 주가변동은 더 이상 상관관계를 지니지 않게 되어 임의적으로 변한다. 또한 이같이 주가가 미리 상승하거나 하락하면 이 주식에 대해 더 이상 차익 거래의 여지가 남아 있지 않게 된다. 이런 이유로 누구도 시장을 능가할 수 없다.

가격과 다른 지표들

- 국가별 축구 순위: 실제로 국가들이 축구 경기를 벌이면 그 결과가 FIFA의 순위대로 나오지 않는다. 이것이 경기에 언제나 존재하는 불확실성 때문이 아니라 각국의 축구선수단의 실력에 대한 정보가 신속하게 갱신되지 않았기 때문이라면, FIFA의 축구 순위는 지표로서의 질에서 시장의 가격보다 떨어진다. 대회의 중요성이 상금 액수를 통해 가중치로 반영되는 골프선수의 순위가 가격에 보다 가까운 지표다.
- 지지도: 정치인들에 대한 지지도는 여론조사에 근거하고 있다. 사람들이 여론조사보다 소비의 효용이나 주식투자의 수익에 더 치열하다면, 가격이 정치인의 지지도보다 더 빠른 속도로 모든 정보를 반영할 것이다.
- 버스안내체계: 서울시 버스의 도착시간 안내체계는 교통체증이 많은 출퇴근시간대에는 표시된 시간보다 조금씩 늦다. 반대로 교통이 별로 없는 밤이나 새벽에는 표시된 시간보다 약간씩 빠르다. 출퇴근시간대의 변수를 넣지 않았기 때문이다. 시민들이 실시간으로 신고해서 이것을 고친다면 주가에 보다 가까워질 것이다.

합리적 기대는 정부의 정책을 무력하게 만든다

경제학은 흔히 한 명의 합리적 개인을 대표행위자로 삼아 시장경제 전체를 대표한다. 무엇보다 합리적 기대에 따라 경제인이 경제에 대해 경제학자와 비슷한 수준의 정보처리능력과 예측능력을 지니게 된다. 이에 더해 프리드먼이 주장한 바와 같이 경제이론의 목적이 설명이 아니라 예측이라면 경제학자와 경제주체 사이의 차이는 거의 없어진다.

경제인이 이같이 높은 수준의 합리성을 지니므로 정부의 거시정책도 실행하기가 쉽지 않다. 높은 실업률과 경기침체를 타개하기 위해 팽창적인 통화정책을 정부가 구사하는 경우, 이로 인한 물가 상승을 경제주체들이 예상한다. 명목임금이 상승하더라도 이것이 실질임금의 변동이 아니라는 것을 상당히 신속하게 알고 이에 대처한다. 따라서 팽창적인 통화정책이 의도했던 노동공급량의 증가와 실업률의 감소 및 실질국민소득의 증가는 달성되지 않는다. 오히려 팽창적인 통화정책이 물가 상승으로 종결된다.

이미 지적한 바와 같이 합리적 기대를 통해 시장이 효율적으로 움직이므로 자연실업률을 넘어서는 비자발적인 실업이 발생하지 않는다. 이것은 시장이 완벽에 가까워 재량적인 정책을 통한 정부의 개입이 필요 없음을 의미한다. 이같이 경제인들이 정부의 정책을 무력하게 만든다는 주장은 기존의 '정책무용론'보다 한걸음 더 나아간 것이다.

정부의 정책을 합리적인 개인이 잠식하는 방식에는 다른 것도 있다. 재정정책을 수행하기 위해 정부가 필요한 자금을 시장에서 확보하는 경우 민간부문의 투자자금을 줄여 재정정책의 효과를 상쇄시키는 '구축효과'를 낳는다. 또한 정부가 채권을 발행하면서 재정지출을 늘리면 추후에 세금이 늘어날 것을 예상하는 합리적 개인이 미리 현재 시점에서 소비를 줄인다.

경제인은 물가 상승을 정확하게 파악할 수 있는가?

상식적으로 자본주의적인 인간은 돈벌이에 열중한다는 특징을 지닌다. 그런데 주류경제학은 시장경제가 화폐라는 존재를 부차적으로 만들기 때문에 돈벌이가 경제인의 궁극적인 모습이 아니라고 주장한다. 과거 중상주의는 보호무역을 주창하면서 화폐를 중시했는데 고전학파는 경제활동의 목표가 화폐 획득이나 축적이 아니라 의식주 등 사용가치 혹은 재화라고 주장했다. 또한 화폐에 상품과 다른 지위를 부여하기를 꺼려했다.

신고전학파에서 경제인이 추구하는 것은 돈이 아니라 돈으로 살 수 있는 재화와 그로부터 얻는 효용이고, 저축이나 투자도 곧 미래의 소비다. 또한 화폐 자체가 유별난 존재가 아니기 때문에 어떤 재화라도 화폐가 될 수 있다. 나아가 시장에서 화폐소유자가 상품소유자보다 우위에 있지도 않다. 끝으로 화폐는 시장경제에서 부차적이고 심지어 시장경제의 장애물이다.

거시경제와 금융자산의 가치에 대해서도 합리적 기대를 적용하는 경제인은 화폐라는 포장이나 이로 인한 물가변동을 제거할 수 있다. 합리적인 경제인이라면 무엇보다 물가변동을 파악할 수 있어야 한다. 화폐임금 또는 명목임금이 5퍼센트 증가하고 물가가 2퍼센트 증가하면, 실질임금은 3퍼센트밖에 증가하지 않는다는 것을 파악하고 이에 따라 선택하고 활동한다.

실질과 명목에 대한 이런 구분은 거시경제학에서 등장하는 합리성의 핵심이다. 물가변동을 고려하지 못하는 것은 진짜와 가짜를 가려내지 못하는 것과 같다. 거시경제의 불량품은 불안정한 가치를 지닌 화폐다. 물가변동을 구분해내지 못하는 경제인은 정부가 통화정책을 통해 경기를 부양한다는 미명 하에 불량한 화폐를 공급할 때 이것을 가려내지 못하는 사람이다. 물론 대부분의 경제인들은 이같이 어리석지 않다.

그렇지만 표준이론의 주장과 달리 상품·재화와 화폐 사이에는 여러 가지 비대칭성이 있다. 이것은 상품소유자와 화폐소유자로 바꾸어 생각해보면 쉽게 알 수 있다. 재화시장으로 단순화하면, 공급자·생산자는 상품소유자고, 수요자·소비자는 화폐소유자나 투자자다.

첫째, 상품소유자는 화폐소유자보다 상품에 대해 더 많은 정보를 가지고 있다. 이것은 주로 상품의 쓸모나 기능, 즉 사용가치와 관련되어 있다. 주거로서의 집, 치료제로서 의약품, 교통수단으로서 자동차에 대해 생산자나 공급자가 소비자나 수요자보다 더 많이 알고 있다. 물론 금융자산의 경우 그것의 용도는 돈을 버는 것이 된다.

둘째, 상품소유자는 대량으로 생산되는 상품을 팔아야 하고 화폐소유자는 구매력을 가지고 있기 때문에 화폐소유자가 상품소유자보다 우위에 있다. 물건에 대해 많이 알고 있으면서 이 물건을 팔아야 하는 백화점의 상인들은 소리를 높여 광고하면서 호객한다. 백화점을 지나다니는 화폐소유자는 화폐가 자신 대신 말을 해주므로^{Money talks} 스스로 떠들 필요가 없다.

셋째, 이런 이유로 상품소유자는 적극적이고 화폐소유자는 소극적이다. 이것은 구애하는 사람이 구애를 받는 사람보다 적극적인 것과 같다. 상품이 '불완전한 화폐'로 기능하면서 외양상 소비자가 왕인 것처럼 보인다. 그런데 상품에 대한 정보는 상인이나 생산자가 더 많이 가지고 있기 때문에 소비자가 진정으로 왕 대접을 받는 것인지가 확실치 않다.

합리적 기대와 대표행위자 개념에 대한 반박

합리적 기대 개념에 대한 반박으로 현실의 경제주체들은 제한된 정보에 따라 기대를 형성하고 이에 근거해 행동하고 있으므로 경기변동이 발생한다고 주장할 수 있다. 가령 소로스George Soros는 경제주체들의 정보가 제한되어 있고 기대도 완벽하지 않음을 지적하면서 2008년 발생한 세계금융위기에 대한 대안을 찾고 있다. 여기에 소로스는 반영적인 성격reflexivity을 내세워 경제주체가 어떤 생각을 가지는지에 따라 경제행위와 경제현상이 달라질 수 있다는 점을 지적한다. 반영적인 성격은 자연현상과 달리 인간이 개입하면서 달라지는 경제사회현상의 정도상의 차이나 질적인 차이를 말한다.

더구나 대표행위자 개념에 대해서는 2008년 금융위기 이후 비현실적이라는 비판이 늘고 있다. 어떤 학문이나 이론도 추상화(단순화)를 피해갈 수 없으므로 현실을 완전히 복사하거나 재현하지는 못하지만 추상화에 수반된 비현실성이 모두 용인되는 것은 아니다. 어떤 이론이 현실의 핵심적인 부분을 놓치고 있다면 그 이론에 수반된 추상화는 재고되어야 한다.

이미 지적한 바와 같이 경제학은 경제인에 대해 자의적인 가정들을 설정해왔다. 이기적 개인이나 합리적 개인보다 좁은 범위의 개념이지만 대표행위자도 같은 선상에 있다. 역사적으로 경제학에 일반균형체계가 발전한 1950~1960년대에는 대표행위자 개념에 대한 저항이 많았다. 그러다가 지난 20~30년 동안 급속도로 각광을 받았다. 또한 미시경제학보다 거시경제학에서 이 개념을 보다 명시적으로 활용하고 있다. 이런 변화의 배경에는 사람들이 멍청하더라도 시장이 이들을 걸

러내 효율적인 결과를 낳을 수 있다는 생각이 깔려 있다.[23]

　대표행위자를 설정하는 데는 논리적인 정합성의 문제도 있다. 경제학은 방법론적인 개체주의에 따라 개인을 중심에 놓는다. 개인을 중심에 놓으려면, 첫 번째로 개인이 시간의 흐름 속에서 자신을 유지하고, 두 번째로 개인이 주어진 시점에서 다른 개인들과 차이를 유지해야 한다.[24] 전자는 개인의 자율성과 관련되고, 후자는 개인의 다양성을 의미한다.

　이에 더해 경제학은 개인의 존재나 정체성을 경제인의 욕망 혹은 선호, 그리고 믿음이나 가치로 규정한다. 따라서 경제인의 첫 번째 요건은 주로 선호의 일관성으로 규정된다. 두 번째 요건은 경제인의 다양성 내지는 이질성으로 그것은 다른 어떤 것보다 주로 선호의 차이로 규정된다. 대표행위자 개념은 이 두 번째 요건을 충족시킬 수 없다. 따라서 이것은 진정한 의미에서 개인이나 개체를 고려하지 못한다.

　대표행위자는 이론적인 편의를 위해 현실의 여러 경제주체들을 하나로 만들어 이들이 각기 지닌 선호, 기대, 소득 그리고 기능의 차이를 무시한다. 따라서 소비자, 노동자, 기업, 은행, 중앙은행 등의 이질성과 이들의 상호작용을 다룰 수 없다. 이런 이유로 이미 이론적인 차원에서 비판이 이루어졌으나, 2008년 금융위기가 발발하면서 이 개념은 현실의 문제가 되었다.

　2008년 금융위기에서는 경제주체들의 상호작용으로 인한 위험의 확산과 도산이 문제였다. 이 때문에 합리적 기대와 함께 대표행위자 개념을 재검토해야 한다는 비판이 강하게 일어났다. 나아가 스티글리츠 등 상당수의 경제학자들은 기존 거시경제학을 버려야 한다고 설파했다. 주지하듯이 이런 가정들을 담고 있는 거시경제학의 대표적인 틀은 1990년대 이래 거시경제학을 지배하고 있는 '동태적 확률 일반균형Dynamic Stochastic General Equilibrium(DSGE)'이었다.

이같이 금융위기는 경제의 위기이자 거시경제학의 위기였다. 그리고 오랫동안 거시경제학과 경제학이 상정해온 '경제인'의 위기였다. 따라서 이에 대한 대안으로 경제주체의 다양한 재구성이 제출되고 있다. '행위자에 근거한 경제학agent-based computational economics(ACE)'이 대표적이다.

이 이론은 기존 거시경제학의 가정들에서 벗어나 행위자들의 이질성과 이들의 상호작용을 중시한다. 개체 수준에서는 예상하지 못했던 출현적이고 복잡한 현상을 허용하므로 합리적 기대와 균형이론을 배제한다. 이것은 새롭게 구축한 이론이라기보다 과거 경제사상이 당연시했던 바를 되살린 것에 불과하다.

표준이론이 내세우는 합리적 인간은 다양한 감정을 지닌 현실의 인간이라기보다 추상적인 인간이다. 그나마 고전학파의 경제인이나 공리주의적인 인간은 이기적이지만 감정을 지니고 있었다. 이에 비해 신고전학파의 합리적 인간은 기수적인 효용과 무관한 추상적인 개인이다. 추상적 개인은 가격변동이라는 자극에 대해 수요변동이나 공급변동으로 반응하는 존재다. 추상적 개인은 하나의 정보처리체계에 가깝다. 심지어 이 개인은 컴퓨터나 사이보그와 별 차이가 없다.

존 포브스 내시

:

전략적으로 행동한다

게임이론의 '전략적 인간' 역시 합리적이다

소비자로서 인간은 백화점에서 다른 사람을 의식하지 않은 채 적힌 가격을 보고 물건을 구입한다. 투자자는 주식시장에서 끊임없이 주가를 바라보면서 주식을 사고판다. 시장에서 생산자들은 다른 생산자들과 경쟁하고 입학시험에서 학생들은 다른 학생들과 경쟁한다.

경쟁에 근거한 시장경제의 메커니즘과 다른 과정으로 협상, 타협, 흥정 등이 있다. 국가들 사이의 외교사절 교환, 강대국 간의 군축협상, 국회의 여야협상, 노사의 임금협상, 독과점기업들의 상호작용, 인간관계의 밀고 당김 속에서 당사자들은 전략적으로 행동한다. 전략적인 행동은 합리적인 계산을 근거로 하지만, 이것으로 완전히 환원되지 않는

융통성을 지니고 있다. 전략적인 행동을 파악하기 위해 폰 노이만과 내시John Forbes Nash Jr.(1928~2015)가 경제학에 도입한 개념이 게임이론이다.

전통적인 일반균형체계에서는 인간이 상대방을 의식하지 않는 고립된 개인, 즉 로빈슨 크루소로 등장한다. 이에 비해 게임이론에서는 사람들이 상대방을 의식한다는 점에서 보다 현실적이다. 또한 인간의 전략적인 행동이 반드시 사회적으로 적정한 결과를 낳지 않을 가능성을 열어 놓는다는 점에서 개방적이다.

게임이론에 등장하는 대표적 사례인 '죄수의 딜레마'는 자신의 이익만을 고려한 선택이 결국에는 상대방뿐만 아니라 자신에게도 불리한 결과를 유발하는 상황을 설명한다. 각자가 자신의 이익을 추구하면 사회적으로 모두에게 좋지 않은 결과로 치달을 수 있다는 것이다. 이것은 오랫동안 경제학을 지배해온 일반균형체계와 대비된다. 일반균형체계에서는 경제인의 효용·이윤극대화가 사회적으로 적정한 '시장의 균형'이라는 결과를 낳도록 고안되어 있다.

게임이론은 경제문제를 넘어서 폭넓게 적용할 수 있다. 다른 사람과의 상호작용뿐만 아니라 시장과의 교류, 정부의 정책에 대한 반응이나 자연에 대한 대응도 게임으로 이해할 수 있다. 주가변동에 대한 방책이나 정부의 이자율 인상에 대한 대처방안은 시장이나 정부와의 게임이 된다. 날씨 역시 자연이라는 상대방이 전개할 수 있는 전략들로 이해할 수 있다. 이와 비슷하게 시장 상황의 변동도 시장이라는 상대방의 전략으로 규정할 수 있다.

나아가 게임이론은 사회체제에 대한 구상에도 적용된다. 가령 20세기의 대표적인 사회철학자 롤스는 《정의론A Theory of Justice》에서 각자가 어떤 능력, 환경, 신분을 가지고 태어날지 알 수 없다며 이러한 제반조건들을 배제하는 '무지의 장막'을 설정했다. 무지의 장막 상태에서 사람들이 어떤 체제를 원할지 고르게 하면, 그것이 인간에게 이상적인 체제라는 것이다. 이를 통해 사회구성원들은 가장 열등한 사람이 처하게 될 최악의 상황을 상정하고, 이에 수반되는 손실을 최소화하는 체제를 원하게 된다.

롤스 자신은 게임이론을 비롯한 수리적인 모형에 의존하지 않았지만, 그의 생각은 게임이론과 유사한 측면이 있다. 동시에 하사니[John Harsanyi]는 게임이론에 의존해 롤스를 비판했다. 나아가 수리경제학자이면서 철학자인 빈모어[Kenneth Binmore]는 게임이론을 모르면서 철학을 논할 수 없다고까지 웅변한다.

그런데 게임이론에 등장하는 인간도 높은 수준의 지식과 합리성을 전제하고 있으므로 현실의 인간과 상당한 거리를 보인다. 구체적으로 게임의 당사자가 자신과 상대방의 가능한 모든 전략들과 이런 전략들로 인해 발생하는 모든 보수들을 알고 있다고 가정한다. 이런 의미에서 게임이론도 합리적 기대만큼, 혹은 그 이상으로 인간에게 높은 수준의 합리성을 요구한다. 따라서 게임이론의 '전략적 개인'은 표준이론의 '합리적 개인'과 크게 다르지 않다.

게임이론의 당사자들이 보이는 사회성도 제한적이다. 게임이론의 당사자는 표준이론에서와 같이 여전히 자신의 이익을 극대화한다는 목적을 달성하기 위해 노력한다. 나아가 모든 것을 개인의 입장에서 보기 때문에 다른 사람과의 게임, 시장과의 게임, 자연과의 게임 사이에 차이를 두지 않는다. 이런 이유들로 인해 게임 참여자가 구사하는 전략적 합리성이 시장 참여자가 보이는 통상적인 합리성과 별 차이가 없다.

일반적으로 전략적 인간은 계산적 인간보다 더 환영을 받지 못한다. 그렇지만 자신의 이익을 위해서가 아니라 관련인 모두를 위해서도 전략이 필요한 경우가 분명히 있다. 좋아하는 사람이라고 해서 그에게 무조건 잘해주는 것이 좋지 않을 수 있다. 때로는 남들을 위해 냉정함이나 엄격함을 가장하는 전략이 필요할 수도 있다. 물론 전략적으로 행동하는 것이 습관화되어 전략적이지 않아야 할 때조차 계속 전략적으로 행동하는 것은 문제를 낳을 것이다.

죄수의 딜레마와 최후통첩 게임

죄수의 딜레마에서는 각자가 서로의 이익을 위해 협조하면 모두에게 이익이 되는 상황에 이르고, 각자가 자신의 이익만을 추구하면 모두에게 이익이 되지 않은 상황에 이른다. 이처럼 이기심은 반드시 효율성을 가져오지 않는다. 나아가 인간이 상황에 따라 이기적이지 않다는 증거도 많다.

최후통첩게임ultimatum game에서는 두 명의 참가자가 등장해 돈을 분배한다. 첫 번째 사람이 분배액을 정해서 두 번째 사람에게 액수를 제안한다. 그리고 두 번째 사람은 그 제안을 받아들일지 거절할지를 결정한다. 받아들이면 제안된 액수대로 지급되고, 거절하면 두 사람 모두 아무런 돈도 받지 못한다. 이 실험은 반복되지 않는 일회의 게임이다. 여기서 두 번째 당사자가 이익을 극대화한다면 1센트라도 거절할 이유가 없다. 하지만 20퍼센트 이하의 제안은 다 거절당했고, 대부분 총액의 40퍼센트 이상을 제안한 것으로 나타났다.

Harry Markowitz

해리 마코위츠

:

투자할 때 위험을 고려하고 회피한다

합리적 투자자들은 분산투자에 능숙하다

1950~1960년대부터 전 세계에서 단 두 개의 대학, 즉 미국 시카고 대학과 매사추세츠공과대학MIT에 있는 경제학자들은 자산가격에 대한 모형들과 이에 근거한 금융경제학을 만들어왔다. 여기서 표준이론의 합리적 개인은 위험을 회피하는 선택을 한다. 재화·노동시장보다 금융·주식시장에서 위험이 두드러진다. 안정된 기업의 주식이더라도 그것의 가격이 상당한 변동성을 지닌다. 이런 이유로 모두가 합리적으로 선택하는 경제인이지만 소비자, 노동자, 기업인보다 투자자가 위험에 더 예민하게 반응한다.

여기서 수익은 기대되는 평균수익률이고 위험은 이런 수익률의 변동성, 즉 분산이나 표준편차다. 이들은 모두 확률적인 현상이므로 투자자의 합리적 선택에는 기대되는 평균수익률과 표준편차 사이의 상충, 대체, 보상이 수반된다. 결과적으로 투자자는 위험을 냉정하게 계산해 이를 보상하는 수준의 수익을 요구한다. 이는 "금융자산에 대한 합리적 선택이 '평균과 분산에 관해 효율적$^{\text{mean-variance efficient}}$'"이라고 정리된다.

대체·보완이나 상충은 재화들이나 생산요소들에서도 발견된다. 이 경우 둘 이상의 재화나 생산요소들이 등장해야 한다. 예를 들어 피자와 콜라, 노동과 자본 사이에 대체와 상충이 발생한다. 이에 비해 주식은 개별 주식으로서 이미 대체와 보상을 겪는다. 그것은 수익률의 평균과 편차 사이의 대체와 상충이다. 그리고 재화들의 대체보완관계에 상응하는 것은 금융자산들의 공분산이나 상관관계다.

금융자산과 비슷한 것을 재화에서 찾는다면, 한 가지 음식의 가격과 맛, 특정 컴퓨터의 가격과 성능 사이의 상충이 이에 가깝다. 또한 어떤 식당에서 음식의 맛이나 가성비가 수시로 변동하거나, 노동자의 생산성 또는 실적이 안정적이지 않고 수시로 변동한다면, 이것 역시 금융자산의 변동성에 가깝다. 그렇지만 자리 잡은 식당의 음식이나 어느 정도 경험을 지닌 노동자에게서 일반적으로 이런 변동성을 발견하기란 힘들다.

투자자들의 행동은 금융자산의 가격에 반영되어 보다 높은 위험을 보다 높은 수익으로 보상하기에 이른다. 쉽게 말해 고위험의 자산은 고수익을 낳고, 저위험의 자산은 저수익을 낳는다. 이런 차이는 주식과 채권 사이에, 그리고 저마다 다른 크기의 위험을 지닌 주식들 사이에 적용된다. 따라서 낮은 위험의 자산에 비해 높은 위험의 자산이 지니는 보다 높은 수익률은 위험보상이 된다.

1952년에 마코위츠Harry Markowitz(1927~)가 도입한 이런 생각은 파마Eugene Fama 등을 통해 정립되었다. 그리고 같은 발상으로 형성된 자본자산가격결정모형은 효용시장가설과 함께 표준금융재무이론의 입장을 구성한다. 이들은 자원배분이라는 경제의 기본문제를 염두에 두고 있다. 그리고 기업의 자본조달비용과 자본구조와 관련한 모딜리아니-밀러 정리Modigliani-Miller theorem가 이들에 추가되면서 금융경제학의 기반을 이루었다.

이 이론에 의하면 위험을 되도록 낮추기 위해 투자자들은 주어진 수익 하에서 위험이나 변동성을 최소화한다. 그 결과 자신의 재산을 여러 금융자산들에 분산투자하게 된다. 이것은 다양한 자산들의 배합portfolio을 낳게 된다. 그리고 이런 합리적 선택에 근거해 시장에서 자산의 균형가격들이 결정된다.

이런 이론들에 깔려 있는 생각은 여전히 투자자들이 이기적이어서 조금이라도 자신에게 이익이 되면 신속하게 주식을 매매한다는 것이다. 이를 위해 투자자들은 주가변동과 해당 기업과 경제의 상황에 관한 정보를 지속적으로 갱신하고, 이에 근거해 미래에 대한 합리적 기대를 형성하게 된다. 그 결과 주식가격은 경제의 모든 정보를 반영하는 효율성을 지니게 된다.

물론 이런 정보 활용의 효율성은 자원배분의 효율성을 낳는다. 이같이 개인의 합리성에 의존한다는 점뿐만 아니라 자원배분이라는 경제문제를 해결한다는 점에서도 주식시장은 재화시장이나 노동시장과 비슷하다. 그런데 정보가 재화·노동시장보다 주식시장에서 훨씬 더 신속하게 거래나 가격에 반영된다. 따라서 효율시장가설은 재화시장이나 노동시장보다 주식시장에 더 적절하다.

금융시장에서는 누구나 초과수익을 얻을 수 없다

표준이론은 재화시장, 노동시장, 주식시장에서 경쟁과 차익 거래로 인한 일물일가를 상정한다. 위험을 고려한 수익률이 주식들 사이에서 같아진다는 점에서 주식시장도 일물일가가 지배한다. 이는 맛이나 성능 혹은 가성비를 고려하면 음식이나 컴퓨터의 가격들이 동일하다고 말하는 것과 비슷하다.

따라서 적어도 주어진 시점에서는 주식시장에 언제나 균형이 지배한다. 이 때문에 역설적으로 다른 시장보다 주식시장에서 대부분의 투자자들은 시장을 능가해 초과이익을 얻을 수 없다. 자산가격에 이미 수익률과 위험이 포함되어 있어서 미래의 주가변동을 투자자들이 예측할 수 없기 때문이다.

잘 알려진 버턴 말킬Burton Malkiel의《월가의 임의보행A Random Walk Down the Wall Street》(한국어판:《랜덤워크 투자수업》)이라는 책은 표준이론의 이런 입장을 웅변하고 있다. 이 가설에 따르면 합리적인 투자자는 안정적인 몇 가지 주식을 구입해 보유하는buy-and-hold 소극적인 자금관리의 방식을 취해야 한다. 이것은 초과수익을 올리기 위해 수시로 샀다가 팔았다 하는 적극적인 자금관리가 가능하지 않기 때문이다.

표준이론의 투자자는 확률이론을 활용해 위험을 냉정하게 분석해

이에 대처한다. 그렇기 때문에 표준적인 투자자는 위험을 과소평가하거나 과대평가하지 않는다. 또한 투자자는 위험에 처해 당황하거나 공포fear에 휩싸이지 않는다. 반대로 투자자는 자만하거나 탐욕에 이끌려 위험을 무시하지도 않는다. 나아가 타인들의 믿음이나 선택에 이유 없이 동조하거나 이것들을 맹종하지도 않는다.

경제주체와 경제학자

경제주체와 경제학자 구분하기

앞에서 다룬 '합리적 기대' 개념은 경제인의 합리성을 과장하고 오로지 예측력이라는 관점에서 경제주체와 경제학자를 비교한다는 문제를 안고 있다. 그렇지만 이를 계기로 삼아 경제주체와 경제학자의 관계를 폭넓게 검토해볼 수 있다.

먼저 양자의 관계에 대한 전통적인 견해를 살펴보자. 애덤 스미스가 경제학을 구축하기 전까지 경제주체와 경제학자의 구분은 없었다. 그런데 학문적 체계를 지닌 경제학이 생긴 이후 경제주체는 행위의 주체로, 경제학자는 인식의 주체로 구분되었다. 경제주체는 행위를 통해 직접적으로 또는 경제구조 및 제도를 매개로 경제현상을 만들어낸다. 경제학자는 경제현상을 파악하고 예측하기 위해 경제주체의 속성과 행위를 설명하는 데 일차적인 초점을 둔다. 특히 주류경제사상은 이 목적으로 경제주체를 경제인으로 서술해왔다.

여기서 경제인은 행위자로서 주어져 있으며 경제학자가 설명해야 할 대상이다. 또한 경제이론을 구사하는 경제학자와 경제관념을 보유하는 데 그치는 경제주체 사이에는 지식에 있어 차이가 있다. 나아가 경제학자는 경제사상이나 이론을 교육하거나 설교해 경제주체에 영향을 미친다. 따라서 경제학자가 경제주체를 이끌어간다. 단순화시켜서 말하자면 경제학자는 머리고 경제주체는 몸이다.

보다 구체적으로 논의하자면, 경제학자는 정치가나 정책결정자와 함께 경제, 특히 시장경제의 선지자나 전도사 혹은 전파자로 기능해왔다. 이는 경제학자가 학자로서의 역할을 넘어 이념이나 사상의 주창자인 경우에 해당된다. 사실 애덤 스미스 이래 현재까지 많은 경제학자들은 어느 정도 자본주의경제를 위시한 특정 경제체제의 설교자였다.

또한 경제학자의 사상과 이론은 공식적이거나 비공식적인 교육, 국가의 홍보, 민간의 기관을 통해 경제주체에게 전파되어 비록 전문가 수준은 아니지만 이들에게 나름대로의 관념을 형성시킨다. 그런데 경제주체가 어떤 관념을 보유하고 있는지에 따라 경제에 대한 관념뿐만 아니라 행동이 바뀌고, 경제 자체가 바뀐다. 이 점에서 경제사상은 종교, 문화, 예술과 관련된 다른 사상들과 차이가 없다.

예를 들어 시장경제의 경제주체들은 공동체적인 사회의 경제주체들과 경제에 대한 관념이 다르다. 합리적 경제행위와 자유주의 경제사상이 오랫동안 동서양에서 경제주체들에게 전파되면서, 사람들은 시장경제와 경제적 자유를 이해하고, 수요–공급의 원리를 당연시한다. 또한 케인스주의가 확산된 이후로는 저축과 검약뿐만 아니라 쓰고 즐기는 것이 미덕이 될 수 있다고 생각하게 되었다.

보다 직접적인 예로 경제학(이나 경영학)이 내세우는 경제인에 대해 배운 학생들과 일반인들이 더 이기적인 행동을 보인다는 연구 결과가 제출되었다.[25] 실험의 구체적인 내용은 자선재단에 돈을 내는 비율, 죄수의 딜레마 게임에서 배반하는 비율, 최후통첩게임에서 얼마나 자기 위주로 돈을 분배하는가 등이다.

실험 대상인 경제학과 학생과 다른 전공의 학생들 사이에 이기적인 행위에 차이가 있는지, 그리고 저학년에서 고학년으로 올라가면서 이기적인 행위에 변동이 있는지를 확인했다. 저학년과 고학년의 비교는 경제학 전공 학생들이 원래부터 이기적이었는지 아니면 경제학을 배우면서 이기적으로 변했는지를 가려내는 데 유효하다.

대부분의 실험에서 경제학을 배운 학생들이 다른 전공의 학생들보다 이기적으로 나타났다. 또한 고학년으로 올라가면서 이기심이 줄었지만, 줄어드는 정도가 경제학 전공 학생들의 경우 다른 전공의 학생들보다 적었다. 이런 결과는 경제학 수업을 들으면서 사람들이 이기적으로 변할 수 있다는 증거가 된다. 경제학을 배운 사람들은 협동이나 협력에 소극적일 수 있다는 것이다.

예를 들어 경제학 교실에서는 무임승차를 당연시하면서 이를 자연스러운 것으로 여긴다. 무임승차를 모방해도 좋거나 심지어 모방해야 한다고 생각하기도 한다. 나아가 무임승차를 하지 못하면 멍청한 사람이 되는 것으로 이해(오해)할 수 있다. 미국의 경우 경제학자들이 공화

당으로 기울어 있고 사회학자들이 민주당으로 기울어 있다는 사실이 이와 무관하지 않아 보인다.

이러한 문제제기에 대해 빼앗고 몰수하는 전쟁, 정치, 범죄보다 경제활동이 나으므로 경제인이 안고 있는 문제들이 전사, 정치인, 범죄자들이 안고 있는 문제만큼 나쁘지 않다고 반박할 수 있다. 보다 구체적으로 경제학과 경제인을 방어하는 방식들은 아래와 같다.[26]

- 경제학은 인간이 이기적이라는 점뿐만 아니라 교환을 통해 골고루 이익을 얻는다고 교육한다.
- 교실에서 100불이 들어있는 봉투를 발견하고 주인에게 돌려주는 경제학과 학생들의 비율이 다른 전공 학생들의 비율보다 높았다.
- 경제학이나 경영학 교육이 사람들을 이기적으로 만드는 것이 아니라 이기적인 사람들이 경제학이나 경영학을 선택한다.
- 스위스 취리히대학에서는 자선단체 모금에서 경제학과 학생들이 아니라 경영학과 학생들이 다른 전공 학생들보다 유의미하게 이기적이었다.
- 학회의 회비 납부 상황을 보면 경제학자들보다 사회학자들의 미납비율이 높았다.

그런데 경제학이나 경영학 교육이 이기심을 조장하지는 않더라도 경제학·경영학을 선택하는 학생이나 선생이 더 이기적인 모습을 보인다면, 이것은 경제학이 적어도 이기심을 보호하고 있다는 증거가 된다. 교환을 통해 쌍방이 이익을 본다는 주장도 이기심을 둔화시키는 것이 아니라 이것을 전제하거나 심지어 강화시킬 수 있다.

이런 의미에서 경제사상과 이론은 경제 속에서 활동하는 경제주체를 있는 그대로 서술하는 데 그치지 않고, 긍정적이든 부정적이든 자본주의 제도와 시장의 형성뿐만 아니라 경제주체의 형성에 공헌해왔다. 그러므로 '현실의 경제주체 → 이론의 경제인'일 뿐만 아니라 '이론의 경제인 → 현실의 경제주체'이기도 하다.

경제에도 '법칙'이 있을까?

경제현상에 관해 자연현상의 법칙과 같은 수준의 법칙을 찾아내기는 쉽지 않다.[27] 만유인력의 법칙이나 상대성원리 같은 법칙을 경제학에서는 찾을 수 없다. 언뜻 과학적으로 보이는 경제이론은 자연법칙과 같이 보편성을 지니지 않는다. 한계생산성이론은 법칙이 되기에는 그다지 보편적이지 않다. 다른 한편 보편성을 지니면 법칙이라고 불릴 만큼 내용이 풍부하지 않다. 수요의 법칙은 보편적으로 적용되지만, 일반인도 익히 알 만한 내용이어서 법칙으로 승격시키기 어색하다. 경제주체가 이기적이라는 착상도 이와 비슷하다. 이 때문에 경제에서 '법칙'이라는 무거운 용어는 더 이상 쓰이지 않고 있다. 경제현상에 인간의 의도와 행위가 깊이 개입되어 있어, 자연법칙이 지니는 필연성이나 인과성을 부여할 수 없기 때문이라고 생각된다.

보다 포괄적으로 경제사상이 경제체제에 영향을 미치는 경로는 네가지다. 경제주체에 대한 직접적인 영향(윤리·규범·습관·생활태도), 경제제도에 대한 직접적인 영향(계약·거래·노동 등의 법규), 경제주체를 통해 간접적으로 제도에 미치는 영향, 제도를 통해 경제주체에 간접적으로 미치는 영향이 그것이다. 이 중에서 경제주체에 대한 영향은 직접적인 것과 제도를 거친 간접적인 것을 포함한다.

후발 자본주의 국가로서 영국의 자본주의 경제사상을 받아들인 독일이나 동아시아 등에서 교육은 경제주체 형성에 더 큰 영향을 미쳤다고 보아야 한다. 저축과 근면의 교훈과 구호, 가계부 적기 등이 그런 예다. 이것은 좁은 의미의 이론이 아니라 넓은 의미의 사상이 미친 영향이므로, 동아시아에서 유교가 인간의 형성에 공헌해왔던 것과 비슷한 수준에 있다.

더구나 서세동점西勢東漸으로 자본주의뿐만 아니라 양식, 양복과 양말, 양옥, 양산, 서양언어, 자유연애, 민주주의, 개인주의 등 서양 문물을 한동안 무비판적으로 받아들였다는 점을 고려할 필요가 있다. '서양인들은 이같이 행동한다. 우리도 그와 같이 하는 것이 맞지 않을까?' 이런 생각이 지배하면서 경제학이 내세우는 경제인이 현실이 아니라 규범이나 당위로 변할 수 있다.

이렇게 되면 로빈슨 크루소는 비현실적인 인간이 아니라 이상적인 인간이 된다. 로빈슨 크루소까지는 아니더라도 경제학이 가르치는 합리성이 서양의 합리주의로 수용되면서 경제주체들의 이기주의를 조장하는 데 공헌했을 것으로 보인다. 그리고 자기 이익을 계산하도록 훈련받고 경쟁하는 과정에서 자연스럽게 타인의 이득에는 소홀해졌을 것이다.

적극적인 의미의 경제주체

앞서 설명한 경제학자와 경제주체의 구분에 대한 몇 가지 문제점도 제기된다. 한편으로 경제주체도 동물이나 기계와 달리 경제에 대한 관념을 지니므로 시장경제나 경제체제에 대해 나름대로 판단을 가지고 있다. 무엇보다 경제주체는 자신의 경제활동을 통해 반드시 이론적이거나 명시적이지는 않지만 끊임없이 경제에 대해서 생각하고 경제현상에 대한 관념을 지니게 된다. 또한 학교가 아니라 기업이나 시장의 현장에서는 경제주체들이 활동을 통해 서로 가르치고 배운다. 이에 대해서는 이미 인용한 코먼스를 기억할 필요가 있다.[28] 따라서 기업가, 투자자, 소비자가 경제학자보다 못하다고 말할 수 없다. 오히려 경제주체에 대한 경제학자의 섣부른 우위 선점과 이에 기반한 엘리트주의를 경계할 필요가 있다. 이 점은 한국 사회에서 특히 타당하다.

역사적으로 보더라도 산업화나 경제성장이라는 현실의 과정은 경제주체를 형성한다. 산업화 초기의 자원 동원은 산업화된 이후에 유인을 주어 자원의 수요량과 공급량에 변화를 주는 것과 다르다. 그것은 단순히 있는 자원을 동원하는 과정이라기보다 인간과 사물을 자본주의에 적절한 자원으로 변형시키는 과정이다. 한국경제의 성장과정도 농부가 상인, 노동자, 자본가, 소비자 등 자본주의적인 경제주체로 변형되는 과정이었다.

동시에 경제주체도 자신의 선택과 행위를 위해 경제현상을 나름대로 인식하고 해석하는 존재로 변형된다. 다시 말해 경제주체는 몸뿐만 아니라 머리를 가진 존재가 된다. 더구나 자신의 생존이나 출세가 걸린 일이므로 경제주체들은 모든 지식과 판단을 총동원한다.

일단 교육과 경험을 통해 시장경제의 주체로 변형된 사람들은 경제현상을 낳는 경제주체를 넘어서 나름대로 경제현상을 평가하고 이에 대응하는 인식능력과 행위능력을 지니게 된다. 이를 통해 경제주체들은 경제적 유인, 법규, 정책들을 나름대로 수용하기도 하고, 이것을 피해 가거나 왜곡시키거나 심지어 무산시킬 수도 있다.

이런 일이 개인이 자신의 이익을 추구하는 과정에서 나타날 수도 있고, 조직이나 집단의 정치적인 운동이나 저항으로 나타날 수도 있다. 조세 회피, 노동시장 유연화에 대한 저항, 최저임금 인상에 대한 저항 등이 대표적인 예다. 이런 이유로 경제정책과 정책결정자가 시장경제나 시장경제의 경제주체들을 압도하지 못할 수도 있다.

다른 한편으로 경제학자는 인식의 주체일 뿐만 아니라 경제적인 이익과 관심을 지닌 경제주체이기도 하다. 다시 말해 경제학자도 머리뿐만 아니라 몸을 가진 존재다. 경제주체나 경제학자나 모두 머리와 몸을 갖추고 있는데, 경제주체가 주로 몸으로 경제논리를 구현한다면, 경제학자는 주로 정신으로 경제의 논리를 전개한다.

문제는 경제학자가 자신의 이론이나 입장을 객관적으로 주장하는 것이 아니라 이론으로 자신의 이익을 극대화하는 상황이다. 여기서 이익은 효용이나 이윤뿐만 아니라 권력과 명예를 포함한다. 이는 모든 학자들이 벗어날 수 없는 오래된 윤리적 문제다. 경제·경영학자는 현실의 물질적인 이익과 직접 연관된 주제를 다루기 때문에 이 문제에 노출될 가능성이 훨씬 더 높다.

또한 경제학 교육에서 경제학자는 경제주체를 가르칠 뿐만 아니라 경제주체와의 상호작용 속에서 경제주체로부터 배운다. 이것은 실습을 통한 배움이거나 가르침을 통한 배움이다. 이에 의하면 경제학자가 경제학과 학생보다 언제나 낫다고 볼 수 없다. 나아가 경제학자와 경제주체 사이에는 경제관료, 경제부기자, 정치가, 경제 관련 국회의원 등이 놓여 있어 경제학자와 경제주체의 이분법이 유지되기도 힘들다.

따라서 경제주체와 경제학자는 모두 관념과 행위를 갖추고 있는데, 경제주체에게는 행위가 관념보다 우위에 있고 경제학자에게는 관념이 행위를 지배한다고 보아야 한다. 이런 관점에서는 예측력의 관점에서 경제주체를 경제학자에 비견하는 합리적 기대가 협소해 보인다.

경제사상과 경제이론은 일차적으로 경제를 설명한다. 그렇지만 사상이나 관념이 경제학자, 현실의 경제주체, 그리고 정책결정자를 통해 경제에 변화를 가져온다. 구체적으로 사람들이 가정이나 교회에서보다 시장에서 더 이기적·합리적이어서 경제학자들이 경제인을 부각시켰다고 볼 수 있다. 그런데 사람들이 이기적·합리적이라는 경제학의 주장이 학습되고 확산되면서, 이것이 당위론이 되어 경제주체들이 앞을 다투어 이기적·계산적으로 변할 수 있다. 서양의 경제이념이 동아시아에 전파된 과정을 보면 이기적·합리적인 인간관은 현실이라기보다 규범으로 작용한 측면이 더 컸다.

이같이 실질적으로 사회를 움직여가는 사회주체와 경제주체가 중요하다는 점에서 사회과학과 경제학은 자연과학과 다르다. 자연과학에서는 자연현상과 이것을 설명해주는 자연과학자가 존재한다. 자연계를 이루는 동식물이나 천체는 여전히 대상일 뿐 주체가 아니다. 경제학에서는 경제현상과 경제학자뿐만 아니라 경제이론이나 정책을 수용하거나 거부하는 경제주체가 존재한다. 그리고 바로 이런 경제주체들 때문에 경제현상은 자연현상처럼 그저 주어져 있지 않다. 당연히 경제주체는 원자뿐만 아니라 세포와도 다르다.

이같이 경제학과 경제현상, 그리고 경제학자와 경제주체는 엄밀하게 구분되어 있지 않고 서로 영향을 미치고 있다. 특히 경제학자와 경제주체는 자연과학자와 일반인들처럼 전문가와 비전문가로 명확히 구분되지 않는다. 달리 말해 환자가 의사에게 맹장염에 대한 처방을 구하듯이, 경제학자에게 서울의 부동산 문제에 대한 처방을 일방적으로 구할 수 없다.

적극적인 의미의 경제학자

이미 지적한 바와 같이 시장경제에 대한 경제학자의 입장은 자신의 지위나 명예로 쉽게 연결될 수 있기에 경제학자는 이익극대화와 학자로서의 객관성 사이에서 갈등에 처할 수 있다. 더구나 2008년 세계 금융위기 이후 대침체The Great Recession가 찾아오자 위기의 원인으로 알려진 금융상품을 만들었던 경제학자들은 심각한 갈등을 겪었다.

이와 관련해서 경제학자가 만든 경제이론이 현실의 경제를 만든다는 점에서 '수행적 성격performativity'을 지닌다는 의견이 제기됐다. 수행성은 단순한 의사소통을 넘어 행위의 완료를 선언하는 발화나 대화의 역할을 의미한다. 대표적인 수행성의 예로, 결혼식장에서 주례가 부부에게 서로를 남편이나 부인으로 받아들이겠느냐는 질문에 대해 "받아들인다"고 대답하는 순간 결혼이 성사된다. 사회학자들이 제기하는 수행성에 의하면 경제사상이나 이론이 주어진 경제를 설명·예측하는 것을 넘어 경제와 경제주체가 무엇인지를 규정하고 이들을 형성한다.

칼롱Michel Callon과 매켄지David MacKenzie가 내세운 이런 생각에 의하면 경제학자의 이론이 경제를 규정하고 시장경제의 구체적 질서를 만들어낸다.[29] 금융경제학과 파생상품이론이 이런 착상을 촉발시켰다. 이 이론들은 실제로 금융상품을 만들어 금융시장을 구축했다. 여기서 경제학자는 기술혁신을 통해 새로운 제품을 만드는 기업인과 비슷하다.

경제학자의 이론이 체화된 금융상품에는 시장의 효율성과 개인의 합리성이라는 원리가 담겨 시장경제의 이념을 구현한다. 이런 이유로 지난 30년 동안 전개된 금융자유화에서 절대적인 역할을 한 것은 바로 금융경제학이 만든 금융상품들이었다고 봐도 무리가 아니다. 동시에 2008년의 세계 금융위기가 이런 상품들의 상호작용으로 발생한 결과라는 데 많은 학자들이 동의하고 있다.

또한 경제학자들은 의사의 노동시장, 주파수시장, 전력시장, 선거시장과 같이 현실적으로 존재하지 않는 시장을 설계한다. 이런 상황을 주도하는 경제학자는 경제를 건축하는 공학도라 할 수 있다.[30] 경제학자들의 공학적 설계는 게임이론과 더불어 경제학의 새로운 방법으로서 실험경제학에 의존하고 있다. 경제학의 기존 방법인 통계학이나 계량경제학과 달리 실험경제학은 자연과학의 방법인 '실험'을 활용하여 조건들을 인위적으로 통제한 상태에서 여러 차례 검증을 거친다.

1980년대 프랑스의 한 지방에서 딸기 경매시장이 형성되는 과정을 보면, 경제학의 이상인 완전경쟁시장이 정치와 투쟁을 거쳐 인위적으로 만들어진 것임을 확인할 수 있다.[31] 또한 1997년 외환위기 이후 신자유주의를 지향한 IMF가 한국에 요구한 조치들은 자생적으로 발생한 것이 아니라 인위적으로 부과된 것이었다. 그리고 이 과정에서 경제학자와 경제관료들의 참여와 역할이 지대했다.

하이에크에 의하면 행정조직과 달리 시장은 자생적으로 생겨나는 것이지 인위적으로 만들어질 수 없다. 그렇지만 현실에서는 행정조직뿐만 아니라 시장도 이해당사자들과의 힘겨루기나 설득 등이 요구되는 정치적이고 인위적인 과정을 거쳐 만들어진다. 하이에크와 시장주의를 공유하면서도 최근 신고전학파는 특정 부문에서 경제학자가 틀을 만들 수 있고, 또 그렇게 해야 한다고 생각하는 것으로 보인다.

수행성을 지니는 경제학자들은 건축가와 같이 경제활동이 가능하도록 경제의 틀을 설계해 경제주체들의 선호나 유인, 그리고 이들의 행위에 영향을 미친다. 설계자로서 경제학자들은 경제현상을 설명하고 예측하는 인식의 주체라는 본연의 역할, 경제주체들에게 교육을 통해 영향을 미치는 역할, 그리고 정부의 정책이나 법, 제도 마련에 조언을 제공하는 역할과 구분된다. 무엇보다 이 역할은 이론의 경제인을 현실의 경제주체를 통해 형성하는 데 기여한다.

종전에도 이미 소규모로 기업가, 정치가, 행정관료 등이 경제의 틀을 마련하는 데 기여해왔다. 그런데 경제학자들은 이론과 이념에 근거해 이들보다 더 구체적이고 정교한 시장경제의 틀을 구성하고 있다. 물론 경제학자들이 과거 계획경제에서와 같이 거대한 수준의 조직화된 틀을 짜는 것은 아니다.

전통적으로 경제이론의 역할은 인식의 대상으로 주어진 경제와 경제주체를 설명하는 데 있다. 수행성을 강조하는 학자들은 이것을 뒤집어 경제이론이 인식의 대상 자체를 규정하고 구성한다고 생각한다. 여기서 경제와 경제주체는 경제이론과 무관하게 주어져 설명을 기다리는 존재가 아니라 경제이론을 통해 비로소 규정되고 구성되며 심지어 존재하게 된다. 물론 경제이론이 경제를 설명하는 기존의 경로를 부인하지 않으므로, 수행성은 경제이론과 경제(주체) 사이에 쌍방의 경로를 설정하는 결과를 가져온다.

칼롱과 그 주변의 연구자들은 어떻게 경제와 시장의 구성요소들이 형성되는지를 보다 구체적으로 설명했다.[32] 경제와 시장은 주어진 대상이 아니라 경제화와 시장화라는 과정을 통해 구성된다. 이 과정을 통해 특정 재화나 제품이 기존의 다른 제품들과 자신을 비교하면서 금융시장을 비롯한 모든 시장에서 자신의 자리를 잡는다. 그리고 이를 통해 소비자들과의 관계도 형성된다.[33]

경제화와 시장화 과정을 통해 경제주체가 형성되고, 제품의 표준화가 이루어지며, 여러 요인들이 통약되어 계산이 가능해지면서 가치와 가격도 설정된다. 시장의 계산도 자동적으로 이루어지는 것이 아니라 재화들이 같은 공간에 놓임으로써 계산이 가능하게끔 조정되고, 경제행위자들이 계산할 능력을 갖추면서 비로소 교환을 통해 가능해진다.[34] 이 과정에 참여하는 단위는 경제학자나 경영학자뿐만 아니라 기업, 소비자, 노동조합, 정책당국, 언론, 국제기구 등 다종다양하다.

수행성에 비추어 보면 경제이론이 비현실적인 것이 아니라 경제현실이 이론에 미치지 못하는 것이다. 경제이론이 등장한 초기에는 이론이 전제하는 가정들로 인해 이론이 비현실적이었다. 그렇지만 시간이 지나면서 경제현실이 이론의 가정을 수용하는 방향으로 조정된다. 따라서 현실이 가야 할 이상적인 모습을 이론이 제시하고 이런 이상에 걸맞게 현실이 수정되는 모양새를 보인다.

예를 들어 중요한 금융상품인 옵션은 이미 17세기부터 존재했으나

1970년대에 블랙-숄즈-머튼 모형이 등장하면서 이 거래에 붙어 다니던 '부도덕성'이라는 규정을 약화시켰다. 무엇보다 1929년 대공황 이후 도박으로 간주되던 공매도를 정당한 가격결정의 일환이라고 규정하면서 주식거래시장을 활성화시켰다. 이론이 현실을 정당화할 뿐만 아니라 현실을 바꾸는 데 기여한 셈이다.

블랙-숄즈-머튼 모형은 거래비용이 0이라고 가정하는데 이 모형이 등장한 1970년대에는 이것이 비현실적이었다. 그렇지만 이후 이론에 맞게 현실이 조정되어 거래비용이 실제로 줄어들었다. 모형이 현실에 맞게 수정된 것이 아니라 현실이 모형에 맞게 수정되면서 이 모형의 설명력이 늘어났다. 공해배출권 시장이나 실종된 무역Missing trade은 이와 비슷한 예다.

머튼 대 머튼

아버지 킹 머튼Robert King Merton은 사회학자로 '자기실현적인 예언'을 사회과학의 개념으로 제시했다. 아들 콕스 머튼Robert Cox Merton은 노벨상을 수상한 경제학자로 옵션가격결정이론을 제시했다. 자산가격이나 옵션가격을 설명한, 이름에 'M'이 들어간 경제학자들 중 하나다(다른 'M' 경제학자는 모딜리아니Franco Modigliani, 밀러Merton Miller, 마코위츠Harry Markowitz가 있다). 일반적으로 사회학자와 경제학자는 만나기 힘든데 이 부자는 '수행성'을 통해 만날 수 있다. '말이 씨가 된다'는 속담이야말로 자기실현적 예언을 가리킨다. 가령 어떤 기업의 객관적인 기초여건이 건전해도 많은 사람들이 파산할 것이라고 잘못 예상해 이 기업의 주식을 매도하면 실제로 파산할 수 있다. 이것을 '반영적인 성격'이나 '수행적인 성격'으로 이해할 수 있다. 수행성에 따라 옵션가격결정 등의 이론이 현실 경제를 구성한다면 이 역시 '자기실현적'이다.

시장경제의 현실과 이상이라는 두 가지 기준은 '시장의 가격'과 '인간의 합리성'이다. 따라서 수행성의 입장에서 보면 '경제인'도 경제의 현실이 아니라 경제학이 원하는 이상이다.[35] 그리고 경제학은 이런 이상에 따라 오랫동안 인간들을 변화시키려고 노력해왔다. 경제인의 합리성이 현실에 대한 서술이 아니라 규범이라는 행동경제학의 비판은 이를 드러낸다.

물론 경제이론이 경제를 바꾼다고 해서 그 결과가 언제나 성공적인 것은 아니므로 이론의 수행성과 함께 '반수행성'도 고려해야 한다. 블랙-숄즈-머튼 모형의 경우 처음에는 잘 맞지 않다가 시간이 지나면서 현실에 부합되었다. 그런데 1987년 '검은 월요일'의 주가폭락 이후에는 다시 현실을 잘 설명하지 못하고 있다. 이는 이론이 경제의 효율성이나 경제주체의 합리성에 기여하는 것이 아니라 오히려 악화시킬 수도 있음을 의미한다.

같은 맥락에서 경제이론이 '수행적'이라 하더라도 이로 인해 현실경제의 행위자들이 완전히 계산적이고 이기적이며 고립된 개인으로 '불가역적으로' 변형되었다고 말할 수 없다. 시카고의 파생상품거래소에서조차 현실의 행위자들은 여전히 제한된 정보에 의존하는 불완전한 존재다. 또한 이들은 서로 간에 의리, 명성, 도덕과 윤리를 내세우는 존재다.

아무튼 수행성의 관점에서 보면 경제는 흔히 말하는 바와 같이 사회에 배태되어 있는 것이 아니라 경제학에 배태되어 있다. 이는 경제학이 확산되면서 현실의 경제체제와 경제행위자가 경제학이 상정하는 모습으로 바뀐다는 것을 의미한다. 이것은 경제가 경제학을 낳고 경제학이 경제를 설명하는 것이 아니라 오히려 경제학이 경제와 경제주체를 낳는 전도이다.

달리 말해 경제학이 현실의 경제행위자를 서술하는 것이 아니라, 경제학이 제시한 경제인이라는 이상적인 모습을 현실의 행위자들이 따라간다. 이렇게 보면 경제학의 경제인은 완전히 현실적이지도 완전히 비현실적이지도 않다.[36]

> 행위자에 대한 경제이론을 높여주려고 선택하든 낮추려고 선택하든, 두 가지 경우 모두에 있어 우리는 '경제인homo economicus'이 순전히 허구라는 동일한 비판을 논리화한다. 이 서론은 … 이와 반대를 주장한다. 과연 '경제인'은 진정으로 존재한다고. … 경제인은 그의 계산을 도와주며 대부분 경제학이 만드는 인공장치들로 규격화되고, 규정되며, 그것을 장비로 갖추게 된다.

결과적으로 경제가 경제학을 일방적으로 규정하는 것이 아니라 상당 부분 경제학이 경제와 경제주체를 규정한다. 이런 생각은 지난 1세기 동안 서양의 문물을 수입하고 있는 한반도에서 더욱 타당하다. 상당 기간 동안 서양의 사상과 이론이 현실에 대한 설명이라기보다 이상이었기 때문이다. 즉 서양의 시민은 물론이고 경제인도 합리성의 모범이나 화신으로 한국 사회에서 작동해왔다.

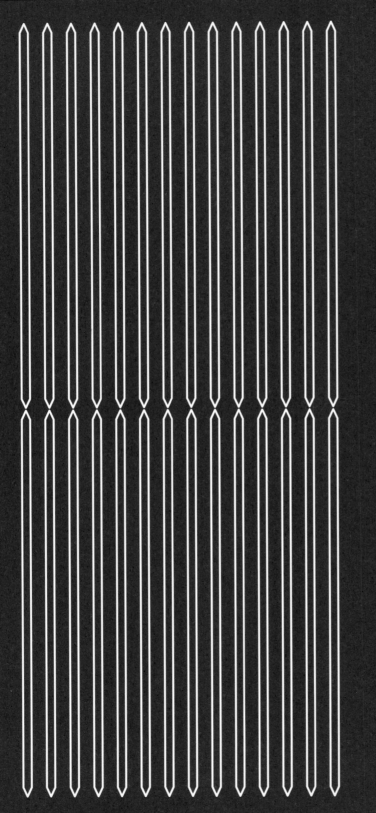

4부

• • • • • • •

호모 이코노미쿠스에
맞서다

/

집단 속에서 갈등하며 변화한다

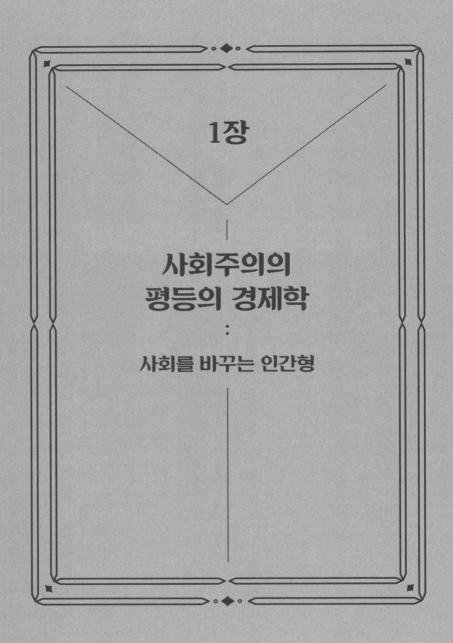

1장

사회주의의
평등의 경제학

:

사회를 바꾸는 인간형

Robert Owen

로버트 오웬

:

공동체 속에서 살아간다

자치공동체에 의존하는 공상적 사회주의

'공상적 사회주의'라고 불리는 근대 초기의 사회주의 사상은 인본주의에서 출발한다. 이 입장에서는 이기적이고 경쟁적이며 돈벌이에 몰두하는 인간이 비정상적이라고 생각한다. 인간은 원래 이기적이지 않지만 자본주의 사회가 인간을 이기적으로 만든다는 것이다. 따라서 공상적 사회주의는 인간을 이기적인 존재로 보는 주류경제학과 이러한 인간상을 존중하는 자본주의 시장경제와 충돌한다.

오웬Robert Owen(1771~1858) 등의 사상가들이 주장한 공상적 사회주의는 마르크스의 본격적인 사회주의와 달리 계급투쟁이나 혁명이 아니라 시민운동에 의존했다. 이 입장에서 인간은 사회적이지만 완전히 사회에 지배되는 것도 아니다. 따라서 공상적 사회주의는 본격적인 계획경제로 나아가지 않고 시장을 인정하면서 수천 명에서 수만 명으로 구성된 자치적인 생산 공동체를 대안으로 제시했다.

이 공동체 안에서는 민주적인 의사결정, 공동의 노동과 협동, 그리고 자녀들에 대한 교육이 이루어진다. 물론 이 공동체에서 생산되지 않는 물자는 시장을 통해 조달된다. 공동체 생활을 통해 인간이 이기심보다 이타심을 키우게 되고, 경쟁보다 협동을 우선시하며, 생산성과 효율성보다 형평과 평등을 존중하게 된다. 이를 통해 외국인에 대한 적대감도 줄어든다.

기본적인 생계물자는 공통적으로 제공되지만, 민주성을 유지하고 권위나 획일성이 지배하지 않도록 노력해야 한다. 이를 위해서는 모든 구성원의 의사결정권과 발언권을 동등하게 만들고, 의견의 다양성과 사회적·문화적 활동의 다양성을 인정해야 한다.

이 공동체는 새로운 인간과 사회를 추구하는 데 있어 좁은 의미의 정치경제체제뿐만 아니라 교육과 법에 의존한다. 인간이 사회와 무관하지 않지만 사회가 인간을 완전히 규정하지 않으므로 교육이 중요해진다. 시장을 없애기보다 시장의 폭력을 둔화시키는 데 중점을 둔다는 점에서 공상적 사회주의가 내세운 공동체는 계획경제보다 협동조합에 가깝다.

일반적으로 인간과 사회는 상호의존적이고 상호작용하므로 서로 독립적이지 않다. 사회구조가 바뀌더라도 사람들의 행위가 바뀌지 않으면 소용이 없고, 사람들의 행위가 바뀌더라도 사회구조가 더불어 바뀌지 않으면 다시 제자리로 돌아온다. 이처럼 인간과 사회는 공진화의 과정 속에 있다.

그렇더라도 주어진 시점에서 문제의 원인을 진단하는 데 있어 둘 중 어디에 무게를 두어야 하는지 규명하는 일은 중요하다. 또한 문제를 해결하기 위해 인간 혹은 개인에게 의존할 것인지 아니면 사회구조나 체제에 의존할 것인지도 중요하다. 많은 경우 이에 대한 입장은 사상이나 이념에 따라 달라진다. 자유주의는 인간 중에서도 특히 개인에게, 사회주의는 사회경제체제나 제도에게 책임과 해결책을 부과한다.

카를 마르크스

⋮

사회 속에서 투쟁한다

인간은 사회경제구조에 의해 결정된다

마르크스Karl Marx(1818~1883)는 주요 저작인《자본론Das Kapital》을 비롯한 다
양한 저서를 통해 자본주의체제에 대한 비판을 중심 주제로 삼았다.
따라서 그는 인간과 관련해서도 자본주의가 내세우는 모범적인 인간
상에 대해 비판적 입장을 취했다. 마르크스는 변치 않는 인간의 본성
보다 경제사회에 따라 변하는 인간의 사회적 성격에 초점을 맞추었다.
　마르크스의 입장에서 인간은 개인으로 존재하지 않으며 또한 개인
들이 모여 사회를 이루는 것도 아니다. 오히려 인간은 사회 속에서 비
로소 인간이 되고 이에 근거해 다양한 개인들로 분화한다. 이런 이유
를 들며 마르크스는 당시 경제학이 인간을 고립된 개인인 '로빈슨 크

루소'처럼 취급하는 것이 오류임을 명시적으로 지적했다. 사회성에 대한 강조에 있어서 그는 주류경제학은 물론이고 아리스토텔레스나 공상적 사회주의자, 그리고 베블런을 능가한다.

이것은 당시 독일철학을 지배하던 관념론에 대한 비판이기도 하다. 관념론이 주장하는 바와 같이 의식이나 인식이 존재를 결정하는 것이 아니라 거꾸로 존재가 의식이나 인식을 결정한다. 그리고 인간은 사회적 존재고, 더 정확히 말해 경제사회적인 존재다. 나아가 인간의 이러한 존재성은 경제사회구조에 의해 결정된다.

마르크스에게 있어 인간은 사회에 구속되어 있지만 동시에 이것을 극복하려고 투쟁하는 존재다. 인간은 구조가 주는 제약을 내면화하면서 동시에 이에 대해 저항을 키운다. 그리고 이런 내면의 갈등이 외면으로 나타나면 모순적인 사회구조와 투쟁을 낳는다. 따라서 자본주의 체제를 수호하는 자본가계급과 체제를 극복하려는 노동자계급의 대립이 생긴다.

인간은 자연(지진), 사회경제(교환·고용), 역사문화(한국인의 교육열), 개인적 요인(음식에 대한 기호) 등에서 비롯되는 여러 가치, 규범, 제약으로부터 영향을 받는다. 인간은 이런 것들에 적응하거나, 이것을 내면화하려고 노력한다. 이들은 독립적으로 작용하기보다 서로 연관되어 작용하면서 모종의 사회경제적인 구조를 이루게 된다.

자본주의가 만드는 피도 눈물도 없는 인간

마르크스는 사회경제구조의 견고함을 누구보다 강하게 믿었기 때문에 이 구조가 인간에게 철저하게 내면화된다고 생각했다. 자본주의를 내면화하는 인간은 상품, 가격, 화폐, 교환, 노동, 착취 등을 당연시하게 된다. 또한 사람들은 분초를 다투는 능률적이고 경쟁적인 인간으로 변형된다. 경쟁에서 살아남아야 하는 사업가는 거래와 관리에서 피도 눈물도 보이지 않는다.

나아가 자본주의적인 인간은 외적으로는 주변의 모든 것과 내적으로는 자기 자신을 철저하게 수단으로 만든다. 동물, 식물, 광물 그리고 물과 공기, 시간 및 공간까지 모두 자신의 이익을 위한 수단으로 인식하고 이용한다. 무엇보다 인간이 인간을 서로 수단화하기에 이른다. 나아가 인간의 몸까지 파고들어 신체의 장기들과 정신, 감정까지 수단으로 활용한다.

자본주의의 경제인, 특히 자본가는 만물에 대해 관심을 가진다. 이것은 지적인 호기심이나 미적인 가치에서 출발하는 철학자나 시인의 관심이 아니라 소비와 생산에서의 유용성과 판매 가능성을 염두에 두는 경제인의 관심이다. 전자가 만물의 다양성과 여러 차원들에 주목한다면, 후자는 이들을 모두 '경제적 가치'라는 하나의 잣대로 환원하는 경향이 있다.

만물에 대한 수단화는 만물에 대한 가격 부여로 마무리된다. 그래서 사람도 얼마를 받는지 혹은 '얼마짜리'인지가 중요하다. 또한 시냇물, 바위, 돌 하나에까지 물샐틈없이 가격을 매기는 환경경제학자들도 생긴다. 나아가 가격에 따라 자본과 인간이 이동하므로 이직, 이사, 이혼, 이민, 여행 등이 빈번해진다. 따라서 자본주의 세계는 이름이 아니라 숫자로 표시되는 익명적이고 추상적인 인간들과 거리들로 뒤덮이게 된다.

마르크스에게 있어서 자본주의체제는 자본주의에 대한 관념이나 이념을 낳는다. 즉 자본주의 경제구조로부터 경제학과 현실의 경제주체가 탄생한다. 그의 입장에서 로빈슨 크루소는 사회로부터 동떨어진 개인이 아니라 자본주의체제와 경제가 만들어내는 사회적 존재다. 자본주의는 보편적·이상적인 체제가 아니므로 자본주의체제가 만들어내는 로빈슨 크루소도 보편적인 인간이 아니다.

이 입장은 앞에서 설명한 수행성을 뒤집어 놓은 것처럼 보인다. 그런데 마르크스와 수행성은 공통적으로 경제학이 중립적이고 과학적이라는 신고전학파의 입장을 거부한다. 또한 그람시Antonio Gramsci 등의 마르크스주의자들이 지적한 바와 같이 자본주의 이념은 경제이론과 밀접하게 연결되어 있고, 상대적 자율성을 지니고 있어 경제체제와 경제인에게 영향을 미친다.

찰리 채플린이 영화 〈모던 타임스Modern Times〉에서 묘사한 바와 같이, 자본주의 사회에서 시간은 돈이다. 시간은 흔히 공간과 비슷해지면서 수단이 된다. 공장에서 1명이 10시간 일하는 것은 10명이 동시에 1시간 일하는 것과 같다. 또한 미래의 노동, 여가, 돈에 이자를 붙이거나 할인하면 현재의 노동, 여가, 돈이 된다. 경제성장 과정을 통해 한국인들도 이런 습속에 익숙해졌다. 이에 더해 한국인들은 모든 사물에 점수를 매기고 등수를 부과하는 습관도 가지게 되었다. 한국 사회에서는 '얼마짜리' 인간인지뿐만 아니라 '몇 점짜리' 인간인지도 중요하다.

이런 인간이 자본주의에서는 정상적인 인간이 되고 일상적으로 재생산된다. 또한 주류경제학은 이런 인간을 '합리적 경제인'으로 규정하면서 보편성을 부여해왔다. 반면 마르크스의 입장에서 이런 인간은 자본주의라는 특수한 체제에 부합되는 특수한 인간이다. 보편적이거나 이상적이지 않으므로 사람들은 한편으로 자본주의에 머무르면서도 다른 한편으로 이에 대해 저항하거나 투쟁하는 정치적·사회적인 경제주체가 된다. 주류경제사상의 경제인은 이런 갈등이나 모순을 지니고 있지 않다.

경제의 질서: 재생산, 균형, 그리고 진화

경제학자들이 경제를 파악한다는 것은 이런저런 방식으로 경제에 모종의 질서를 부여하는 것과 같다. 질서를 나타내는 대표적인 개념으로 재생산, 균형, 진화를 들 수 있다. 먼저 중농주의 경제학자 케네François Quesnay와 고전학파 일부, 그리고 마르크스는 생물학적인 유추인 '재생산'에 의존했다. 이에 비해 현대경제학을 지배하는 신고전학파는 물리학적인 유추인 '균형'을 내세운다. 최근에 부상하고 있는 '진화' 개념은 베블런, 하이에크, 슘페터, 넬슨Richard Nelson 등이 주창했고 생물학에서 빌려온 것이다. 가치·가격과 함께 경제주체에 대한 규정이 이런 질서들의 중요한 구성요소다. '재생산'에서 경제주체는 생계와 사회적 지위를 유지·갱신·확장하는 존재다. '균형'에서 경제인은 합리적으로 적정한 선택들에 이르는 존재다. '진화'에서 행위자는 생존·번식을 위해 적응하려고 노력하는 존재다. 최근에는 진화가 재생산이나 균형과 결합되고 있다.

사회를 변화시키는 결정적 요인

인간의 투쟁으로 사회 자체가 역사 속에서 변동하는데 특히 '경제'가 사회의 역사를 규정한다. 이러한 유물론적 역사관에 따르면 사회를 규정하는 경제는 '생산양식'으로 결정되며, 생산양식은 '생산관계'와 '생산력'으로 구성되어 있다. 생산양식은 경제사회체제나 구조로, 생산관계는 제도로, 생산력은 기술로 치환할 수 있을 것이다.

마르크스는 소비, 교환, 분배가 아니라 '생산'이 경제를 규정한다고 생각했다. 따라서 생산양식이 소비양식이나 분배, 교환의 모습을 규정한다. 결과적으로 경제가 사회를 규정할 뿐만 아니라 생산이 경제를 지배한다. 이를 단순화해서 표현하자면 사회는 '생산 → 경제 → 사회'의 순서로 결정된다. 마르크스가 경제체제를 '생산양식'이라 부르고 인간들 사이의 사회관계와 경제관계를 '생산관계'라고 부르는 이유도 생산을 중시했기 때문이다.

따라서 인간도 생산관계에서의 위치로 규정된다. 그리고 이것이 경제주체 전반의 행동을 규정하며, 시민이나 문화인의 성격을 지배한다. 마르크스에게는 자본가계급인지 노동자계급인지 여부나 어떤 노동자인지가 중요하고, 이것이 소비자로서 무엇을 먹고 마시는지를 결정한다. 나아가 이것이 시민으로서 어떤 정당을 지지하고 어떤 정치성향을 가지는지를 결정한다. 마르크스의 입장에서 '강남좌파'와 '강북우파'와 같은 복합적인 존재들은 많지 않다.

신고전학파의 인간을 대비시키면 마르크스의 인간이 보다 선명하게 드러난다. 신고전학파의 경제인은 무엇보다 합리적으로 선택하는 소비자다. 따라서 어떤 소비자인지가 어떤 거래자, 생산자, 노동자, 투자자, 시민, 문화인일지를 결정한다. 재화를 합리적으로 선택하는 사람이라면 합리적으로 수요–공급하고, 생산·노동하고, 투자한다. 또한 이런 소비자라면 자신의 이익에 가장 부합되는 후보자에게 투표하고, 자신에게 가장 적합한 음악·영화를 선택해 감상한다.

마르크스는 생산을 바탕으로 일어나는 교환, 분배, 소비 등 경제 전체의 반복을 뭉뚱그려 '재생산reproduction'으로 규정했다. 재생산은 생산력을 기반으로 하되 생산관계를 통해 진행된다. 자본주의 경제사회의 생산관계는 노동자계급과 자본가계급 사이의 '착취관계'와 생산의 무정부성에 근거한 '교환관계'를 특징으로 삼는다. 이런 관계들이 결합되어 자본주의 생산양식의 구조를 이룬다.

> 그러나 여기서 사람들은 정해진 계급관계와 이익의 담지자라는 경제적 범주들의 인격화로서 중요할 뿐이다. 경제적 사회구성체의 발전을 하나의 자연역사적인 과정으로 파악하는 나의 관점은 다른 어떤 관점보다 더 강하게 관계를 개인의 책임으로 규정하지 않는다. 그것은 개인이 아무리 주관적으로 넘어서려고 해도 개인은 여전히 사회적인 관계의 피조물이기 때문이다.[37]

위계와 동등성이 결합된 자본주의의 계급관계

마르크스에 의하면 인류는 오랜 역사 속에서 고대 노예제 사회, 중세 봉건제 사회, 그리고 자본주의 사회 등 시대를 대표하는 다양한 계급사회를 이루며 살아왔다. 위계적인 계급사회는 생산수단의 소유 여부로 착취·피착취계급이 규정된다. 자본주의는 생산수단을 가지고 착취하는 자본가계급과 생산수단을 가지지 않아 착취당하는 노동자계급으로 구성된 극단적 계급사회다. 노동자계급은 생산수단, 생산과정, 생산물로부터 소외되어 있으며 정치적으로 자본가계급은 지배계급을, 노동자계급은 피지배계급을 이룬다. 이같이 자본주의에서 인간은 계급에 따라 극명하게 갈라진다.

또한 자본주의에서는 생산의 무정부성으로 인해 모든 경제주체들의 노동이나 활동이 사전에 조정되지 않는다. 대신 각자 나름대로 벌인 경제활동의 결과가 시장에서 상품으로 평가받는다. 여기서 시장은 교환관계에 근거한다. 마르크스는 계급관계뿐만 아니라 교환관계를 넓은 의미의 생산관계 혹은 경제관계에 포함시켰다. 그리고 인간은 개인이 아니라 계급의 일원으로서, 그리고 생산·사회관계의 담지자로서 존재한다. 따라서 자본주의의 재생산은 생산, 교환, 분배, 소비의 반복을 통한 경제의 재생산일 뿐만 아니라 계급관계와 교환관계의 재생산, 즉 그것들의 갱신, 유지, 확대다.

자본주의에서 계급관계는 위계적이고 교환관계는 동등성에 근거한다. 그렇지만 양자 모두 단순한 위계나 동등성으로 환원되지 않아 복합적이다.

한편으로 자본주의에서 계급관계는 교환관계를 깔고 있어 위계적이면서도 동등성과 결합되어 있다. 이 점에서 노자관계는 봉건제의 주인·노예관계와 다르고, 아리스토텔레스가 생각하는 폴리스의 지배·피지배관계와 비슷하다. 아리스토텔레스의 지배관계는 동등한 시민들 사이에서 우열이 나누어지는 관계로 수평적 관계와 수직적 관계가 결합되어 있다는 점에서 자본주의의 계급관계와 비슷하다.

다른 한편으로 교환관계 역시 동등성을 표방하면서도 우열의 관계를 내포하고 있다. 교환관계에서는 생산수단의 소유 여부가 아니라 화폐의 소유 여부가 자본주의에서 우열을 낳아 화폐가 상품에 대해, 그리고 화폐소유자가 상품소유자·생산자에 대해 우위를 점하기 때문이다. 이 점에서 자본주의 교환관계는 화폐가 매개하지 않는 물물교환이나 선물교환과 구분된다.

구체적으로 상품소유자는 상품을 팔기 위해 화폐를 가진 사람을 향해 적극적으로, 그리고 때로는 비굴하게 소리친다. 기술발전으로 생산성이 증가하여 항상 쌓여 있는 자본주의 상품들의 가치를 실현하려면 상품소유자는 이렇게 행동할 수밖에 없다. 반면 화폐소유자는 이에 대해 냉정한 침묵을 보이거나 소극적으로 또는 무관심하게 응대하는 데 그친다. 이것은 온갖 미사여구로 만나달라고 애걸하는 짝사랑의 관계와 비슷하다.

이같이 상품소유자와 화폐소유자, 그리고 상품과 화폐는 비대칭적이거나 일방적인 관계 속에 있다. 이런 이유로 대기업의 총수라 할지라도 불량품을 생산·판매하여 사회적으로 논란을 낳으면 소비자들 앞에서 고개를 숙여 사죄한다. 그런데 상품에 대한 화폐의 우위는 화폐의 수량에 따라 차이를 보인다. 같은 화폐소유자라 하더라도 가지고 있는 화폐량에 따라 구매력과 권력이 달라진다.

사회가 모순적인 만큼 인간도 모순적이다

인간은 개인이 아니라 사회인으로서 존재하는데, 경제가 사회를 규정하고 생산이 경제를 규정한다. 따라서 적어도 자본주의 안에서는 넓은 의미에서 생산과 재생산의 주체가 사회적 인간을 규정한다. 또한 경제사회의 모습이 바뀌면서 역사적인 존재로서 인간의 모습도 바뀐다. 따라서 자본주의의 인간은 보편적인 존재가 아니라 노자계급관계와 교환관계로 규정되는 관계적인 존재고, 이런 관계들이 결합되어 형성되는 사회구조를 내포하고 있는 존재다.

이는 마르크스가 인간에게 보편적인 본성을 부여하는 데 인색했음을 의미한다. 그는 "인간은 이렇다"라고 말하기보다 "인간은 자본주의에서 이렇다"라고 말했다. 주류경제학이 보편적인 경제인을 내세웠다면 마르크스는 사회인, 그것도 자본주의에 한정된 사회인을 내세웠다. 그의 입장에서는 베버가 강조한 노동자의 근면과 저축을 위한 절제, 신고전학파가 내세우는 경제인의 합리성은 보편적인 인간이 아니라 자본주의적인 인간의 특징이다. 나아가 경제학이 묘사하는 경제인은 자본주의의 인간조차 제대로 반영하지 않은 일면적인 인간상이다.

구체적으로 자본주의에서는 누구라도 어디에선가 일해야 하고, 무엇이든지 시장에서 사고팔 수 있어야 한다. 물론 인간이 (소득·재산에 따라 정도상의 차이가 있지만) 개인으로서 어디서 일할지, 그리고 어떤 상품을 생산하고 소비할지에 대해서는 선택의 자유를 어느 정도 지니고 있다. 그러나 어디서도 일하지 않겠다거나 시장에서 아무것도 매매하지 않겠다고 선택할 자유는 자본주의에서 허용되지 않는다.

이같이 마르크스에게 자본주의의 생산관계와 이에 근거한 인간관계는 구조적이어서 각 개인이 자신의 의지나 이익에 따라 선택할 수 있는 대상이 아니다. 자본주의 이외의 사회에서도 인간관계는 인간 자체를 규정하므로 선택의 대상이 아니다. 인간은 개인으로 존재하는 것이 아니라 관계 속에서 존재하고, 관계들이 인간에게 내면화되어 인간 자체가 관계들을 구성하므로 인간과 관계는 서로 불가분한 필연성을 지닌다. 이같이 마르크스는 인간이 생산관계·인간관계로 규정된다는 점을 다른 누구보다도 강력하게 역설했다.

신고전학파에서도 관계는 부정되지 않지만 경제인이라는 개인에 비해 관계는 부차적이며 재화·자원과 함께 관계도 개인적인 선택의 대상이다. 마르크스 역시 프랑스 혁명 이후 자본주의적인 인간이 개인으로서 누리게 된 자유를 무시하지는 않지만, 생산관계의 중요성 때문에 자본주의적인 인간은 이중적인 측면을 지니게 된다고 설명한다.

자본주의의 인간은 시장에서 자유롭고 평등하며 쾌락을 추구하는 개인이고, 물건을 사고파는 동등한 계약의 주체며, 정치의 장에서는 투표권을 지닌 시민이다. 물론 시장에서 화폐소유자는 상품소유자에 대해 우위에 있고, 소득·재산의 차이가 화폐소유자들의 실질적인 자유에 있어 차이를 낳는다.

반면 공장·기업에 들어가면서 자본주의의 인간은 계급의 일원으로 착취하거나 착취당한다. 노동자계급의 일원으로서 인간은 불평등한 관계 속에서 실질적인 자유를 잃고 소외되며 착취에 시달린다. 무한히 많은 돈을 벌기 위해 다른 사람들을 착취하는 자본가계급과 생계를 위해 노동력을 팔면서 회사와 공장에서 핍박받고 고통받는 노동자계급이 자본주의의 현실을 살아가는 인간의 모습이다.

마르크스에게서 시장의 교환관계는 자본주의 인간의 형태를 구성하지만 공장의 계급관계는 그것의 본질을 구성한다. 이같이 자본주의의 인간이 모순적인 이유는 자본주의 경제사회가 모순적이기 때문이다.

이에 비추어 보면 신고전학파는 시장의 인간에 집착해 공장이나 기업 내의 인간을 파악하지 못한다. 또한 시장의 인간도 일면적으로 파악한다. 미시경제학은 선호의 다양성과 선택의 자유를 강조하면서, 상품·재화에 대한 화폐의 우위를 인정하지 않는다. 나아가 소득·재산의 제약 혹은 빈부의 차이로 개인들 사이에 선택의 범위가 다르다는 점을 경시한다.

계급관계에 집착하지 않는다면, 자본주의의 모순은 흔히 체제의 형식적·절차적 합리성과 실체적 합리성, 인간의 형식적·절차적 자유와 실질적 자유 사이의 차이로 규정된다. 형식적 합리성과 자유는 모든 사람이 공직, 시장, 대학의 개방에 참여할 수 있다는 '기회의 균등'으로 규정되고, 실질·실체적인 합리성과 자유는 실제로는 소득·자원에 따라 참여의 기회가 달라질 수 있다는 점으로 규정된다.

시장에서 누구나 인종·지역·종교·성별에 관계없이 재화나 직장을 선택할 수 있다고 하더라도, 소득이나 노동능력이 없으면 실질적으로 이 자유를 누릴 수 없다. 조선시대와 달리 누구나 공무원이 되고 대학에 진학할 수 있지만, 이를 위한 시험공부와 교육에 필요한 돈이 없다면 이런 자유는 실질적이지 않다. 마르크스는 형식을 무시하지 않지만 실질과 실체를 더 중시한다. 이로부터 오랫동안 지대나 임대소득과 금융소득의 정당성, 투기로 벌어들인 이득의 정당성, 부모의 유산, 그리고 이들 모두를 포괄하는 '소득의 불평등'이 문제되어 왔다.

보수적인 사회과학은 오로지 형식·절차에 집착한다. 신고전학파가 소득제약의 차이를 강조하지 않으므로 경제인의 합리성도 형식적이거나 절차적이다. 경제인은 자신에게 주어진 제약과 조건을 받아들이면서 이 안에서 최선을 다할 뿐이다. 형식적 합리성에 집착하는 신고전학파는 소득의 정당성이나 불평등이 시장에서 (한계생산성이론 등을 통해) 자동적으로 해결된다고 전제하면서 이에 대해 무관심하다. 혹은 소득의 불평등에 대한 논의가 불필요하거나 무용하거나 심지어 부당하다고 주장한다.

상품을 물신으로, 자본주의를 이념으로 숭배하는 인간

자본주의 이전의 관계가 인간들의 직접적인 관계라면 자본주의 생산 관계는 물체가 매개하는 물적인 관계라는 특징을 지니고 있다. 시장의 교환관계나 공장의 고용관계는 상품, 노동, 화폐를 주고받음으로써 재생산되고 유지된다. 따라서 자본주의에서 사람들은 언제나 뭔가 주고받기 위해 만난다. 또한 사람들의 관심은 상대방 자체가 아니라 상대방이 화폐, 상품, 노동, 웃음이나 친절 등 무엇을 얼마만큼 줄 수 있는가에 쏠려 있다.

무엇보다 자본주의에서 사람들은 자신이 생산하고 판매하는 상품의 가치 실현에 생계와 사회적 생명을 걸고 있다. 따라서 인간이 자발적으로 서로의 관계를 만들어내는 것이 아니라 물체들이 인간들의 관계를 만들어낸다고 마르크스는 주장했다. 이로부터 상품 등의 물체들을 숭배하는 '상품물신숭배'가 생겨난다. 그리스 신화에서 영웅들의 배후에 있는 신들이 그들을 자기 마음대로 조종하듯이, 자본주의에서는 상품들이 인간의 배후에서 그들을 조종한다. 이것은 합리적 경제인이 사유재산을 구성하는 물체들을 처분하기 위해 자발적으로 타인과 관계를 맺는다고 여기는 주류경제학이나 사회과학과 정반대되는 생각이다.

이는 자본주의 사회에서 사람들이 서로를 수단화하기 때문에 순수한 우정이나 애정에 근거한 만남이 유지되기 어렵다는 것을 의미한다. 내가 어떤 사람을 만나는 것은 그가 훌륭한 인격을 지니고 있기 때문이 아니라 나에게 이익이 되거나 최소한 나를 즐겁게 해주기 때문이다. 그리고 이런 전면적인 수단화를 대표하는 존재가 바로 화폐다.

상품물신숭배로 인해 경제인들은 사회를 물체나 자연처럼 간주한다. 이 때문에 자본주의의 역사성과 고유성을 무시하면서 그것의 보편성과 항구성을 내세우는 오류가 나타나게 된다. 마르크스는 이런 오류가 몇몇 사람들에게 국한된 착각이 아니라 자본주의 사회에 체계적으로 재생산되어 팽배해 있는 이념이라고 주장했다.

산업화가 진행되면서 비중이 커지고 있는 서비스는 재화와 달리 일견 물화와 무관해 보인다. 그렇지만 은행, 호텔, 식당, 비행기에서 직원들이 보이는 웃음, 친절, 참을성, 표정 등도 물리적인 의미에서 물체는 아니지만 직원들이 자신으로부터 소외시켜 파는 대상이 되므로 물적인 특성을 지닌다.

화폐의 노예가 되는 인간

마르크스는 관념·이념이 경제체제의 재생산에 불가결하다고 생각하며 경제주체를 관념·이념을 지닌 존재로 명시했다. 단순히 말해 사람들이 돈벌이에 긍정적이지 않고 가격을 고려하지 않는다면 자본주의는 유지될 수 없다. 이와 조금 다른 예로, 사람들이 학벌에 관심이 없다면 한국에서는 입시를 위한 강남의 학원이 유지될 수 없을 것이다. 이같이 가격이나 점수가 사람들의 활동에 지침이나 신호로 작용해 체제를 재생산한다.

이런 관념·이념은 학교뿐만 아니라 정치, 시장, 방송, 가정 등을 통해 경제주체들에게 교육되고 실습되면서 내부화된다. 이렇게 보면 화성에서 온 사람뿐만 아니라 조선시대에 살던 사람, 그리고 계획경제에 익숙한 사람은 시장에서 일상적으로 경쟁하면서 돈을 버는 데 어려움을 겪을 것이다.

관념·이념은 경제학자들이 지니고 있으며, 케네나 스미스 등 초기의 경제학자들이 안고 태어났을 정도로 근원적이다. 그중에서도 마르크스가 당시에 비판했던 속류경제학은 자본가의 논리에 불과하며 현대의 신고전학파, 특히 시카고학파에 가깝다. 그리고 이들의 생각은 로빈슨 크루소라는 경제인으로 축약된다.

마르크스가 지적한 생산의 무정부성은 시장경제가 계획경제와 반대로 분권화되어 있다는 주장과 비슷하다. 이로 인해 자본주의에서는 경제활동의 생산물이 시장에서 팔리느냐, 그리고 얼마의 가격에 얼마만큼 팔리느냐가 중요하다. 자본주의에서는 사람들이 시장의 교환 과정에서 자신의 생산물에 대해 화폐로 표시되는 가격을 통해 사회적인 승인을 받는다. 입시생은 고사장에서 점수로, 음악가는 음악회에서 얻는 관객의 반응으로, 화가는 전시회를 통해 방문객들의 반응과 그림에 매겨지는 가격 및 판매수량으로 평가를 받는다. 이처럼 다양한 방식의 사회적 승인이 있지만, 자본주의의 경제구성원들은 무엇보다 자신의 생산물을 통해 시장에서 화폐로 평가를 받는다.

넓게 보면 자본주의의 경제인은 신분제도에서 해방됐지만 자본에 예속되어 있다. 자본에의 예속은 자본가계급에 대한 노동자계급의 예속과 화폐에 대한 모든 경제주체의 예속을 의미한다. 노예제도는 없어졌지만 노동자가 자본가에게 노예처럼 구속되어 있고, 노동자든 자본가든 모두 돈의 노예가 되어 있다. 자본주의의 새로운 주인은 자본과 돈이다.

자본가든 노동자든 모두 상품시장이나 노동시장에서 돈을 벌거나 돈으로 평가받기 위해 안간힘을 쓴다. 이 과정에서 자본주의의 인간은 계급에 상관없이 모두가 돈을 숭배하게 된다. 특히 자본가들은 의식주 해결뿐만 아니라 사치스러운 소비와 자손의 풍족한 생활을 넘어서는 수준으로 무한히 많은 돈을 축적하려고 노력한다.

화폐의 이런 역할이 한도를 넘어서면 모두가 돈의 노예가 된다. 자본주의에서 화폐의 힘은 평가의 척도라는 차원을 넘어서 인간을 지배하는 수준에 이른다. 이것은 마치 학벌 사회인 한국에서 누구나 점수의 노예가 되어 점수를 숭배하는 것과 비슷하다.

여기서도 마르크스가 서술하는 경제주체와 신고전학파의 경제인 사이에 차이가 있다. 신고전학파에서는 돈에 대한 섬김도 경제인의 선호와 선택의 문제다. 경제인은 합리적이어서 자신의 선호와 상황에 비추어 돈벌이를 선택할 수도 있고 쓸데없는 돈을 벌기보다 여가를 선택할 수도 있다. 이런 선택은 돈으로 구입할 사용가치나 재화가 낳는 효용과 여가가 낳는 효용 중 어느 것이 더 큰가에 달려 있다.

반면 마르크스의 경제주체들은 자본주의의 논리를 '본성'으로 삼기 때문에 이런 판단이나 절제의 여지를 가지고 있지 않다. 마르크스에게서는 돈에 대한 섬김도 개인의 선호·선택의 결과가 아니라 체제·구조의 문제다. 자본주의체제가 맹목적인 화폐 추구를 요구하므로 경제주체들도 이같이 행동한다. 맹목적인 체제 안에서 맹목적으로 움직이지만 이들 경제주체는 체제에 부합되는 인간이므로 지극히 정상적이라 간주된다.

계급사회를 지배하는 적대적 모순

화폐를 중시하는 마르크스에 이르러 사용가치와 교환가치의 갈등은 적대적인 모순으로 발전한다. 상품이나 물건의 사용가치는 그것의 쓸

모이고, 넓게 보면 그것의 사회적 유용성이다. 이에 비해 그것의 교환 가치는 물건이 시장에서 교환되는 비율이나 그것이 팔리는 화폐가격 이다. 자본주의에서는 모든 것이 화폐가격으로 환산되고 경제가 이에 따라 움직이면서, 가격이 사회적 유용성에 부합되지 않고 생산된 사용 가치의 수량이 사회적으로 필요한 수량과 괴리되는 모순이 발생한다.

이로 인해 빈곤층의 생계보다 부유층의 밍크코트와 철갑상어알이 더 중요해질 수 있다. 또한 이윤 위주의 경제활동이 매춘과 같이 부도 덕한 서비스나 생태계를 파괴하는 폐기물을 용인하고 조장할 수 있다. 책을 읽고 싶은 사람에게는 돈이 없고 돈이 있는 사람은 책을 원하지 않아 책은 내내 인기가 없는 상품이 된다.

스미스에게 있어 이런 사용가치와 교환가치의 괴리는 인간보다는 상품이라는 물체 자체와 관련되어 있었다. 그렇지만 스미스 이전의 아 리스토텔레스, 그보다 나중에 등장한 멩거Carl Menger 등에게서 이 문제 는 주로 인간과 관련된다. 그리고 사용가치와 교환가치는 상품의 대립 적인 특징일 뿐만 아니라 경제주체의 활동 목표가 된다. 즉 사용가치 는 사회적인 유용성을 추구하는 경제주체의 목표로, 교환가치는 화폐 를 추구하는 경제주체의 목표로 각기 이어진다.

마르크스에게서는 이 갈등이 상품들의 교환관계와 이와 연관된 인 간관계와 결합되어 있다. 이 때문에 상품의 요소들로 등장하는 사용가 치와 교환가치의 모순은 교환에 참여하는 인간관계의 갈등이자 모순 이 된다. 결국 돈벌이에 열중하려는 생각과 자신이 만든 물건이 사회 적으로 유용해야 한다는 생각이 한 인간 속에서 충돌한다.

구체적으로 의사는 수시로 병원에 수익이 되는 치료법과 환자에게 진정으로 도움이 되는 치료법 사이에서 갈등한다. 변호사는 돈벌이가 되는 변론과 사회적 정의를 위한 변론 사이에서 고민한다. 교수와 교사는 유익한 지식과 입시 및 취직에서 요구되어 팔리는 지식 사이에서 갈등한다. 이런 모순은 시장경제나 기존 사회구조를 벗어날 때 비로소 극복될 수 있다고 마르크스는 생각했다. 반대로 제번스와 신고전학파는 시장경제의 가격기구 작동과 경제인의 합리적 선택으로 화폐가격과 사회적 유용성 사이의 괴리가 사라지고 개인의 갈등도 해소된다고 믿었다.

전체적으로 마르크스의 자본주의적인 인간은 다면적이다. 우선 누구도 시장경제의 틀을 벗어날 수 없으니, 모두가 경제적으로 교환의 당사자이며 법적으로는 계약의 주체다. 정치의 장에서 사람들은 프랑스 혁명의 유산을 이어가고 있는 시민들이다. 또한 자본가계급과 같이 착취하는 사람들도 있고, 노동자계급과 같이 착취당하는 사람들도 있다. 더불어 노동자를 비롯한 빈자들은 생계를 갈구하고, 자본가나 지주와 같은 부자들은 사치성 소비를 향유한다. 끝으로 노동자계급은 착취에 시달리면서 이런 모순적인 사회구조를 극복하려고 노력한다.

마르크스는 자본주의를 부당하고 부도덕한 경제사회체제로 규정했을 뿐만 아니라 이런 부당성이 인류 역사상 가장 견고한 구조를 통해 유지되고 재생산되는 체제라고 생각했다. 이로 인해 자본주의체제의 현실과 그의 이상인 사회주의는 정반대의 위치에 놓여 있고, 경제주체들은 현실과 이상의 극단적인 모순을 겪고 있다.

또한 사회를 유지하고 개선하는 전통적인 방책들이나 경로들이 무용하게 된다. 종교, 윤리와 도덕, 규범, 법, 정책, 법과 정책을 만들고 시행하는 국가, 교육과 홍보, 습관과 관습, 진화, 계획 등이 바로 그것이다. 물론 자본주의의 핵심을 이루는 시장 및 가격기구, 자유방임주의, 공동체주의, 무정부주의와 유목주의 등도 여기에 포함된다. 사회를 유지하는 제반 방책들을 모두 제외하고 남는 것이 바로 혁명이다. 현실의 반대쪽에 있는 이상을 실현시키기 위해서는 부분적인 개혁이 아니라 근원적인 혁명이 요구된다.

자본주의체제의 인간도 이런 현실과 이상의 대립과 모순을 겪으므로 모순을 극복해야 진정한 인간으로 거듭날 수 있다. 그런데 모순을 극복하는 능력은 모든 사회구성원에게 주어져 있지 않다. 노동과정을 통해 자본주의체제의 모순을 몸으로 겪고 있는 노동자계급에게만 주어져 있다. 노동자계급에게 있어서 교육과 장내외의 정치는 모두 사회의 근본적 변혁을 위한 것이다. 마르크스에게서 현실과 이상의 간격을 메우는 것은 노동자계급의 인식과 운동이다.

물론 사회주의체제가 붕괴하고 세계화와 신자유주의로 노조와 노동자운동이 약화되는 현 상황에서 노동자계급이 주도하는 경제사회에 대한 근원적인 개혁을 주장하기는 쉽지 않다. 그렇더라도 각급 조직에서 자본과 체제에 대해 비판적인 인식을 가지고 저항하고 투쟁하는 인간은 여전히 요구된다. 여기에 통상적인 방법들을 결합시켜 경제와 사회를 개선하고 이를 통해 인간도 변화될 수 있을 것이다.

'만인에 대한 수단화'를 극복하는 방법

마르크스는 자본주의에서 사람들이 서로를 이용하고 서로에게 수단이 되는 것도 비판했다. 시장에서 사람들은 다른 사람을 만나고 있는 것이 아니라 자신의 이익을 위해 다른 사람이 가진 것을 만나고 있다. 특히 공장에서는 자본가가 내세우는 생산량이 목표가 되고 노동자는 수단이 된다. 따라서 시장에서든 공장에서든 자본주의에서는 진정한 인간관계가 불가능하다.

또한 타인에 대한 수단화와 착취가 내면화되면서 경제주체들이 각자 자신도 수단화하고 소외시키며 착취하기에 이른다. 경쟁 속에서 생계나 돈벌이를 위해 직장에서 일하면서 노동자와 자본가가 과도하게 긴장하고 집중하며, 자기규제, 단속 및 검열을 수행하는 것이 이에 해당된다. 입시경쟁에 시달리는 학생도 학교나 학원에서 이와 비슷한 양상들을 보인다.

이로부터 생계·돈벌이를 위한 일이나 입시공부 외에는 아무런 흥미를 가질 수 없는 인간형이 생겨난다. 이는 삶의 특정 차원에 집착해 다른 차원들을 도외시함으로써 진정한 의미의 자기 존중과 인간적인 삶을 포기하는 것이다. 마르크스의 인간은 이처럼 개체적인 원자가 아니라 내부적으로도 여러 관계와 구조를 지닌 복합적인 존재다.

자본주의 사회에 대한 마르크스의 생각을 인간의 내면으로 끌고 들어간 사상이 독일의 프랑크푸르트학파였다. 이 학파는 프로이트를 헤겔이나 마르크스와 결합시켜 인간과 사회에 대한 통일장적인 견해를 제시했다. 초자아–자아–이드의 갈등이나 모순이 가족 내부의 갈등이 되고 자본주의 사회의 계급모순이 된다. 인간의 갈등과 모순은 인간 내부뿐만 외부, 즉 가족, 역사와 문화, 그리고 사회로부터 온다. 심리학계의 모차르트로 불리는 러시아의 심리학자 비고츠키^{Lev Vygotsky}도 이와 비슷한 주장을 했다.

　신고전학파는 거의 모든 점에서 마르크스와 대립하지만 자본주의나 시장경제에서 사람이 물건을 주고받기 위해 만난다는 사실에 동의한다. 또한 교환이 노동자를 위시한 인간을 노예로 만들지 않아야 한다는 조건에도 동의한다. 그렇지만 마르크스와 달리 신고전학파는 이런 조건 하에서 서로가 서로를 수단화하는 것이 불가피하며 이것이 반드시 나쁜 것도 아니라고 생각한다. 모두가 서로를 평등하게 수단화하기만 한다면 커다란 문제가 없다. 그리고 이것이 시장의 현실이자 작동 방식이다. 마르크스가 지적하는 일방적인 노자 간의 착취는 신고전학파의 입장에서 현실이 아니다. 신고전학파는 노자관계에 있어서도 일방적인 착취 대신 쌍방적인 이용이나 수단화를 내세웠다고 할 수 있다.

　이에 더해 신고전학파는 질적인 범주보다 양적인 규정을 강조하면서 목적과 수단의 이분법에 동의하지 않는다. 자본가가 목적이고 노동자가 수단이라기보다, 상대적으로 자본가에게 목적의 성격이 더 짙고 노동자에게 수단의 성격이 더 짙을 뿐이다. 종합적으로 시장경제에서는 모두가 서로를 수단화하는데, 그 정도에 있어 사람마다 차이가 있다.

　이와 대조적으로 성서나 칸트는 서로가 서로를 수단으로 삼지 말 것을 경고해왔다. 마르크스는 이에 더해 인간의 전면적인 수단화를 낳는 자본주의의 현실에서 벗어나기 위한 방법을 모색했다. 만인에 대한 만인의 수단화가 인간을 물건으로 격하시켜 인간의 삶을 비참하게 만드는 사회를 재생산하기 때문이다. 기업의 경영자가 노동력을 원료나 장비와 비슷하게 취급하거나 단순한 비용의 구성요소로 취급하는 상황이 이에 해당된다. 칸트와 마르크스는 동등하든 불평등하든 인간의 수단화를 반대한다는 점에서 경제학과 명확히 대립한다.

인간이 서로를 수단화하는 것이 어느 정도 불가피하다고 하더라도, 최소한 이것을 자본주의에서처럼 극대화할 이유가 없다. 이 문제를 약화시키기 위한 방책으로 협동조합이나 사회적 기업 등이 현실에서 활용되고 있다. 기업을 통해 이런 문제를 줄일 수 없다면, 기업에 고용되지 않고 살아가기 위한 '기본소득제'도 하나의 대안일 것이다. 이런 대안들을 통해 경제인이 '경제사회인'이나 '경제시민'으로 거듭날 수 있을 것이다.

정치권력만이 아니라 '경제권력'을 경계해야 하는 이유

마르크스는 인간이 언제나 개인으로서 사회나 경제에서 활동하는 것이 아님을 강조했다. 그러나 마르크스가 상품의 가치를 개념화하기 위해 체현된 노동을 추상화하여 제시한 '가치실체' 개념은 실제로 논증하기가 쉽지 않다. 이렇게 보면 마르크스와 베버와 함께 대표적인 사회학자로 불리는 뒤르켐의 지적을 고려할 필요가 있다. 그는 인간의 사회성을 실체로 증명해야 한다는 부담을 안지 않으면서 사회적 존재를 해명하는 방식을 제시했다. 바로 '실체 없는 사회성'이다. 그는 모든 인간과 사물을 개체로 분해하는 경제학의 방법론적인 개체주의를 비판하면서도, 마르크스가 생각하는 사회경제구조에 국한되지 않는 개념을 제시했다.

뒤르켐은 종교, 이념, 가치 등을 공유하는 집단이나 조직이 이들을 구성하는 개인들이 지니지 않은 별개의 힘을 지니고 있다고 보았다. 역사와 문화도 특정 집단이 공유하고 있는 의미나 가치다. 월드컵 경기에서 환호하거나 정부의 정책에 반대하는 군중은 이 군중을 구성하는 개인들이 지닌 힘들의 합을 넘어서는 힘을 지니고 있다.

전체나 집단이 지니는 이러한 힘을 '출현적 성격'이라 부른다. 출현적 성격은 개별 단위나 부분들이 모여 전체를 이루면 개별 단위나 부분들이 원래 지니지 않았던 성격이 전체에 생겨나는 것을 말한다. '전체는 부분의 합 이상이다'라는 표현이 이를 말해준다. 가장 간단한 예는 자연현상인 물(H_2O)이다. 물은 수소(H)와 산소(O)로 구성되어 있는데, 수소와 산소는 물의 속성을 가지고 있지 않다.

계급과 어느 정도 독립적인 느슨한 관계를 현대에서 고려할 필요가 있다. 사회학을 필두로 심리학, 그리고 최근의 경제학은 인간관계, 사회적 연줄, 연결망 등을 중시하고 있다. 특히 인터넷 네트워크가 중요해지면서 느슨한 관계들이 지닌 중요성이 부각되고 있다. 동아시아에서는 친족관계가 한편으로 서양 개인주의의 강력한 영향력 때문에 해체되는 것처럼 보이지만, 다른 한편으로는 여타의 근대적인 요소들과 결합하면서 오히려 관계를 더욱 복잡하게 만들고 있다. 한국의 지연, 혈연, 학연 등이 대표적 예다.

이러한 현상들도 경제학이 내세우는 경제인을 재고하게 만든다. 표준이론은 고립된 개인을 경제인으로 상정하고 시장의 가격에 의존하면서 익명적인 거래와 관계에 집중해왔다. 따라서 경제행위자들의 대면접촉이나 느슨한 연계, 그리고 경제조직의 상호의존성과 상호작용은 경시돼왔다. 더구나 2008년 비우량주택담보대출의 위기는 경제인에 근거한 이론에 대한 반성을 촉구하고 있다. 표준이론에 의존한 금융자산이 위험을 분산시키기보다 경제행위자들의 상호작용을 강화시켜 위험을 증폭시켰다는 것이 실증되었기 때문이다.[38]

마르크스는 경제사회가 지니는 힘power을 중시했다. 자본, 부, 소득, 화폐 등에 근거한 경제력이 일차적으로 경제주체들의 위치, 생산·사회관계, 그리고 경제구조를 결정한다. 당연히 경제주체들의 관계도 세력관계나 우열관계로 나타난다. 또한 이로부터 파생된 정치권력과 문화권력이 자본주의 사회를 규정한다. 이것은 경제학이 상정하는 것처럼 여러 경제주체들이 독립적으로 움직이는 것이 아니라 서로를 의식하면서 때로는 의존적인 상황에 처해 있음을 뜻한다.

구체적으로 부자가 행사하는 구매력은 빈자가 발휘하는 구매력보다 힘이 더 크다. 또한 힘의 차이는 경제사회의 주체들 사이에 우열관계나 세력관계를 낳는다. 자본가와 노동자, 상품소유자와 화폐소유자, 산업자본가와 금융자본가, 모기업과 계열·협력업체, 기업과 정부, 기업과 언론, 언론과 정부 등이 모두 그런 관계들이다. 대기업의 후원을 받는 정치인, 언론인, 영화인 등도 힘의 증거들이다.

마르크스와 반대편에 있는 주류경제사상에서 경제인은 힘과 무관하다. 특히 신고전학파는 경제인의 선택을 강조할 뿐 힘으로 경제현상을 설명하거나 경제인을 규정하지 않는다. 신고전학파에서 힘이 어떻게 소외되고 있는지 살피면 오히려 현실 경제에서 힘이 얼마나 중요하게 작동하는지 확인해볼 수 있다.

표준이론의 사전에는 힘이나 권력이라는 단어가 거의 등장하지 않는다. 이 입장에서 시장의 균형equilibrium은 가격을 매개로 한 수요와 공급의 일치로서 흔히 민주주의나 국제관계에서 등장하는 힘이나 세력의 견제check 및 균형balance과 다르다. 가격의 개입으로 인해 전자가 익명적이고 반드시 의도적이지 않은 데 비해, 후자는 상대방이 분명히 드러나고 언제나 의도적이다.

가격을 고려하면서 자신의 선택을 통해 시장의 수요와 공급을 낳는 경제인(과 이에 준하는 시민)은 이기적·합리적이지만 힘을 가진 존재는 아니다. 경제학에서는 소비자와 관련해 선호의 차이와 다양성을 언급하지만 소득제약의 차이를 부각시키지 않는다. 나아가 사장과 노동자 사이에도 힘의 차이를 두지 않는다. 정부, 생산자, 소비자가 모두 관련되어 있는 '조세의 전가'를 수요—공급곡선의 탄력성 문제로 취급하는 것도 경제주체들 간의 힘의 차이를 가격의 증감에 따른 선택의 조정으로 해석하려는 노력이다.

이런 생각은 돈이나 자본의 힘 같은 경제력, 정치력, 금권이 지배하고 회자되는 일상과 쉽게 조화되지 않는다. 몇 가지 근거들만 가지고 이기적·합리적이면서도 힘을 가지지 않은 경제인을 정당화할 뿐이다.

먼저 경제학은 모든 구성원들이 동등하고 자유롭게 참여한다는 민주주의와 자본주의의 형식적인 출발점으로 충분하다고 생각한다. 시장에 모두가 동등하게 참여해 자유롭게 교환하고 계약한다는 생각에 붙들려 경제주체들의 소득이나 재산의 차이가 낳는 불평등과 힘의 차이를 고려하지 않는다. 또한 재화의 다양성을 전제함으로써 경제주체들의 힘이 낳을 수 있는 갈등이나 대립이 시장에서 개인의 선택과 가격의 조정을 통해 용해되거나 최소한 둔화된다고 생각한다.

어떤 식당의 음식이 마음에 들지 않으면 이 식당 주인에게 따지기보다 다음부터 다른 식당을 선택하면 된다. 또한 사장의 폭언이나 희롱이 싫으면 다른 직장을 선택하면 된다. 나아가 어떤 부자는 강남의 아파트를 사고, 다른 부자는 골프장 회원권을 사므로, 서로 분산되어 부와 화폐의 폭력이 둔화된다.

이런 생각들을 극단적으로 구현한 개념이 '완전경쟁시장'이다. 완전경쟁시장에서는 수많은 작은 기업들이 주어진 가격을 받아들여 공급량을 선택할 뿐 가격을 결정할 수 없다. 가격순응적일 뿐만 아니라 기술혁신도 제공할 수 없는 이론 속의 기업들은 경쟁할 수 있는 힘, 즉 경쟁력을 완전히 상실하고 있다. 이렇게 보면 완전경쟁 개념을 '완전한 경쟁의 부재'라고 규정해도 될 것 같다.

이미 지적한 바와 같이 표준이론의 경제인은 개인이며 기업도 1인으로 구성된 조직이자 경제인이다. 이런 생각이 스며들어 표준이론에서는 기업과 소비자, 특히 대기업이나 재벌기업, 중소기업, 영세기업 사이의 힘의 차이를 중시하지 않는다.[39] 힘없는 기업들이 활동하고 있는 (재화)시장은 분권화되어 있는 데 비해 국가나 정부는 하나의 독점화된 권력이다. 결과적으로 표준이론은 기업 수준에서 일어나는 시장의 독점이나 경제력 집중을 경계하기보다는 노동조합과 특히 정부를 경계한다.

그러나 현실은 이와 다르다. 소비자들 사이에서도 구매력의 차이가 발견되지만, 기업은 자금 규모나 시장점유율 등에 있어서 소비자보다 압도적으로 힘의 우위를 보인다. 더구나 대부분의 경우 기업은 소비자와 같이 개인이나 가족이 아니라 조직으로서 힘을 발휘한다. 기업은 그 기업의 대주주나 사장과 동일하지 않고 구성원들로 분해되지 않는 독자적인 힘을 지닌다.

보다 중요한 점으로 기업의 경제력이 정치권력으로 전환될 수 있다. 전 세계적으로 대기업들은 로비나 접촉을 통해 입법 과정에 개입하고, 행정부의 정책에 압력을 가한다. 또한 광고를 통해 자신들에 대한 언론기관의 보도를 유리하게 이끈다. 이렇게 보면 '돈의 힘'이라는 상식적인 판단이 '합리적 선택'이라는 경제이론보다 더 설명력이 있다. 힘의 차이는 소비자와 기업에서부터 시작해 노조, 언론기관, 각국 정부에서도 적용된다.

한국의 재벌기업과 중소기업의 차이는 주지하는 바와 같다. 심지어 재벌기업이나 대기업의 규모는 지방정부의 규모를 능히 넘어설 수 있다. 표준적인 자본주의체제로 알려진 미국경제를 포함해 세계적인 경제 수준에서도 19세기 말 이후와 20세기 말 이후의 두 기간에 기업의 막강한 힘의 변화가 관측된다. 현재 웬만한 국가나 정부의 규모를 능가하는 기업들이 적지 않게 존재한다.

2015년을 기준으로 미국의 월마트, 중국의 시노펙, 독일의 폭스바겐, 일본의 토요타 등은 연간 수입에 있어 스위스, 노르웨이, 러시아 정부를 능가한다. 차이가 있다면 국가권력과 달리 기업권력은 전쟁이나 경찰 기능을 수행할 수 없다는 것이다. 이렇게 보면 기업보다 정부를 더 경계해야 한다는 입장은 선입견이며 정치권력뿐만 아니라 경제권력도 경계의 대상으로 삼아야 한다.

물론 신고전학파가 상정하는 '시장의 균형equilibrium'과 '세력 균형 balance'의 차이에서 보았듯이, 시장의 경제력과 정치력 사이에는 익명성이나 의도성의 차이가 있다. 미소관계나 중미관계에서는 상대방이 누구인지 명확하고 힘의 행사가 의도적이고 직접적이다. 이에 비해 시장에서는 힘의 행사가 의도되지 않았거나 간접적일 수 있다.

노사협상에서 임금이 삭감되는 경우 여기에 개입된 힘의 행사는 직접적이고 의도적이다. 이것은 길거리에서 누군가가 다른 사람을 때린 것과 비슷하다. 이에 비해 강남의 아파트가격 상승은 여러 명이 참여해 발생한 현상으로 누가 누구에게 행사한 폭력인지가 분명치 않다. 무엇보다 여기서는 의도와 결과 사이에 괴리가 생길 수 있다. 이 점에서 가격이나 화폐의 폭력은 통상적인 권력의 폭력과 다르다.

이런 이유로 진보적인 경제정책에 대해 경제학자들은 통상 의도는 좋으나 비현실적이어서 그 결과가 반대로 나타날 수 있다고 반박한다. 도둑을 잡듯이 집값을 잡으려는 거래 단속이나 가격규제는 오히려 집값을 끌어올린다는 것이다. 따라서 경제개혁이나 경제정책의 시행에는 언제나 주의가 요망된다.

그렇지만 이로부터 시장에 힘이나 폭력이 작동하지 않는다는 논리를 도출할 수는 없다. 결과적으로 누군가는 부유해지고 누군가는 집을 마련할 수 없게 되어 돈과 힘이 재분배되었다는 사실에는 변함이 없기 때문이다. 그런데 신고전학파는 시장의 익명성이나 비의도성을 내세워 시장에 아예 힘이나 폭력이 존재하지 않는다고 주장한다. 혹은 경제인들은 서로에게 이익을 낳는 효율적인 거래를 수행할 뿐 힘이나 폭력을 행사하지 않는다고 주장한다.

요약하면 경제주체들을 경제인과 같이 단순히 동등한 개인들로 취급하는 것은 타당하지 않다. 소비자들이 모두 동등한 위치에 있으며 기업들이 가격순응적이고 수동적인 완전경쟁 하에 있다고 전제하는 것은 가상에 불과하다. 경제주체들은 이기적으로 행동하고 합리적으로 선택하는 데 그치지 않고, 의도하든 의도치 않든, 자신들이 지닌 힘을 행사하고 있다.

나아가 현실의 경제주체는 개인이나 조직 차원에서 경제력이나 정치력을 보유하고, 그것도 차등적으로 힘을 지니며, 이를 통해 다른 경제주체나 정치주체와 세력관계를 형성한다. 힘의 근거는 소득이나 자본뿐만 아니라 정보나 지식, 그리고 소비, 생산, 혁신에 있어서의 역량 등 다양하다. 이것은 정치에서는 '힘이나 권력', 법에서는 '정의', 경제에서는 '효율' 등과 같은 구호가 도식적이어서 비현실적일 수 있다는 것을 의미한다.

따라서 경제학이 생각하는 바와 같이 단순히 경제주체의 동등성이나 차등성을 따질 것이 아니라, (아리스토텔레스와) 마르크스가 생각한 것과 같이 동등성과 차등성의 결합과 이에 근거한 사회적 위치의 분배를 논의의 바탕으로 삼을 필요가 있다.

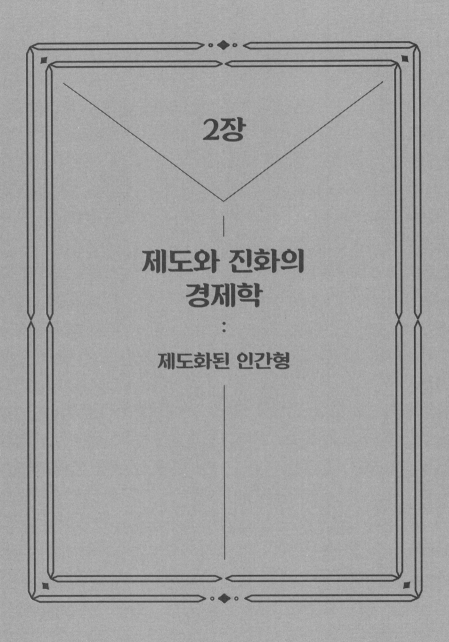

2장

제도와 진화의
경제학

:

제도화된 인간형

Lujo Brentano

루요 브렌타노

⋮

경제인과 관료는 윤리적이어야 한다

윤리적 경제주체를 내세운 역사학파

자본주의의 선진국인 영국에서 18세기 말에 등장한 고전학파는 보편적인 원리로 인간의 이기심과 경제적 자유, 그리고 자유무역을 내세우면서 인간의 윤리와 국가의 개입을 약화시키려 했다. 이에 비해 당시 후진국이었던 독일에서 19세기 초에 등장한 역사학파는 역사에 근거해 이론의 특수성을 내세우면서, 경제발전의 단계에 따른 국가의 정책과 보호무역을 내세웠고, 경제주체의 윤리와 경제정의 등을 고집했다.

전기와 후기로 나뉘는 역사학파 중 특히 후기 역사학파가 경제주체의 윤리를 강조했다. 후기 역사학파의 대표적 학자인 브렌타노Lujo Brentano(1844~1931)는 자신의 저서 《경제인Der Wirtschaftende Mensch》을 통해 애덤 스미스가 인간의 이기심뿐만 아니라 이타심도 중시했음을 지적하면서, 경제주체들에게 윤리가 필요하다는 점을 역설했다. 이에 따라 애덤 스미스의 입장이 무엇인지를 놓고 '애덤 스미스 문제'가 생겨났다.

이런 문제제기를 통해 주류경제학의 탈윤리적인 경제인에 대해 윤리적인 경제주체를 대립시키는 사상들이 현재까지 이어지고 있다. 이 중에서도 소비자나 노동자보다 기업의 윤리가 더욱 중요해지고 있다. 브렌타노의 입장에 따르면 기업은 투기 등 다른 방법이 아니라 좋은 제품을 개발해서 이윤을 추구하고, 이에 더해 국가나 지역사회 등에 대해 사회적 책임을 짊어져야 한다.

이는 이윤극대화가 기업의 유일한 현실적인 목표이고 동시에 목표여야 하므로 최대한 넓은 범위의 활동과 방법들을 법적으로나 윤리적으로 기업에 용인해야 한다는 프리드먼의 주장과 대립된다. 프리드먼에 따르면 투기수요는 실수요와 구분하기 힘들고, 투기와 투자의 구분도 자의적이다. 심지어 아파트 등에 대한 투기수요는 미래의 실수요를 나타내는 것으로 투기자는 남보다 앞서 수요를 알려주는 선도적인 역할을 수행하므로 윤리적인 비난의 대상이 아니다.

이와 달리 역사학파는 시장만으로 경제사회의 정의와 효율성을 보장할 수 없다고 생각했다. 이 때문에 시장의 균형가격과 별도로 '정의로운 가격'을 상정하게 된다. 정의로운 가격에는 윤리나 사회적 합의가 개입된다. 학술적인 용어는 아니지만 '착한 가격'도 이런 생각에 가깝다. 반면 시장의 균형가격만으로 효율성과 정의까지 장담하는 시장주의자의 입장에서 정의로운 가격은 가격형성에 정부 등 제3자가 개입한다는 전제를 담고 있어 형용모순에 가깝다.

┌───┐
│ **경제학의 모순과 침묵**   │
│   │
│ '뜨거운 얼음'은 형용모순이고, '구체적인 철학'이나 '재미있는 경제학'도 이에 │
│ 가깝다. 보다 중대한 사례는 상식적으로는 모순이 아닌데 경제학이 모순으로 │
│ 여겨온 것들이다. '정의로운 가격', '경제정의'나 '사회정의', '분배적 정의', '공 │
│ 정한 분배', '유용한 정부정책', 심지어 '공정 거래'를 경제학에서는 모순으로 │
│ 취급한다.   │
└───┘

이런 이유로 역사학파는 경제주체의 윤리와 함께 법이나 정책을 중시한다. 법은 노동이나 금융 등의 개별 영역과 관련해 경제사회의 기본적인 틀을 제공한다. 법은 집단행동을 통해 개별 행동이나 개인의 자유가 지닌 범위를 제한하므로, 경제적으로 자유로운 개인을 강조하는 경제인과 그다지 조화롭지 못하다.

또한 행정부는 거시경제정책뿐만 아니라 가격, 노동, 교육, 복지 등 다양한 정책들을 제공한다. 역사학파처럼 정책을 중시하면 경제에서 관료의 역할과 청렴함도 중요해진다. 한국경제에서도 공무원의 청렴함은 경제성장 과정에서부터 현재까지 정치인과 대중에게 친숙한 구호다. 또한 공무원의 부정부패는 수시로 신문의 머리기사를 이룬다.

도덕의 당위성인가, 시장의 이기성인가

윤리는 자발적이고 법은 강제적이다. 그렇지만 우리의 논의에서는 행동에 영향을 미치는 방식에 있어 윤리와 법 모두 가격과 다르다는 점이 더 중요하다. 윤리와 법은 옳고 그름이나 시비에 근거하고, 대부분

행위를 하느냐 마느냐 혹은 '이것이냐 저것이냐'의 질적인 선택을 낳는다. 예를 들어 사람들은 거리에 쓰레기를 버리느냐 마느냐, 교통신호를 지키느냐 마느냐를 두고 선택한다.

이와 대조적으로 시장의 가격이 경제활동에 미치는 방식은 이익과 손해를 따지는 계산에 근거한 양적인 선택을 낳는다. 여기서는 '이것이냐 저것이냐'가 아니라 '이것을 더 하고 저것을 덜 하는' 선택이 중요하다. 가격과 관련해 한계 개념이 중요해지는 이유도 여기에 있다. 이 때문에 경제학 시험문제의 답에는 옳고 그름이 있어도, 경제나 경제인에 대해서는 더하고 덜함이 있을 뿐 옳고 그름의 판정이 별로 없다.

역사학파는 질적인 판단을 강조하고, 주류경제사상은 양적인 계산을 강조한다. 그런데 정부의 법이나 정책에는 이 두 가지 서로 다른 방식이 공존한다. 그것은 교육과 홍보를 통해 윤리나 시민의식에 호소하는 방식과 벌금 등에 의존해 가격과 양적인 조절에 호소하는 방식이다. 공공장소에서의 핸드폰 남용을 법으로 금지하거나 각자의 도덕에 맡길 것인가, 아니면 벌금을 부과해 가격기구로 관리할 것인가? 이를 결정하기 위해서는 해당 사회의 역사와 문화 등을 고려해야 하고 사회적 합의를 필요로 한다.

신고전학파는 윤리나 도덕의 역할을 경시하며 행정부의 정책에 대해 부정적이다. 신고전학파도 법의 필요성 자체를 부인하지는 않지만 되도록 얇은 법체계를 원한다. 더구나 경제사회정책은 시장경제에 반한다고 생각해 이를 본능적으로 거부한다. 이런 이유로 경제학 교과서에서 관료의 역할은 발견하기 어렵다.

그런데 동서양을 막론하고 인류가 경제사회를 유지하고 개선하기 위해 활용한 장치들로 경제학이 강조하는 시장 이외에도 현실적으로 윤리와 법, 그리고 정책이 중요했고, 이들은 교육과 홍보로부터 많은 뒷받침을 받았다. 이런 장치들은 경제사회문제에 대한 진단과 처방에 있어 자연, 인간, 사회가 발휘하는 역할에 관해 입장을 달리한다.

그런데 시장이든 윤리와 법, 정책이든 모두 경제사회주체들의 행위를 가능케 하는 기반이거나 행위를 매개하거나 제약한다. 인간을 통해 작동한다는 점에서는 윤리와 법과 가격기구 사이에 차이가 없다. 윤리를 의식하고 법의 제약을 받는 행위자나 가격을 고려하는 행위자나 모두 인간이다. 그리고 19세기 이전에는 경제와 관련해서도 시장이 아니라 윤리, 법, 정책이 주된 해결 방법이었다.

그렇지만 자유주의 경제사상과 고전파 경제학이 등장하면서 시장의 가격기구와 경제인의 이기적이고 도구적인 이성이 경제의 중심에 놓이게 되었다. 후기로 갈수록 시장경제는 시장 이외에 다른 제도를 인정하지 않아 자유방임주의로 흐르게 되었다. 이에 따라 시장경제는 윤리의 구속과 법의 제약, 특히 정부의 정책적인 개입에 대해 더욱 부정적으로 변했다. 뿐만 아니라 교육이나 습관의 역할도 약화시켰다. 물론 경제학은 무정부주의나 허무주의로까지 나가지는 않는다.

구체적으로 시장경제의 논리에 의하면, 윤리와 법이 모두 시비와 선악에 대한 질적인 판단과 규정에 근거해 개별행위자들의 상황들을 고려하지 않는 획일성, 심지어 폭력성을 지닌다. 이에 비해 시장경제의 가격은 수량적이고 연속적으로 변동해 개별행위자가 자신의 상황을 고려해 선택할 수 있도록 허용한다.

따라서 시장경제에서 경제를 개선할 수 있는 경로는 시장의 가격과 개인의 선택 이외에 다른 것이 없다. 예를 들어 어떤 콘텐츠의 음란성을 윤리나 사회적 합의로 판단하기보다 시청자 각자의 판단에 맡겨 합산된 시청률로 평가하는 편이 더 낫다. 여기서 시장경제는 성적인 자유나 문화의 다양성과 친화력을 지니게 된다.

경제적 자유와 성적인 자유

일관된 시장경제의 옹호자인 유서 깊은 영국의 경제지 《이코노미스트》는 흄과 스미스에 근거해 경제적인 자유뿐만 아니라 여러 문화의 공존을 내세우고 성소수자를 인정한다. 윤리·도덕과 법이나 국가의 개입에 부정적이고 개인의 선호와 선택의 다양성을 주장한다는 점에서 경제적 자유는 문화적인 다양성이나 성적인 자유와 친하다. 간통죄에 대한 한국인들의 오래된 입장은 이와 차이를 보인다. 그러나 소득·재산의 차이에 근거한 경제적 자유가 문화적 자유나 프로이트로 연상되는 성적인 자유와 일치하는 것 같지는 않다. 최소한 문화적 자유는 오히려 자본이나 돈의 힘과 충돌한다. 특히 가부장적인 고용주들은 춤과 노래를 통한 현란한 감정 표현에 적대적일 수 있다.

외부효과가 발생하여 정책이 필요한 경우에도 조세와 같이 가격을 매개로 개인의 유인을 변경해 선택에 영향을 미치는 정책이 단순한 공해배출 금지나 규제보다 낫다. 이렇게 하면 외부효과가 시장으로 내부화되므로 이런 정책은 시장을 대체하는 것이 아니라 시장을 보다 완벽하게 만든다. 이는 산업화와 시장이 낳은 문제를 다시 시장을 통해 해결하려고 시도한다는 점에서 '시장주의'로 불릴 만하다. 이런 시장주의는 인간의 과학기술이 만들어낸 핵발전소의 문제를 다시 또 다른 기술로 해결하려는 '기술주의'와 외형상 비슷하다.

경제인의 이기성은 어디서부터 비롯되는가

시장경제에서 경제주체들의 선택과 행위는 시장경제의 흐름에 대한 이들의 기대에 의존한다. 따라서 시장경제에 부합되는 정책이나 법도 이런 기대에 충격을 가하지 않기 위해 보수적인 입장을 취하고 점진적인 사회공학의 모습을 보인다. 또한 시장경제는 윤리·도덕을 최소화하면서 공동체나 사회를 유지하기 위한 가치나 이념에서 벗어나려고 노력하므로 관계적이거나 집단적인 인간을 거부한다. 이 점에서 경제인과 시민, 도덕적인 인간 사이에 차이가 있다.

이 입장에서는 교수와 교사, 종교인, 방송인, 판검사 등 윤리·도덕의 설교자들은 때때로 과도하거나 주제 넘는다. 무엇보다 이들 중 상당수는 겉으로는 점잖으면서 속으로는 더 없이 탐욕적이거나 이기적이어서 위선적이다. 이들에게 교화된 사람들은 이들보다 더한 이기심을 보인다. 실제로는 이중적이면서도 자신은 절대로 그렇지 않다고 굳게 믿고 있다. 반면 설교자들은 때때로 자신이 이중적임을 느끼고 있다.

정치가나 정부 관료들도 겉으로는 공익을 표방하지만 속으로는 자신의 권력이나 예산을 늘리는 데 골몰한다. 국회의원에게 지역구민들의 이익은 그의 목표가 아니라 자신의 재선을 위한 수단이다. 정치인들 중 많은 사람들이 겉으로 이타심과 공익을 내세우면서 속으로는 자기 이익을 챙기는 이중성을 지닐 수 있다. 이것은 마치 자유로운 경제활동을 억압해 암시장이 생기면서 경제에 이중구조가 형성되는 것과 비슷한 이중성이다.

자유주의 경제사상의 입장에서 사업가와 상인들은 탐욕적이고 이기적이지만 위선적이거나 이중적이지는 않다는 점에서 위에서 상술한 이들보다 낫다. 경제학은 이런 위선이나 이중성을 방관하거나 조장하지 않아야 한다고 주장하는 셈이다. 또한 사람들을 이중적으로 만드는 이타심이나 도덕이라는 허울을 벗어나 차라리 솔직하게 예외 없이 모두가 자신의 이익을 추구하고 있음을 내외에 선포하는 편이 낫다. 이 점은 시카고학파가 가장 노골적으로 강조한다.

시장주의자의 입장에서는 윤리나 법이 이런 약점들을 지니고 있지만 자의적이지는 않다. 이에 비해 정부의 정책에는 관료들의 자의가 개입되므로 최악이다. 시장주의 경제학자들이 법과 정책을 규칙과 재량으로 구분하는 이유가 여기에 있다. 이 입장에서는 주식시장에서 변동하는 가격은 어느 정도 예측할 수 있으므로 대응 가능하지만, 정치가나 관료들의 정책은 예측할 수 없으므로 거부의 대상이다.

요약하면 경제학의 입장에서 행위자로 보면 소비자, 생산자, 사업가, 투자자는 신뢰할 만하지만, 선생, 설교자, 도덕군자는 이들보다 못하다. 정부 관료, 정치가, 국회의원은 이들보다 더욱 신뢰할 수 없다. 그래서 경제학의 입장은 다음과 같은 구호를 낳는다.

- 윤리와 도덕의 굴레에서 벗어나자.
- 법은 최소한으로 충분하다.
- 정부의 정책은 언제나 의심해야 한다.
- 가격은 언제나 존중해야 한다.
- 경제인은 최대한 선택의 자유를 보장받아야 한다.
- 소득의 불평등을 비롯해 시장에서 빚어진 결과는 그대로 받아들여야 한다.

시장주의에 근거한 이런 주장은 어느 정도 설득력이 있다. 실제로 윤리나 근엄함 등을 보호막으로 삼아 자신의 이익을 추구하는 사람들이 적지 않다. 그런데 과연 이런 문제들이 시장경제를 통해 해결될 수 있는 것인지 아니면 시장경제 자체를 억제해야 해결할 수 있는 문제인지에 대해서는 논란의 여지가 있다. 이것은 인간이 원래부터 이기적인지 아니면 시장경제에서 이기적으로 변하는지의 문제와도 같다.

신고전학파와 반대의 입장에 서 있는 마르크스도 유물론에 근거해 자본주의에 이중성으로 인한 허울이 창궐하고 있음을 지적한다. 그런데 마르크스는 자본주의의 고유성과 역사성을 주장하면서 인간이 언제나 이기적이지 않았다고 생각해 사회주의적인 인간형을 지향한다. 반면 프리드먼은 시장경제의 보편성을 내세우면서 각자의 사익 추구를 허용하는 일을 피할 수 없다고 생각한다. 역사학파가 강조하는 윤리와 도덕은 좌우 양쪽의 극단적인 입장이 아니라 중간적인 입장의 기제가 된다.

현실적으로 오늘날 경제의 운영에 있어서도 윤리적 소비, 기업윤리, 기업의 사회적 책임 등 윤리적인 요소에 상당히 호소한다. 또한 계약, 노동, 금융 등과 관련한 법은 시장경제의 작동을 위해 여전히 필수적이다. 이와 더불어 조세정책이나 거시경제정책 등 정부의 정책들도 거부하기 힘든 방책이다. 한국의 경제성장기를 보면 행정부의 정책들이 커다란 영향을 미쳤고, 경제주체에게 윤리와 도덕이 요구되었다.

특히 미국의 엔론 사태와 관련한 기업이나 한국의 재벌기업과 대기업이 벌이는 탈세, 배임, 횡령, 분식회계 등의 범법행위들을 보면 경제윤리나 기업윤리의 역할을 부인할 수 없다. 2008년 미국발 금융위기도 은행, 투자회사, 주택자금대부자, 심지어 경제학자의 윤리와 이들에 대한 법적인 규제의 중요성을 보여준다. 나아가 최근에 부각되고 있는 협동조합, 사회적 기업, 그리고 기업의 사회적 책임 등은 모두 기업과 소비자의 윤리를 강조하고 있다.

시장과 윤리, 법, 정책의 배합은 구체적인 현실의 상황 속에서 결정되어야 한다. 그런데 질적이거나 불연속적인 윤리, 법, 정책을 양적이거나 연속적인 가격과 개인의 선택으로 전환하거나 환산하는 데 한계가 있다. 일단 전환이 가능하더라도 주류경제사상이 간과하고 있는 소득·재산의 차이를 감안해 동일한 범죄에 대해 소득에 따라 벌금을 차등화하는 방안 등을 검토해야 한다.

소스타인 베블런

:

남들에게 과시하고 싶어 한다

인정받고 싶은 욕구야말로 인간을 설명한다

베블런Thorstein Veblen(1857~1929)은 《유한계급론The Theory of the Leisure Class》을 통해 자본주의와 자본주의의 인간과 경제주체를 비판했다. 인간의 사회성을 강조했다는 점에서 그는 경제학자이자 사회학자로 분류된다. 그렇지만 그는 마르크스와 달리 소비 행위를 중심으로 인간의 사회성을 드러냈다.

베블런에게서 인간의 사회성은 타인으로부터 인정이나 명성을 얻으려는 데서 비롯된다. 인정받기 위해 다른 사람과 경합emulation을 벌이면서 재화나 자원을 소유하고 이것을 소비한다. 이런 인간은 주류경제학에서 제시하는 합리적 인간과 정반대로 비합리적이거나 본능적이며 심지어 병적이다. 그리고 이런 인간의 병리는 대부분 자본주의 사회가 낳는 병폐에서 기인한다.

우선 사람들은 생계나 생활에 필요해서가 아니라 남들에게 자신의 신분을 확인하고 표현하기 위해 소비한다. 혹은 주변의 다른 사람들에게 소비를 통해 자신을 과시하고자 한다. 이것이 '과시적 소비'다. 거리에서 커다랗고 강렬한 색깔의 자동차를 보란 듯이 몰고 다니거나 현란한 옷을 걸치고 다니는 사람들에게서 이런 욕구를 확인할 수 있다. 반대로 '대리 소비'는 자신이 아니라 남을 돋보이게 하고자 이루어진다. 파티에서 부인이 격식을 갖춰 입는 것은 자신이 아니라 남편을 돋보이게 하려는 데 목적이 있다. 외견상 반대이지만 양자 모두 자신을 직간접적으로 부각시키려는 데 목적을 두고 있다.

'동승효과'는 특정한 사람들과 같은 부류에 속하기 위해 그들과 같은 것을 소비하는 행위다. 자신이 별로 좋아하지 않고 자신의 소득 수준에 비추어서도 부담이 되지만 부자들의 명품을 들고 다니며, 부자들이 자주 다니는 식당에 간다. 이것은 사람들이 다른 사람들, 특히 상류층의 소비행태를 경쟁적으로 모방한다는 것을 의미한다. 반대로 '속물효과'에서는 자신이 주변 사람들과 다르다는 것을 보여 자신을 차별화한다. 거리에서 자신과 비슷한 옷을 입은 사람을 발견하면 기분이 상해서 집으로 돌아와 다른 옷으로 바꿔 입는 사람이 있다. '나도 너와 다르지 않아!'가 동승효과라면, '나는 너하고 달라!'가 속물효과다. 드러나는 모습은 정반대이지만 양자는 모두 자신이 필요하거나 원하는 것보다 타인을 의식한다는 점에서 한 가지이다.

소비자들은 가까운 사람들의 소비행태뿐만 아니라 소비를 부추기는 기업의 광고에 쉽게 휩쓸린다. 따라서 베블런의 이론에서는 소비자로서 주권을 지니는 표준이론의 자율적인 경제인이 존속하기 힘들다. 또한 소비자들의 기호나 선호는 현시선호이론에서 주장하는 바와 같이 단순히 시장에서 개인의 선택을 통해 드러나는 것이 아니라 광고 등에 의해 구성되고 왜곡된다. 나아가 기업의 광고는 표준이론의 주장과 같이 정보를 제공하는 데 그치지 않고, 마케팅이론이 주장하듯이 소비자들의 기호를 만들어내거나, 구성하거나, 최소한 잠자고 있던 기호를 일깨운다.

합리적인 사회성과 '비합리적 사회성'

표준이론에 의하면 경제인은 자신의 예산제약인 소득의 범위 안에서 최상의 효용을 낳는 대안을 선택한다. 적은 예산 하에서 저렴하지만 실용적인 제품을 구입하는 것과 많은 예산 하에서 명품을 구입하는 것은 모두 합리적이다. 반면 가계부채를 감수하면서 명품을 구입하는 것은 비합리적이다. 이 경우 예산제약 밖에 존재하는 대안들은 합리적 선택과 무관하다.

더 심각한 현상으로 가짜명품 혹은 모조품을 구입하는 것은 예산제약 밖의 대안들이 소비자의 선택에 영향을 미치는 경우로서 표준이론에서 크게 벗어난다. 먼저 대부분의 사람들은 모조품을 선택할 때 소득 범위 안에서 선택한다. 그렇지만 모조품이 모방한 명품은 원래 소비자의 소득 범위 밖에 있는 상품이다. 예산제약 밖에 있던 명품이 소비자에게 영향을 미쳐 모조품을 선택하게 만든다. 따라서 이 선택은 예산제약 안에 있으면서 동시에 밖에 있다고 말할 수 있다. 이런 의미에서 가짜명품의 구입은 합리적이면서 동시에 비합리적이다. 그리고 모조품의 존재는 개인의 비합리적인 행동을 시장이 걸러내지 못할 수 있다는 하나의 사례를 제공한다.

이같이 베블런이 사람들의 비합리적인 사회성을 강조했다는 것은 그가 한계효용학파에 대한 일관된 비판자였음을 보여준다. 그는 주류 경제학, 특히 한계효용학파가 내세운 균형 개념이 공리주의에 근거하고 있다는 점을 비판하면서, 경제학을 진화이론에 근거해 재구성하자고 주창했다.

구체적으로 베블런은 공리주의적인 인간이 비현실적이라고 비판하면서 인간이 효용을 극대화하는 기계가 아니라 내적으로는 습관, 타성, 관습 등에 의존하고 외적으로는 법이나 규칙 등에 의존하는 존재라고 주장했다. 경제인과 달리 현실의 경제주체는 이런 것들 없이 행동하거나 선택할 수 없다. 이 모든 것들은 행동을 제약할 뿐 아니라 행동을 가능케 한다. 이런 것들을 '제도'로 규정해 베블런은 미국에서 '제도학파'를 창시했다.

습관이나 관습은 심사숙고나 계산을 필요로 하지 않고 거의 자동적·반사적으로 작동한다. 가령 한국인들은 지인을 만나면 거의 반사적으로 고개를 숙여 인사한다. 이것은 서양인들에게서 찾아볼 수 없는 관습이다. 또한 도로에서 교통신호가 바뀌면 숙달된 운전자는 면밀한 계산 없이 습관적·자동적으로 이에 반응한다.

일찍이 아리스토텔레스가 인간을 움직이는 장치로 '자연'과 '인공'을 말하고 그 사이에 '습관'을 끼워 넣었다. 베블런은 바로 이 세 번째

기제를 중시한 셈이다. 습관은 본능과 달리 인공적이며 역사와 문화에 뿌리를 두고 있지만, 일단 획득되고 나면 본능처럼 작동한다. 물론 초기에 학습과정을 필요로 한다는 점에서 습관은 생물학적으로 작동하는 본능과 다르다.

시장에 대한 표준이론의 믿음은 시장을 이루는 기본 단위인 경제인에 대한 믿음과 함께 간다. 반면에 시장 외의 제도에 대한 중시는 경제행위자의 이기심이나 합리성에 대한 유보를 낳는다. 이 때문에 표준이론은 기업이론가 코스가 등장하기 전까지 제도에 대해 무관심했다. 심지어 가장 기본적인 제도인 시장이나 화폐에 대해서조차 별로 논의하지 않았다. 시장을 당연시하는 신앙적인 믿음이 시장에 대한 논의를 불필요하게 만들었다고 해석할 수 있다.

> 경제학 문헌들이 신고전파 경제학의 기반을 이루는 중심적인 제도인 시장에 대해 거의 논의하지 않고 있다는 것은 특이한 사실이다.[40]

베블런은 법이나 규칙 등 공식적인 제도뿐만 아니라 관습이나 습관 등 비공식적인 제도도 중시했다. 공식적인 제도는 변했는데 비공식적인 제도가 변하지 않았거나 공식적인 제도는 변하지 않았는데 비공식적인 제도가 변하는 경우가 비일비재하기 때문이다. 나아가 공식적인 제도보다 비공식적인 제도가 역사나 문화에 더 오래된 뿌리를 두고 있어 근원적으로 인간과 경제행위자를 규정한다.

비공식적인 제도들은 특히 한국 사회를 이해하는 데 있어 중요하다. 한국의 민주주의가 겪는 어려움, 시장경제의 특수성, 그리고 서양에서 전파된 한국 종교들의 역기능 등은 한국의 역사나 문화와 밀접한 연관이 있다. 한국의 시민, 소비자나 경제주체, 종교인들이 모두 이런 비공식적인 제도들로부터 자유롭지 못하다.

등잔 밑이 어둡다!

무엇이든 너무 강하게 믿으면 이에 대해 논리적으로 파악하지 못한다. 이는 비단 종교에 국한되지 않는다. 집 안에만 있으면 그 집을 알 수 없다. 에펠탑의 건립에 반대했던 모파상Guy de Maupassant은 에펠탑을 보지 않기 위해 에펠탑 안에 머물러 있었다고 한다. 한 번도 해외로 나가보지 않으면 한국을 잘 모를 수 있다. 경제학을 한 번도 바깥에서 본 적이 없으면, 경제학도 진정으로 파악하기 힘들 것이다. 시장 이외에 어떤 경제체제가 있는지 생각하지 않는다면, 시장 자체를 명확하게 파악하지 못할 수 있다. 경제인 이외에 어떤 인간상이 있는지 생각해보지 않았다면, 경제인 자체도 진정으로 파악하지 못한다.

습관과 사회성을 소비와 연결시키면 듀젠베리James Duesenberry의 '상대소득가설'에 가까워진다. 이 가설에 의하면 사람들의 소비가 현재의 소득뿐만 아니라 과거 상당 기간 동안의 소비 습관이나 소비 수준, 그리고 주변 사람들의 소비행태로부터 영향을 받는다. 물론 개인의 합리성을 강조하는 표준이론은 상대소득가설을 배척해왔다. 반면 최근의 행동경제학은 이에 대해 우호적이다.

미국에서는 1920년대부터 행태주의behaviorism가 등장해 사회과학에서 습관의 역할을 몰아내기 시작했다. 현대경제학에서는 이런 경향이 더욱 심해져 교과서에서 습관이라는 단어를 아예 찾아볼 수 없을 정도다. 현시선호이론도 이런 흐름 속에서 등장했다. 무엇보다 표준이론은 소비에 있어 사회성이나 습관의 중요성을 인정하지 않으며, 경제인의 합리성을 강화한 '항상소득가설'을 중시한다. 다만 최근 들어 일부 경제학자들이 습관이나 타성을 경제모형에 다시 도입하고 있다.

이상적 인간은 합리적 경제인이 아니라 기술자다

베블런은 경제학이 진화이론을 수용해야 한다는 점을 가장 명시적으로 내세운 경제학자다. 다윈이 제시한 생물학적인 진화를 사회에 적용한 '문화적 진화'나 '사회적 진화'가 베블런이 생각한 진화의 모델이다. 그에게서 습관, 관습, 규칙 등의 제도들은 주어진 환경에 대한 인간의 적응 과정에서 생겨났고, 기존의 제도들은 진화를 통해 변형된다.

　진화 과정에서 인간의 행위들이 상호작용하면서 불확실한 결과를 낳는다. 이 점에서 진화는 그 결과가 미리 예정되어 있는 필연적이고 폐쇄적인 과정과 구분된다. 열린 체계로서 결과가 미리 정해져 있지 않고 이것을 예상할 수도 없으므로 진화는 경제학의 균형이나 합리적 기대에 부합되지 않는다.

　언제라도 새로운 전략이나 기술이 튀어나올 수 있으므로 진화는 서로 모든 전략을 알고 있는 게임이론의 상호작용과도 구분된다. 그렇다고 진화를 완전한 우연이나 임의보행으로 간주할 수도 없다. 진화 과정에서 목적을 지닌 인간의 행위는 여전히 중요하다. 다만 언제나 의도에서 벗어나거나 실패할 가능성을 안고 있다. 그렇다면 진화를 필연必然과 우연偶然의 사이에 있는 자연自然이라고 부를 만하다.

　베블런이 강조한 진화를 부각시켜 사회의 골격을 구성하는 제도들과 인간이 서로 함께 진화한다는 개념의 공진화를 고려할 필요가 있다. 이것은 인간을 사회적 존재로 보되 인간과 사회의 관계를 어느 하나로 환원하기보다 양자가 서로에게 영향을 주고받는다고 보는 관점이다.

베블런은 유한계급의 허영뿐만 아니라 금융과 관련된 거품과 사기를 경계했다. 그의 입장에서 금융은 실물의 생산이나 사회적 가치의 창출 없이 여러 계급들 사이에서 가치를 재분배하는 장치에 불과하다. 이 점에서 그는 마르크스와 비슷하다. 베블런은 사용가치와 교환가치 사이의 고전적인 역설을 재화시장이 아니라 금융시장에 제한적으로 적용하고 있다. 재화의 가격은 재화의 사용가치를 제대로 평가할 수 있으나, 금융자산의 가격은 그것의 수익성을 제대로 반영하지 않는다는 것이다. 이에 따라 그는 돈놀이의 주체인 재무관리자를 경계했다.

재무경영자와 정반대되는 존재로서 베블런은 기술자를 중요시했고, 가격체계나 금융체계를 공학과 대비시켰다. 그의 입장에서 기술자는 사회에 필요한 가치를 생산하며, 가격체계나 금융체계와 무관해서 정직하고 성실하다. 나아가 기술자는 사회의 진화와 진보를 기대할 수 있는 사회구성원이다. 결과적으로 그는 '기술자의 왕국'을 이상으로 삼았다. 그에게서 변혁의 주체는 마르크스의 노동자계급이나 슘페터의 혁신적인 기업가가 아니라 기술자였다.

경제주체는 아니지만 베블런의 또 다른 저작《미국의 고등교육The Higher Learning in America》에서 취급한 대학총장의 모습을 살펴볼 필요가 있다. 기업인들이 대학의 이사로 진입하면서 대학이 상업화되는데 그 기수 역할을 하는 사람이 바로 총장이다. 기업가들로 구성된 이사진은 대학이 상업화 기능에 충실하도록 진정한 학자가 아니라 이류학자를 총장으로 선임한다.

베블런이 생각하는 학문과 대학의 근거는 인간의 지적인 호기심이다. 그런데 총장 후보자들은 지적인 호기심을 지닌 사람이 아니라 같은 내용의 연설을 수백 번 반복해도 지치지 않으며, 사교를 즐기도록 훈련받은 사람들이다. 이렇게 선별된 총장은 자신을 따르는 충직한 사람들을 데리고 다니면서 상업화를 위해 학교의 구조와 교과목의 내용을 바꾼다. 또한 이런 총장들은 학교의 내실보다는 건물 짓기에 열중하며, 숫자로 표시된 학교의 업적이나 실적에 집착한다. 이런 총장은 베블런이 말하는 허영이 든 소비자나 재무관리자에 가깝다.

인간은 서로 명성을 얻기 위해 경합을 벌인다

베블런과 연관되지만 이보다 덜 병적인 상황도 주변에 흔하다. 프랑스의 사회학자 부르디외Pierre Bourdieu가 개념화한 바와 같이 사람들은 소비하면서 효용을 극대화하지 않고 자신을 다른 사람들로부터 '구별 짓기la distinction'에 열중한다. 구별 짓기란 '정원의 나무나 집안의 가구, 장신구가 어떤 것이고 그것을 어디에 배치하는지'를 비롯해서 '어떤 옷, 자동차, 식당을 선택하는지'로 자신을 표현함으로써 다른 사람들로부터 스스로를 구별하는 방책이다. 이는 사람들이 단순히 물체를 소비하는 것이 아니라 '개념'을 소비하고 있다는 관점의 '개념적 소비'와 상통한다.[41] 무엇보다 소비가 단순히 개인의 효용을 극대화하거나 필요를 충족시키는 행위가 아니라 사회적인 행위로서 의미를 갖는다.

표준이론에서 고립된 개인으로 존재하는 경제인은 기호나 선호의 사회성을 인정하지 않으며 소득의 차이도 사회적으로 규정하지 않는다. 나아가 무차별곡선으로 나타나는 선호와 소득의 범위로 나타나는 예산의 제약은 서로 독립적이다. 이에 비해 (마르크스와) 베블런의 입장에서는 개인의 예산제약과 무차별곡선이 모두 사회적인 결과이고, 개인의 기호나 욕구가 소득과 밀접한 연관을 지닌다.

가난한 가정의 자식은 생선회를 먹어본 적이 없으니 생선회에 대한 기호를 가질 수 없다. 따라서 이 사람에게 생선회를 좋아하는지 싫어하는지 물어보는 것은 적절하지 않다. 미국의 흑인 가정 중에는 가난해서 교육을 받지 못한 부모들이 많다. 이런 가정환경의 자식들은 직간접적으로 경험해보지 못한 교육에 대한 기호나 욕구를 지니기 힘들다. 이같이 빈곤층과 부유층은 소득의 차이로 인해 선택 범위뿐만 아니라 기호의 다양함에 있어서도 차이를 보인다.

프랑스의 경제학자 오를레앙^{André Orléan}은 베블런과 비슷한 생각을 하고 있다. 노동가치론과 효용가치론이 노동이나 효용 혹은 선호 등 주어진 외적 요인에 근거해 제도나 가치를 설명한다고 비판하면서, 양자의 중간에 있는 '사회성' 개념을 통해 모방적인 경합을 대안으로 제시한다. 여기서 인간은 서로 모방하는 존재다.

오를레앙에 의하면 시장경제나 교환관계는 외적인 요인에 의존하지 않는 '자기준거성'을 지닌다. 케인스가 균형이자율이 아닌 관습에 따른 이자율 결정을 강조한 점, 각자가 자신의 기준이 아니라 서로의 평가를 추정하여 결론을 내리는 '미인선발대회'가 이에 부합된다. 사회구성원들이 서로 경합적으로 모방하는 과정은 음의 환류가 아니라 양의 환류를 낳는다.

표준이론에게 익숙한 음의 환류란 수요가 늘어나면 가격이 상승해 수요를 억제시키고 가격도 안정화되어 균형으로 이어지는 메커니즘을 말한다. 반면 양의 환류는 수요의 증가가 가격의 상승을 낳으면서 더 수요를 부추겨 가격을 끌어올리는 불안정성을 의미한다. 전자가 실수요와 관련된다면, 후자는 투기수요와 관련된다. 이런 관점에서 경합적인 모방과 이에 수반되는 양의 환류는 주식시장의 자산가치가 폭등하거나 폭락하는 불안정성을 해명한다.

프랑스의 경제학과 인문학

영미권의 경제학계와 달리 프랑스의 경제학계에는 인문학적인 전통이 강하게 자리 잡고 있다. 이 전통에 있는 경제학자들은 미국 중심의 경제학에 대한 비판뿐만 아니라 경제학의 사상적이거나 논리적인 기초에 대해 심도 있는 논의를 진행하고 있다. 이 전통은 마르크스뿐만 아니라 다양한 사상가들로부터 영향을 받았고, 학제 간 연구의 성격을 강하고 드러내고 있다. 오를레앙뿐만 아니라 피케티도 같은 경향을 보인다. 그런데 이런 논의들이 영미 경제학계에는 거의 전달되지 않고 있다. 미국의 경제학과 격리되어 있다는 점에서 프랑스의 경제학계는 일본의 경제학계와 비슷하다. 첨언하건대 일본 경제사상학회의 회원 수는 현재도 거의 300명 정도에 달한다.

오를레앙과 베블런 사이에 차이도 있다. 베블런은 사회구성원들이 상류사회의 행태를 모방하며 이런 모방에 있어 경합을 벌인다고 보았다. 이와 달리 오를레앙은 동등한 사회구성원들이 서로를 모방한다고 보았다. 물론 여기서도 타인이 추구하는 것을 추구해야 하므로 주어진 재화나 자원을 놓고 경합을 벌이는 상황이 전개된다.

모방하는 인간은 개인적인 필요의 충족이나 효용극대화가 아니라 명성을 추구한다. 명성을 얻기 위해서는 타인이 추구하는 것을 추구해야 하므로 사람들은 주어진 재화를 놓고 경합을 벌이게 된다. 만약 타인들이 추구하지 않아 획득하는 데 장애물이 없다면 이에 대한 욕구가 발생하지 않는다고 보아야 한다. 오를레앙이 보기에는 화폐도 모방적 선별을 통해 발생하는 제도다. 이에 따라 자본주의에서는 모두가 경쟁적으로 화폐를 추구한다.

베블런과 마찬가지로 오를레앙에게서 경합은 시장경제의 경쟁, 적어도 경제학이 상정하는 완전경쟁과 구분된다. 완전경쟁은 다른 기업들과의 상호작용을 중시하지 않아 익명적이고 정태적이다. 또한 경쟁과 달리 경합에서는 가격을 매개변수로 삼지 않으며 가격이 형성되기 이전에 경제주체들 사이에 상호작용이 벌어진다.

오를레앙의 입장에서는 인간이 원래부터 욕구를 지니고 있기 때문에 희소성이 생기는 것이 아니다. 명성을 얻기 위해 서로 경합하면서 비로소 욕망이 생기고 이를 충족시켜줄 재화의 희소성도 생긴다. 이같이 인간이 가지고 있는 욕망과 희소성은 모두 사회적으로 형성된다. 이것은 인간의 욕구를 주어져 있거나 고정되어 있는 '선호'로 생각하고 재화의 희소성도 인간이 벗어날 수 없는 보편적인 조건이라고 생각하는 신고전학파와 대비된다.

이런 이유로 아무리 경제가 성장하고 소득이 오르더라도 인간은 만족할 수 없고 희소성도 사라지지 않는다. 이런 생각은 심리학자 페스팅거Leon Festinger의 사회적 비교, 그리고 경제학자 프랭크의 지위재와 많은 유사성을 가지고 있다. 그런데 이들은 사회적 비교나 지위나 순위의 추구를 주어진 것으로 보아 오를레앙과 같이 모방을 근원적인 요소로 생각하지 않는다.

자본주의의 병리적 현상이 '정상화'되다

마르크스와 베블런 등이 지적한 자본주의의 병리 현상은 매우 다양하다. 이들을 자본주의의 중요한 요소들로 구분하여 열거하면 아래와 같다.

- 소비: 절약의 편집증, 사치, 소비에 대한 탐닉, 쇼핑광, 중독, 마니아, 과시적 소비, 대리소비, 구별 짓기, 좋아 하기, 사회적 선호, 사회적 비교
- 화폐: 구두쇠, 수전노, 경제적 동물, 남보다 비싸게 샀을 때 격분하는 사람, 돈벌레, 돈에 미친 사람, 계산만 하는 사람, 뭐든지 돈으로 환산하려는 사람, 돈 자랑하는 사람, 줄 돈은 늦게 주고 받을 돈은 빨리 받는 사람, 수입은 과장하고 지출은 축소하는 사람
- 노동: 일중독, 공부에 미친 학생, 어떻고 쉬고 노는지 모르는 직장인·학생, 쉬면 불안한 사람, 과도한 절제와 규율로 경직된 사람, 이성과 논리만 발달해 애정이 결핍된 사람, 가족을 위해 자신을 희생했다는 사람
- 인간관계: 인간을 물건 같이 취급하는 사람, 다른 사람이 자신의 수단인 사람, 자기(이익)만 생각하는 사람, 남에게 피해를 주면서도 자신에 대한 피해는 못 참는 사람, 남을 위해 조금도 희생할

수 없는 사람, 시민정신·공공성이 결여된 사람, 공은 나의 것이
고 과는 남의 것인 사람, 윗사람에게 상냥하고 아랫사람에게 가
혹한 사람

또 다른 제도학파 경제학자인 코먼스는 베블런의 병적인 인간을 보
다 정상적인 인간으로 만들었다. 그는 《자본주의의 법적인 기초Legal
Foundations of Capitalism》와 《제도경제학Institutional Economics》에서 제도를 강조
하는 베블런의 생각을 계승하면서도 수많은 제도들 중에서 소유권을
강조했다. 특히 경제의 기본 단위를 거래로 간주해 그것의 법적인 측
면들을 부각시켰다. 따라서 코먼스에게서 경제주체는 법적인 소유자
와 거래의 주체로서 등장한다.

그는 법 중에서도 판례에 의존하는 영미의 관습법을 강조하면서 법
에 대한 해석에 담겨 있는 '습관적 가정'과 그것들의 변화를 중요시했
다. 그리고 이를 통해 경제행위에서 나타나는 습관과 관습의 중요성을
부각시켜 베블런과 연결된다. 습관적 가정은 법에 대한 해석과 관련해
광범위하게 적용되는 개념이다.

하이에크는 영미법 전통에서는 사법부가 법을 해석하고 그 해석들
이 누적되어 법을 발전시킨다고 주장하면서 이를 칭송했다. 따라서 입
법부가 아니라 사법부가 법을 만든다고 그는 주장했다. 이와 비슷하게
현대의 행동경제학자 선스타인Cass Sunstein도 모든 법을 해석하는 데 있
어 특별한 이유 없이 적용되는 전제나 가정이 '초기 대안default'으로 작
용하고 있음을 강조했다. 나아가 이런 전제나 가정은 법 영역을 넘어
서 경제이론뿐만 아니라 일상생활을 영위하는 다양한 경제주체의 생

각이나 이념에도 작용하고 있다.

그런데 코먼스는 베블런과 달리 거래의 미래지향성을 강조했다. 미래지향성은 미래에 대한 예측이나 기대에 근거해 경제활동을 벌이는 것을 의미한다. 이런 관점에서 경제주체들은 과거가 아니라 미래를 바라본다. 따라서 가치도 과거에 의존하지 않고 미래를 지향한다. 결국 노동이나 생산비용이 가치를 결정한다는 마르크스나 고전학파의 생각에서 제번스보다 더 확실하게 벗어나게 된다. 이 점에서 코먼스는 케인스와 일맥상통한다.

미래지향성 개념을 통해 코먼스는 기업의 활동과 금융이 밀접한 연관을 지닌다는 점을 보여주었다. 시간의 흐름 속에서 은행으로부터의 차입과 상환의 연쇄를 이루는 일련의 기업 활동들이 대표적인 예다. 이를 통해 코먼스는 베블런이 수탈적이고 비생산적인 행위로 규정한 금융을 생산적이고 정상적인 행위로 변화시켰다. 코먼스는 제도를 근거로 삼으면서도 이윤을 목표로 한 사업가, 투자자, 그리고 투기자의 지위를 확고하게 인정했다. 이 점이 베블런과 코먼스의 가장 큰 차이점이다.

앞서 인용한 바와 같이 경제학자뿐만 아니라 경제주체도 경제에 대한 관념을 가지며 이들의 관념은 경제학자의 관념과 다르다는 코먼스의 주장도 주목할 필요가 있다. 코먼스에 의하면 경제학자가 머릿속에서 명목적인 관념을 가지고 있다면, 경제주체는 자신의 행위를 통해 실질적인 관념을 가진다.[42] 이런 생각은 외국에서 수입된 이론이 지배적이고 이론과 경제현상 사이의 괴리가 심각한 한국경제에서 특별히 큰 의미를 지닌다.

조지프 슘페터

:

혁신적인 기업가가 희망이다

기술혁신을 이끄는 기업가가 경제를 성장시킨다

슘페터Joseph Alois Schumpeter(1883~1950)는 일반균형이론 등 주류경제학에 정통하면서도 이로부터 벗어나는 통찰들을 제공했다. 이미 잘 알려진 동태적 과정, 진화, 혁신, 창조적 파괴 등의 개념이 대표적인 예다. 특히 슘페터는 경제에서 기술이나 제도 등 생산조건들을 바꾸는 기업가entrepreneur가 자본주의를 이끄는 핵심적인 경제주체라고 주장했다.

슘페터에 의하면 경제의 동태적인 변동은 기술혁신으로부터 비롯되며 그러한 혁신을 이끄는 주체가 바로 기업가다. 여기서 기술혁신은 주어진 제품의 비용을 내리고 생산성을 높이는 '과정혁신'과 새로운 제품을 만들어내는 '제품혁신', 새로운 수요와 판매처의 개척 등을 포함한다. 따라서 기술혁신은 생산 및 판매와 관련된 모든 결합방식의 변화를 일컫는다. 또한 혁신은 기술뿐만 아니라 제도의 변화까지 포함한다. 이 모든 변화 과정을 '경제의 진화'라 표현할 수 있다.

주의할 것은 슘페터의 기업가가 공학도나 기술자 혹은 발명가와 다르다는 점이다. 기업가는 기술이나 발명을 알고 있어야 하지만 이를 직접 만들어내는 사람일 필요는 없다. 기업가는 기술이나 발명을 시장의 조건에 맞게 팔릴 수 있는 제품으로 전환해야 한다. 무엇보다도 기업가는 비록 당장 손해를 보더라도 새로운 제품을 통해 경쟁에 뛰어들므로, 주어진 조건 하에서 효용이나 이윤을 극대화하는 표준이론의 경제인과 다르다.

경제학의 초석인 일반균형이론에서 소비자는 주어진 효용함수 하에서 효용을 극대화하고, 생산자는 주어진 생산함수 하에서 이윤을 극대화한다. 이런 극대화는 '다른 조건이 같다$^{ceteris\ paribus}$'는 가정 하에 기호, 기술, 제도 등이 주어져 있다고 전제한다. 이같이 경제학의 생산자는 생산함수로 표시되는 주어진 조건들을 받아들이면서 정태적인 상황에서 이윤을 극대화하는 소극적인 경제주체다. 더구나 표준이론의 생산자는 완전경쟁 하에서 가격순응적인 기업이다. 이미 표준화된 생산라인에서 통상적인 수익을 얻는 데 만족하는 경영자는 경제인에 가깝다.

일반균형체계에서는 기술변동을 인정하더라도 시장경제 안에서 지속적으로 발생하는 현상이 아니라 시장경제 밖에서 간헐적으로 발생하는 일시적 현상으로 간주한다. 경기변동을 설명하기 위해 기술변동을 외적인 충격으로 간주하는 실물경기변동이론$^{real\ business\ cycle(RBC)}$은 이를 보여준다. 나아가 최근까지 거시경제학을 대변했던 동태적 확률 일반균형도 이런 입장의 연장선상에 있다.

반면 동태적 기술변화를 적극적으로 수용하는 슘페터의 이론은 정태적인 표준이론의 생산함수에서 벗어난다. 슘페터에게 기술혁신은 자본주의경제에서 기업가의 존재를 통해 지속적으로 그리고 내생적으로 발생하는 현상이다. 물론 표준이론의 생산자나 혁신적인 기업가 모두 공금을 횡령하고 배임 등 부정부패에 익숙하며, 정경유착을 당연시하는 부류의 기업인과는 거리가 멀다.

제품이나 기술의 혁신에 생산자나 기업가만이 공헌하는 것은 아니다. 기업에 까다롭게 주문하는 소비자도 이에 공헌한다. 지식경영의 대가로 알려진 노나카 이쿠지로野中郁次郎는 토스터 개발의 사례를 통해 기술혁신이 집단을 통해 이루어지며 이 과정에 어떻게 소비자가 공헌했는지를 보여주었다. 그렇다면 기술혁신을 자극하는 소비자와 이들을 존중하는 기업 및 기업가가 혁신을 주도할 가능성이 높다. 기술혁신에 공헌하는 소비자는 주어진 조건 하에서 효용을 극대화하는 표준이론의 소비자보다 더 적극적인 경제주체다.

위대한 기업가의 조건

시장의 조건을 고려한다는 점에서 슘페터의 기업가는 금융이나 시장과 거리를 두고 있는 베블런의 기술자와 다르다. 슘페터와 베블런은 모두 기존 경제학의 정태적인 성격을 비판하고 진화를 중시했지만, 경제를 이끌어갈 주체에 대해서는 각기 기업가와 기술자를 내세워 차이를 보이고 있다. 스티브 잡스나 빌 게이츠는 슘페터가 말하는 기업가에 가깝다. 공학자나 기술자이면서 경영자인 한국 반도체기업의 많은 임원들도 이에 가깝다고 여겨진다. 기술혁신으로 기업가들이 새로운 생각을 제공한다면 경제는 계속 성장의 동력을 얻을 수 있다. 이런 기업가의 성향으로 홀로서기, 감정 통제, 위험 감수, 철저한 이익 추구, 기회의 존중 등을 언급할 수 있다.[43]

과도한 보너스로 논란의 대상이 되었지만 최고경영자CEO가 넓은 의미에서 기술혁신에 공헌하고 있다면 어느 정도 슘페터가 말하는 기업가의 현실적인 모습이 될 수 있다. 이런 의미에서 최고경영자의 특징도 살펴볼 필요가 있다. 최고경영자들이 스스로에 대한 평가를 통해 확인한 요건들은 자긍심, 자기능력, 통제력, 정서적 안정이었다.[44]

자긍심은 '나는 가치 있는 사람이다'로, 자기능력은 '나는 업무를 성공적으로 수행할 수 있다'로 표현된다. 또한 통제력은 '내가 인생을 통제할 수 있다'로, 정서적 안정성은 '나는 걱정하지 않는다'로 표현된다. 이들 중에서 자긍심이 가장 중요하다. 자기 자신을 높여주는 이러한 요소들이 많을수록 최고경영자가 성공할 가능성이 높다. 반면 효율이나 비용절감을 목표로 삼는 최고경영자는 실패할 확률이 높다.

그렇지만 이런 요소들이 지나치게 많아지면 자기도취나 과도한 자신감, 오만을 낳아 실패할 수 있다. 자기도취는 과도한 자기사랑을 의미하고, 과도한 자신감은 불확실성을 확실성으로 착각하는 것을 말한다. 이렇게 되면 의사결정이 보다 신속해지지만 포용성이 줄고 몇 사람에게만 결정과정이 집중된다. 또한 의사결정이 과감해지고, 상황이 변해도 기존 정책을 고집하게 되어, 업계의 평균적인 전략에서 벗어나게 된다.

위의 특징 중 자긍심이나 통제력 등은 시민이나 사회주체들에게도 흔히 요구되는 조건이다. 반면 위의 요소들이 표준이론이 제시하는 경제인의 특징은 아니다. 경제인은 기업가보다 효용을 목표로 삼는 소비자를 표준으로 삼은 것으로 이해할 수 있다.

시장은 수평적이지만 기업은 위계적이다

코스로부터 시작된 기업이론은 윌리엄슨Oliver Williamson의《시장과 위계Markets and Hierarchies》에 이르러 시장은 수평적인 데 비해 기업은 위계적이라는 결론에 도달했다. 이것은 경제인이 명목상 타인과 동등함을 추구하지만 이와 대비되는 기업의 위계적·권위적 인간이 시장경제에 공존함을 의미한다.

여기에 윌리엄슨은 기업 내의 인간들이 기회주의적이라는 점을 추가했다. 경영자들이 업무추진비를 개인적인 소비에 지출하거나 노동자가 직무를 게을리 하는 것 등이 모두 기회주의에 속한다. 기회주의적인 인간으로 인해 기업이론은 계약의 불완전성, 생산과 교환의 불확실성, 거래비용이나 실행비용의 발생을 수용한다.

전통적인 경제인은 자신의 이익을 따지지만 정정당당한 사람이어서 기회주의적이지 않다. 시장의 규율과 금전적인 유인으로 경제주체들이 효율적인 방향으로 유도된다고 보기 때문이다. 일단 노동시장에서 계약이 이루어지면 기업이나 공장에서는 계약 내용에 따라 노동과정이 자동적으로 이루어진다고 가정해왔다. 같은 이유로 계약의 불완전성이나 불이행 등은 주류경제학에서 최근까지 중요한 문제로 부각되지 않았다.

그렇지만 기회주의적 인간이 이기적·합리적 인간의 범주에서 완전히 벗어나는지는 확실치 않다. 오히려 기회주의적 인간은 이기적·합리적으로 활동하는 경제인의 공간을 더 확장시킨다. 기회주의가 가능하다는 것은 종전에 법이나 관습, 묵시적인 도덕을 통해 통제될 수 있다고 믿었던 많은 부분들이 더 이상 통제될 수 없음을 의미하기 때문이다.

보다 넓은 의미에서 조직 내외의 인간은 시장에 등장하는 개인과 다른 인간일 수 있다. 계급이나 계층을 언급하지 않더라도 인간을 기업의 '이해당사자'로 규정할 수 있다. 이해당사자는 일차적으로 노동자, 경영자, 주주, 채권자를 의미하며, 넓게 보면 소비자와 지역사회를 포함한다. 주주의 이익을 최우선으로 삼는 '주주자본주의'에 비해 여러 이해당사자의 역할을 강조하는 자본주의를 '이해당사자 자본주의'로 규정할 수 있다. 이중에서 조직에 속한 사람은 노동자와 경영자다.

노동자를 비롯한 이해당사자들은 기업 안에서 장기적인 관계 속에 놓일 수 있으며, 집단에 대한 소속감을 가질 수 있다. 그렇다면 이들의 자아는 단순히 개인적일 뿐만 아니라 관계적이거나 집단적일 수 있다. 회사 동료들과의 관계를 의식하고 회사라는 조직의 가치나 이념을 의식하며 이를 실천하는 인간이기 때문이다. 당연히 이들은 시장에서와 같이 익명적이지 않다.

우리가 검토할 또 다른 문제는 기업을 어느 정도까지 인간과 같이 취급할 수 있고 어디서부터 인간과 다른 존재로 취급할 수 있느냐다. 우선 표준이론은 기업을 생산자와 동일시한다. 조직을 인간과 같이 취급하는 법적인 개념으로 '법인'이 있는데, 그 이전에는 기업과 같은 조직뿐만 아니라 사회 자체를 하나의 '유기체'로 취급하기도 했다. 그렇지만 기업을 개인과 똑같이 취급하는 것은 기업을 동네의 구멍가게와 동등하게 취급하는 것과 마찬가지의 오류다.

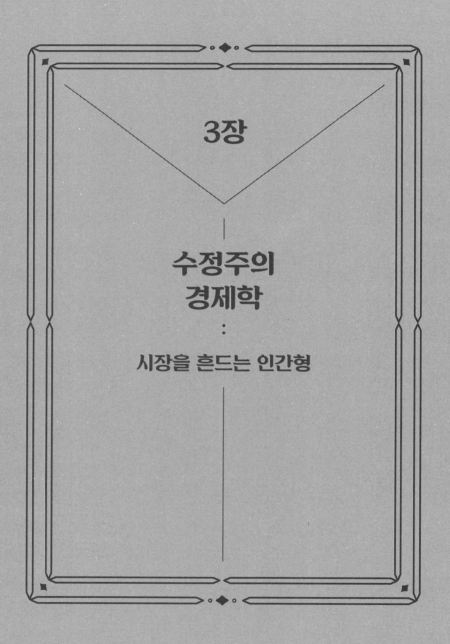

3장

수정주의
경제학

:

시장을 흔드는 인간형

존 메이너드 케인스

:

수시로 시장은 비효율적이고, 인간은 비합리적이다

인간이 언제나 합리적이지는 않다

20세기의 대표적 경제학자인 영국의 케인스John Maynard Keynes(1883~1946)는 1929년에 발생한 대공황을 시대적 배경으로 삼아《고용, 이자 및 화폐의 일반이론The General Theory of Employment, Interest and Money》을 출간했다. 그는 이 책에서 자본주의의 불확실성으로 인한 총수요의 부족과 이로 인한 대량실업을 자본주의의 심각한 문제로 규정했다. 그리고 이에 대한 해결책으로 정부의 거시정책 등에 의존하는 '복지자본주의'를 내세웠다.

자본주의경제는 시장의 가격기구와 인간의 합리적 선택, 기대, 판단에 의존하는데, 케인스의 입장에서는 이런 것들이 자본주의의 불확실성을 해소하기에 역부족이다. 우선 신고전학파에서는 시장의 가격기구가 경제상황의 변화를 신축적으로 반영하고 신속하게 작동해 경제문제를 효율적으로 해결한다. 이에 대해 케인스는 재화의 가격이나 임금이 경직적이거나 비신축적이어서 가격기구가 효율적으로 작동하지 않는다고 주장했다.

예를 들어 가판대의 신문 가격이나 햄버거 가격은 원재료인 종이 가격이나 고기 가격이 변동하는 경우에도 상당 기간 그대로 있어 신축적이지 않다. 정규직 노동자의 임금도 계약 기간 동안에는 변동하지 않으므로, 미시경제학 교과서에서 말하는 바와 달리 잘 움직이지 않는다.

두 번째로 신고전학파는 인간이 계산적·합리적이라고 주장하면서 공리주의적인 인간을 상정한다. 이에 비해 케인스가 강조하는 현실의 경제주체는 수시로 동물적 근성이나 감정에 따라 움직여 비합리적이며 계산적이지도 않다. 특히 많은 주식투자자들이 합리적으로 계산하고 투자하지 못하며 이로 인해 주식시장에서 불안정성이 나타난다. 그래서 케인스는 심지어 주식 거래에 세금을 부과해 거래가 자주 이루어지지 않도록 제한을 가하자고 주장했다.

소비나 투자 등 경제활동을 수행하는 데 있어 경제주체들이 미래를 예측하지만 충분히 합리적이지 못하다. 구체적으로 경제주체들은 물가, 성장률, 주가 등에 대해 기대를 형성하고 이에 근거해 경제활동을 수행한다. 그런데 경제주체들에게 미래에 대한 예측이 가능할 정도로 충분한 정보가 주어지지 않으며, 이들은 주어진 정보를 완벽하게 활용하지도 못한다.

노동자들이 겪는 실업은 비자발적이다

케인스에게서 노동자는 자신의 실질임금의 절대 액수에 연연하기보다는 다른 노동자와의 상대적인 임금의 차이에 예민하다. 또한 경제주체는 전반적으로 화폐환상을 가지고 있어 실질가치가 수반되지 않는 화폐의 명목적인 수량에 좌우된다. 나아가 화폐가 지닌 유동성에 대한 병적인 집착으로 인해 사람들이 '유동성 물신'에 빠질 수 있다.

이와 관련해 신고전파 거시경제학의 두 가지 입장이 실질과 명목의 구분이 언제나 가능한지 여부에 달려 있다는 점에 주목할 필요가 있다. 미시경제학과 달리 거시경제학은 두 가지 입장으로 양분되어 있다. 케인스와 거리를 두면서도 그의 기본입장을 수용하는 케인스주의 및 새케인스주의와, 이들을 비판하면서 극단적인 시장주의를 내세우는 통화주의 및 새고전학파가 바로 그것이다.

통화주의와 새고전학파에 의하면 사람들은 합리적이어서 화폐로 표시된 명목변수의 변동과 실질변수의 변동을 신속하게 구분해낸다. 실질변수와 명목변수의 차이는 물가 변동에 있으므로 통화주의의 합리성은 명목변수로부터 물가 변동을 정확히 분리해 실질가치를 파악한다는 것을 의미한다. 이것은 고전적 이분법classical dichotomy과 화폐의 중립성으로 이어진다.

구체적으로 명목임금, 명목이자율, 명목환율, 명목국민소득에서 물가변동을 제거해 정확한 실질임금, 실질이자율, 실질환율, 실질국민소득을 얻는다. 실질변수와 명목변수의 구분이 물가변동률에 대한 파악과 이에 근거한 계산을 요구하므로, 특정 재화의 가격변동에 대한 고려보다 복잡하다. 그렇지만 이 정도의 복잡성은 표준이론이 상정하는 합리적 경제인이 감당할 수 있는 수준이다.

나아가 이들은 인간의 합리성을 극대화해 '합리적 기대'를 내세우고 있다. 이것은 경제학자뿐만 아니라 기업이나 투자자들이 통계학이나 계량경제학의 기본 개념과 기법을 활용해 정보를 완벽하게 파악한 뒤 예측할 수 있음을 의미한다. 더구나 거시경제에 관한 정보는 계속 변동하기 때문에 합리적 경제인은 자료를 지속적으로 갱신하면서 기대를 변경해나갈 수 있다. 표준적인 거시경제학에서 합리적 기대 개념은 상당 부분 케인스주의로도 확산되어 거시경제학의 혁명처럼 받아들여지고 있다.

그런데 이것이 시장의 효율성을 과장하고 실업 문제를 희석시키는 결과를 가져온다. 표준이론의 입장에서는 설령 실업 문제를 말하더라도 그것은 거시적인 차원의 유효수요가 아니라 미시적인 차원의 불완전성에 기인한다. 개인의 선택에 따라 발생하는 마찰적·자연적 실업이 바로 이런 종류의 실업이다. 마찰적 실업은 일시적으로 발생하는 것이므로 직업훈련 등을 통해 줄여나갈 수 있으며, 짧은 기간 동안 나타나고 피할 수 없는 것이므로 받아들여야 한다.

이처럼 실업을 미시적·단기적 현상으로 파악한다는 것은 신고전학파가 자원 배분을 가장 중요한 경제문제로 삼는 것에 부합된다. 또한 그것은 신고전학파가 시장경제의 효율성이나 비효율성을 오로지 자원 배분과 연관시키는 관행과 연결되어 있다. 이에 비추어 보면 케인스는 자원, 특히 노동자원의 활용도가 전반적으로 낮아져 거시적으로 비효율성이 발생한다는 점에 주목한다. 케인스의 거시경제정책은 자원이 전반적으로 낭비되는 비효율성을 줄이고자 고안된 것이다.

케인스가 대공황에서 발견한 것은 경제주체들이 별로 높은 임금을 요구하지 않음에도 일자리를 구할 수 없는 상황이다. 이런 의미에서 케인스가 지적한 실업은 '비자발적involuntary 실업'이다. 표준이론에서는 노동자들이 너무 높은 임금을 요구하기 때문에 일자리를 얻을 수 없다고 주장한다. 따라서 이 입장에서는 재화뿐만 아니라 실업도 스스로 선택했다는 의미에서 '자발적voluntary 실업'이다.

경제학이 명시하지는 않지만 경제인의 합리성은 전체적으로 자발성에 근거하고 있다. 경제인이 주어진 상황에서 수행하는 자유로운 선택이 자발적이기 때문이다. 또한 재화의 매매가 자발적이듯이, 노동의 매매도 자발적이다. 즉 시장의 균형임금 이상을 요구하면 일자리를 구할 수 없는 것이 당연하고, 이렇게 선택된 실업은 자발적인 결과에 불과하다.

이에 대해 (마르크스와) 케인스는 자본주의의 실업이 상당 부분 비자발적이라고 반박한다. 케인스는 개인 차원에서 선택을 통해 결정하거나 처리할 수 없는 체제 차원의 불확실성과 총수요의 부족으로 실업이 발생한다고 주장했다.

'저축의 역설'이 가르쳐주는 '구성의 모순'

동서양에서는 전통적으로 저축, 내핍, 근면이 인간의 덕목으로 칭송되었으며, 사치, 낭비, 나태는 비난의 대상이었다. 그런데 서양이 근대 자본주의에 들어서면서 개인의 사치가 반드시 경제에 나쁘지 않다는 생각이 움트기 시작했다. 흄에게서 시작된 이런 생각은 맬서스에 이르러

보다 두드러지게 나타난다.

20세기의 케인스도 자신의 입장에 걸맞게 검약과 사치를 다시 해석했다. 유효수요의 부족을 심각한 문제로 간주한 케인스는 개인 차원의 덕성이나 합리성이 반드시 사회 전체의 풍요나 효율성으로 이어지지 않는다고 생각했다. 구체적으로 케인스는 《화폐론Treatise on Money》 등에서 '저축의 역설'을 주장했다. 저축의 역설은 개인의 행위와 전체의 결과가 서로 부합되지 않는 경우에 나타날 수 있는 대표적 경제현상이다.

전통적인 견해에 따르면 내핍이나 저축은 개별 경제주체 수준에서 바람직한 미덕이다. 또한 과소비나 사치는 개인이나 가계의 타락이나 전락을 가져온다. 이 견해를 밀고 나가면 개별 경제주체의 선악이 전체의 선악으로 이어지므로, 제3자 혹은 정부가 개입할 필요가 없다. 또한 개별 경제주체와 마찬가지로 정부에게 요구되는 바도 감세와 지출의 긴축과 균형 예산이다.

반면 '저축의 역설'에 의하면 개별 주체들의 미덕이 모여 전체적으로는 경기침체나 불황이라는 악덕을 낳을 수 있다. 또한 과소비나 사치는 개인 차원에서는 무절제와 방만함이지만, 상황에 따라서는 경제 전체를 호황으로 이끌 수 있다. 개별 주체의 행위와 전체의 결과가 부합되지 않으므로 제3자나 정부의 개입 및 조정이 필요해진다. 또한 케인스가 지적한 바와 같이 상황에 따라 증세, 지출 증대, 그리고 적자예산을 감수할 필요가 있다.

주류경제사상에 의하면 임금을 인상하는 경우 기업의 비용이 올라 생산과 고용을 위축시킨다. 비용 증가는 개별 기업의 수준에서 즉각적으로 발생한다. 이 입장에서는 저축의 역설을 수용할 수 없다. 반면 케인스의 입장에서는 임금이 오르면 노동자의 소비와 수요를 늘려 생산과 고용을 자극할 수 있다. 시장에서 다른 경제주체들과의 거래를 거쳐 경제 전체 수준에서 총수요가 증가하기 때문이다.

이것은 소득과 지출의 인과관계가 개체·개인 수준과 전체 수준에서 뒤바뀔 수 있음을 뜻한다.[45] 개체 차원에서는 소득이 지출을 제약해 인과관계의 방향이 '소득 → 지출'인 데 비해 전체 차원에서는 지출이 변동해서 소득이 변동하므로 '지출 → 소득'이 된다. 이것이 케인스가 내세우는 핵심적인 주장들 중 하나다. 2017년부터 한국에서 벌어진 소득주도성장에 관한 논쟁, 더 정확하게 말하자면 '임금주도성장'에 관한 논쟁에서도 이런 입장의 차이가 중심을 이루었다.

이같이 케인스에게서는 개인의 합리적인 행동이 체제 전체의 합리성이나 효율성으로 이어지지 않는다. 오히려 개체의 낭비적인 행위가, 적어도 단기적으로는 경제 전체에 도움이 될 수 있다. 저축의 역설은 사회과학에서 다루는 '모여 있는 인간들'이 인문학에서 다루는 '인간'과 다르다는 것을 보여준다.

이 역설을 일반화하면 부분과 전체가 다른 모습을 보이는 '구성의 모순' 개념과 연결된다. 구성의 모순은 부분들이 모여 형성되는 전체가 부분들의 합을 넘어선다는 '출현적 성격'과 부합한다. 또한 이는 부분들의 상호작용이 예상치 못한 결과를 낳는다는 점에서 '복잡계'와도 연결된다.

나아가 이것은 하이에크가 강조한 애덤 스미스의 '인간 행동의 의도치 않은 결과'와도 연결된다. 기업은 각기 자신의 이윤을 위해 경제활동을 벌이는데 그 결과 소비자들은 싼 가격에 좋은 물건들을 얻는다. 마르크스가 강조한 '이윤율의 경향적 저하 법칙'에도 이와 비슷한 논리가 내재되어 있다. 개별 자본가들은 이윤을 늘리기 위해 노력하는데 경제 전체적으로는 이윤율이 하락하는 결과가 나타난다.

케인스에 의하면 경제에는 개별화할 수 없는 체제의 불확실성과 위험이 항상 존재하므로 경제주체의 자발적이고 합리적인 선택에 모든 것을 맡겨둘 수 없다. 또한 경제가 균형을 찾아가지 못하는 상황에서 경제주체가 합리적 기대를 통해 사회경제의 결과를 예측할 수도 없다.

경제주체가 현실을 불안정하게 만들 수 있다

주지하듯이 방법론적인 개체주의를 표방하는 경제학의 일반균형체계, 이에 근거하고 있는 시카고학파, 그리고 이것의 이념인 통화주의와 신자유주의는 케인스의 생각과 반대로 나갔다. 이 입장에 따르면 경제의 모든 요소는 각 개인의 재산, 효용, 비용이나 편익, 그리고 위험으로 나눌 수 있고, 이렇게 나누어 관리하는 것이 가장 효율적이다.

경제인의 합리성을 강조하는 표준이론은 개인들 사이의 관계나 이들의 상호작용이 낳는 누적적인 결과를 인정하지 않는다. 거시경제학의 대표적 모형인 '동태적 확률 일반균형' 역시 같은 비판을 면치 못했다. 다수의 경제학자들은 이 모형이 2008년 미국발 세계 금융위기를 설명하지 못할뿐더러 이에 대한 처방을 내놓지 못해 근본적인 한계를 드러냈다고 비판했다.[46]

케인스는 주류경제학의 경제인을 비판하면서 경제주체의 자율성을 부각시켰다고 말할 수 있다. 그는 사회구조나 원리에 집착하지 않으면서 인간의 자율성에 근거해 경제 내적인 동학을 제시했다. 인지능력과 행위능력을 지닌 경제주체들이 상호작용하면서 경제를 파악하고 이에 근거한 행동을 통해 경제에 변화를 가져온다.[47]

이런 행동의 대표적 예로 케인스가 제시했던 미인선발대회가 있다. 이 대회에서 참여자들은 자신의 기준에 따라 미인을 선택하는 것이 아니라 서로 다른 참여자들이 미인이라고 생각할 만한 사람을 고른다. 여기서 참여자들이 형성하는 기대는 외부로부터 주어진 조건이나 자료가 아니라 상호작용 속에서 내적으로 결정된다. 상호작용은 참여자들 사이에 발생하고, 개별 참여자와 전체적인 결과 사이에도 발생한다. 서로 거울처럼 비추는 이러한 반영적 성격으로 인해 참여자들의 기대는 주어진 기초 여건이나 균형에 따라 일정하게 결정되지 않는다.

케인스의 이론은 좌파와 우파의 경제학이 모두 법칙, 구조, 과학적 원리를 강조하면서 경제주체의 존재를 약화시키거나 부정했던 것과 대비된다. 특히 신고전학파는 주어진 선호와 기술로부터 자동적으로 시장의 균형을 달성하는 개인의 선택을 강조하지만, 이는 명목적인 개인에 의존하는 기계적인 메커니즘일 뿐 실질적으로 개인의 자율성을 고려한 것이 아니다.

케인스가 균형이자율을 부인하면서 이자율이 관례에 따라 결정된다고 말한 것도 같은 맥락 속에 있다. 이자율은 시장원리보다는 경제주체들 사이에 상호의존적인 작용 속에서 결정된다. 이는 케인스가 경제에 있어서 균형을 상정하지 않으며, 경제주체들도 이에 대해 제대로 알지 못한다는 것을 의미한다. 또한 경제주체들은 제한된 정보에 근거해 인식하고 기대를 형성하므로 반드시 균형을 낳지 않는다. 이 점에서 케인스의 경제주체는 완전한 정보에 근거해 미래를 예측하고 균형으로 나아가는 신고전학파의 경제인과 다르다.

케인스에게도 자본주의와 인간에 대한 현실과 이상이 공존한다. 그는 시장과 시장의 경제주체가 모두 불완전하다고 생각해서 현실과 이상 사이에 상당한 거리를 두었다. 그에게서 현실은 자유방임적인 시장경제고 이상은 실업과 불평등이 둔화된 복지 또는 수정자본주의다. 인간은 합리적이지만 제한적으로 합리적이고, 감성적이고 본능적인 동시에 시민이기도 하다.

케인스에게 있어서는 정부의 거시경제정책이 경제의 현실과 이상, 그리고 경제주체의 현실과 이상 사이의 간격을 메우는 수단이다. 이를 보완하는 미시적인 조치들로 경제주체들에게 정보를 추가적으로 제공하는 홍보나 특히 파생상품을 비롯한 금융상품에 대한 판단과 선택을 도와주는 교육이 필요할 것이다. (나중에 설명하는 바와 같이) 행동경제학에서 내세우는 유도장치^{nudge}나 속박장치도 도움이 될 수 있다.

케인스에 대한 신고전학파의 비판과 반박

케인스에 대한 가장 극렬한 비판은 가격기구와 개인의 합리성을 철저하게 믿고 있는 자유지상주의에서 나온다. 하이에크는 케인스주의적인 정부의 개입이 전체주의로 이어진다며 이에 저항했다. 또한 시카고학파는 케인스와 케인스주의를 이론적으로 비판했다. 정부의 정책이 합리적 선택과 합리적 기대로 나타나는 경제인의 합리성을 능가할 수 없다는 것이 기본적인 논리다.

구체적으로 합리적 경제인은 거시경제정책이 구사되어 어떤 변화가 나타날지를 미리 예측하고 이 예측에 근거해 선택하고 행동한다. 이런 이유로 경제인이 예측하지 못하거나 움직이지 않는다고 전제한 정부의 정책이 무산된다. 따라서 정책이 유효하려면 정부가 합리적이고 일관된 경제인들을 상대로 벌이는 싸움에서 이겨야 한다. 그러려면 정부에서 계속 경제인들을 속이거나, 그들이 예측하지 못하도록 일관되지 않은 정책을 구사해야 한다.

케인스는 가격의 비신축성을 내세웠을 뿐만 아니라 개인이 이같이 합리적이라고도 생각하지 않았다. 케인스에게서 '기대'는 상당 부분 외적인 요인들로 변동하는 불확실성을 지닌다. 최근 들어서는 고립된 인간의 합리적 기대에 대한 불신이 더욱 커졌다. 2008년 글로벌 금융 위기 이후 이런 입장이 강화되고 있어서 정부정책의 유효성을 부정하기가 더욱 힘들어졌다. 무엇보다 2020년 코로나19바이러스의 확산과 더불어 정부의 방역대책과 거시경제정책이 지극히 중요해졌다.

그렇지만 경제정책의 옹호자들에게도 시장의 과정보다 행정적인 과정에 문제가 많다는 비판이 적지 않게 등장했다. 사회적 이익에 비추어 타당성이 부족한 계획이 시행되거나, 원래는 타당했으나 더 이상 그렇지 않은 계획이 시행될 때 중단이 어렵다는 비판이 제기되기도 한다. 게다가 공적인 예산의 사유화도 빈번하게 일어난다.

일단 시장에 의존하더라도 어떤 재화나 산업이 필요한지를 찾아 나가는 데 있어 시행착오가 따른다는 점을 인정해야 한다. 보다 적극적으로 투명성 재고와 사업에 대한 사전적인 기간 설정, 즉 일몰조항 등이 요구된다. 또한 중앙정부는 전체 관리만 담당하고, 실제 운영을 지방자치 정부나 공동체, 협동조합, 사회적 기업 등에 맡길 필요도 있다.

케인스에게서 나타나는 '일자리 보장'의 의미

케인스가 명시적으로 드러내지 않았으나 실업이나 취업과 관련해 제기할 문제는 노동의 가치와 의미다. 대부분의 경제주체들과 경제학자들은 노동의 목적을 소득을 얻어 생계나 생활을 유지하는 데 둔다. 신고전학파는 효용극대화의 관점에서 노동을 '고통'으로, 여가를 '쾌락'으로 본다. 경제학 이론에서 노동은 그 자체로 목적일 수 없다.

그런데 과연 노동의 가장 중요한 가치가 소득이나 효용의 획득에 있는가? 착취나 수탈, 소외 그리고 시장의 경쟁을 의식한 속도나 규율이 수반되지 않으며 인간의 존엄성을 유지할 수 있을 정도의 노동을 생각해보자. 이런 노동은 무조건 생계의 수단이나 고통이 아니라 인간의 활동이자 삶의 일부라고 주장할 수 있다.

또한 노동이 소득의 획득 이외에 사회적 참여와 인정, 심리적 안정, 경력단절 방지, 가정 유지, 범죄 예방 등 다른 가치들을 내포한다고 볼수 있다. 이런 경우 동일한 소득을 노동하지 않고 주는 경우와 노동을 조건으로 주는 경우를 비교해보면, 전자가 후자보다 반드시 낫다고 할수 없을 것이다.

미시적으로 노동에 수반된 고통이 적다면, 노동에 대한 대가가 생각보다 낮아진다. 또한 거시적으로 필립스 곡선(물가상승률과 실업률 사이에 상충관계가 있음을 나타내는 곡선) 상에서 실업률을 낮추기 위해 사람들은 더 높은 비율의 물가상승을 견디기도 한다. 그렇다면 비록 높은 물가상승이 수반되더라도 일자리를 늘리기 위해 더 팽창적인 거시경제정책을 수행할 수도 있다. 케인스의 입장은 이런 생각에 부합된다.

'finance' 뭐라고 번역하나?

경제학의 용어 중 번역이 가장 혼란스러운 단어가 'finance'다. 이 용어는 적어도 '재정', '금융', 그리고 '재무'라는 세 가지 번역어를 가지고 있다. 국가재정, 금융경제학, 경영학의 재무관리가 finance의 대표적 예다. 특히 금융과 재무라는 두 가지 번역어가 항상 교차하고 있다. 언젠가 경제학자들과 경영학자들이 모여 통일된 번역어를 내놓을 수 있기를 기대해본다.

케인스의 생각을 가장 극단적으로 밀고 나가는 최근의 경제이론으로 후기케인스주의Post-Keynesianism의 부근에서 나온 현대화폐이론Modern Money, Monetary Theory(MMT)을 들 수 있다. 레이Randall Wray와 켈튼Stephanie Kelton 등이 주장하는 이 이론은 정부가 재정적자를 걱정할 필요 없이 마음껏 지출할 수 있다는 파격적인 주장을 내놓았다. 이들의 입장에서는 정부가 쉽게 일자리를 제공할 수 있으므로 원하는 모든 사람들에게 일자리를 보장하는 정책이 중요해진다. 여기서 '일자리 보장'은 사람들이 단순히 소득을 원하는 것이 아니라 일을 원한다는 것을 전제로 한다.

이 대안은 노동 또는 활동을 중시한다는 점에서 또 다른 진보 진영의 대안으로 떠오른 '기본소득제도'와 입장을 달리한다. 기본소득제도는 모든 사람들에게 일정 수준의 소득을 아무 조건 없이 제공하는 것을 목표로 한다. 이 제도의 입장에서는 노동을 신성시하는 것이 산업화가 내건 이념에 불과하다. 이른바 '놀이하는 인간$^{homo\ ludens}$'이 기본소득제도에 부합되는 인간상일 것이다.

과연 노동이 수반된 기본소득이 나을까, 아니면 노동이 없는 단순한 기본소득이 나을까? 최소한의 소득으로 여가를 보내는 것이 나을까, 아니면 양질의 노동을 요구하는 것이 인간과 사회를 위해 바람직할까? 결국 '일자리 보장'과 '기본소득제도' 사이에서 올바른 판정은 인간과 노동의 관계를 어떻게 보느냐에 달려 있다.

역사적으로 노동집약적인 농업에 중점을 두었고 산업화 과정에서도 자의든 타의든 장시간 노동에 적응되어 있던 한국인들에게는 당분간 양질의 노동이 수반된 소득 보전이 더 타당하지 않을까 짐작해본다.

미하우 칼레츠키

:

노동자의 지출은 수요를 증대시킨다

경제주체는 분배된 소득을 지출하는 계급이다

칼레츠키[Michael Kalecki(1899~1970)]는 케인스보다 앞서 《일반이론》을 제시한 것으로 알려진 거시경제학의 창시자다. 그런데 폴란드의 경제학자인 그는 케인스와 달리 마르크스로부터 영향을 받아 계급의 구분과 이에 근거한 소득분배를 중시해 경제주체를 개인이 아니라 계급으로 규정했다. 이런 이유로 그는 좌파케인스주의 혹은 후기케인스주의의 시조로 일컬어진다.

마르크스뿐만 아니라 리카도와 그의 뒤를 잇는 스라파, 그리고 칼레츠키는 모두 경제주체를 계급으로 설정하고 소유 자원과 소득의 종류에 따라 계급을 구분했다. 특히 스라파와 칼레츠키는 모두 임금과 이윤의 소득분배를 강조했다. 스라파가 리카도의 전통에 따라 소득이 생산비용이라는 점에 주목한 데 비해 칼레츠키는 케인스와 비슷하게 소득이 지출되어 수요를 낳는다는 측면을 부각시켰다. 칼레츠키는 임금(과 이윤)이 수요를 낳는 근거라고 생각해 이들이 경제 전체 수준에서 낳는 거시적인 동학에 집중했다.

이런 점에서 리카도·스라파의 전통과 케인스·칼레츠키의 전통이 구분된다. 양자 모두 분배를 중시하면서도 전자는 생산과 분배의 연계를 중시하는 데 비해 후자는 분배와 지출의 연계를 중시한다. 전자에서는 경제주체가 생산의 참여자나 생산요소의 공급자, 그리고 분배의 주체로서 등장하는 데 비해 후자에서는 분배의 주체이면서 지출의 주체로 등장한다.

케인스와 칼레츠키에 의하면 경제가 생산에서 시작해 분배와 교환을 거쳐 소비로 끝난다는 전통적인 이해가 동태적으로 수정되어야 한다. 왜냐하면 현 시점의 소비지출이 미래의 생산에 영향을 미치기 때문이다.

임금 상승이 총수요를 증가시킨다

계급의 특징으로 칼레츠키는 소비성향 혹은 저축성향에 있어 노동자와 자본가 또는 임금과 이윤 사이에 차이가 있음을 지적했다. 그는 노동자의 소비성향(저축성향)이 자본가의 소비성향(저축성향)보다 높다는(낮다는) 점을 전제로 삼았다. 이에 따르면 노동자는 자신의 임금소득 중 많은 부분을 소비하는 데 비해 자본가는 이윤소득 중 많은 부분을 소비하지 않는다.

이런 이유로 소득분배가 더 불평등해져 전체 소득 중에서 임금소득이 줄어들고 이윤이 늘어나면 총수요가 줄어든다. 따라서 노동자계급이 협상이나 투쟁을 통해 임금 인상을 관철하면 오히려 국민경제의 순환이 촉진되어 노동자계급뿐만 아니라 경제 전체가 좋아질 수 있다.

예를 들어 전체 소득 100 중에서 임금과 이윤이 각각 50씩 절반으로 분배되는 상황을 가정해보자. 그리고 각각의 소비성향이 0.9와 0.4라고 해보자. 이 경우 총수요는 65로 나타난다. 만약 임금과 이윤이 각각 70 대 30으로 재분배된다면, 위와 같은 소비성향 하에 총수요는 75로 나타난다. 이런 생각은 노동자와 자본가뿐만 아니라 빈자와 부자 혹은 여러 소득 계층들에게도 연장해서 적용할 수 있다.

케인스와 마찬가지로 칼레츠키 역시 개별 경제주체 수준에서는 임금이 비용에 불과하지만, 한바퀴 돌아 경제 전체 수준에서는 임금이 수요를 낳는다고 보았다. 분배 문제에 대한 관심을 제외하고 비용에 중점을 둔다는 점에 주목하면 리카도 및 스라파는 신고전학파와 비슷해지고, 케인스 및 칼레츠키는 이들의 반대편에 놓이게 된다. 그렇게 되면 '임금은 비용이다'라는 입장과 '임금은 수요를 창출한다'는 입장이 대립하게 된다.

임금이 비용이라는 입장에서 노동자의 임금은 삭감의 대상이고 생산성이 증가하지 않는 한 임금 인상은 이윤 감소를 뜻한다. 이와 대조적으로 임금이 수요를 창출한다는 입장에서는 임금이 반드시 삭감의 대상이 아니다. 물론 노동자가 소비하는 재화의 종류가 여러 가지이므로 특정 기업에 종사하는 노동자의 임금 인상이 그 기업 제품의 수요 증가로 직접 되돌아오지는 않는다. 그렇지만 다수의 기업에서 임금이 인상되면 이 기업들의 제품에 대한 수요가 전반적으로 늘어날 수 있다.

다시 말해 임금 인상이 개별적·단기적으로는 비용이지만 전체적·중기적으로는 수요를 창출한다. 그렇다면 임금은 비용이면서 총수요의 근원이라는 이중적인 성격을 지니게 된다. 칼레츠키의 입장에서는 대기업을 중심으로 노동자의 임금을 인상하기 위한 사회적 합의의 필요성이 생긴다. 이런 합의는 기업이 경제인이나 완전경쟁 하의 가격순응적인 생산자에서 '시민적인 경제주체'로 변신해야 가능하다.

이는 노동자계급의 이익 추구가 경제 전체의 이익에 부합되는 상황을 낳는다. 같은 이유로 임금이 늘어나고 이윤이 줄어들도록 조세정책이나 거시정책을 시행하면 총수요를 늘려 고용과 국민소득을 증대시킬 수 있다. 결과적으로 칼레츠키의 입장에서는 노동자계급의 복지를 증진시키는 정책이 경제 전체로도 유리한 결과를 가져온다.

가령 정부가 부유세를 신설해 복지지출을 늘림으로써 세전소득이 아닌 세후소득으로 따졌을 때 소득분배의 불평등을 줄일 수 있다. 물론 이런 조치의 결과를 제대로 따지려면 민간수요의 다른 구성요소인 '투자수요'와 '수출입수요'를 고려해야 한다. 이들을 고려하면 개별 경제주체들의 구조와 상황에 따라 임금을 올려주는 것이 유리한 '임금주도성장'과 이윤을 올려주는 것이 유리한 '이윤주도성장'으로 입장이 갈릴 수 있다.

독과점기업이 존재하는 시장경제의 모순

(케인스와 마찬가지로) 칼레츠키도 구성의 모순 혹은 부분과 전체의 불일치를 강조했다. 이런 입장이 임금주도성장에 논리적 근거를 제공한다. 신고전학파의 입장에서는 개인의 비용이 전체의 비용이고 개인의 편익이 전체의 편익이다. 이에 비해 칼레츠키(와 케인스)에서는 상황에 따라 개인 혹은 개별 자본가의 비용이 전체의 편익이 될 수도 있고, 개체의 편익이 전체의 비용이 될 수도 있다.

> 그런데 자본주의체제의 주요 특징들 중 하나는 한명의 기업가에게 이익이 되는 것이 모든 기업가들의 계급 전체를 반드시 이롭게 하지 않는다는 사실이다.[48]

달리 말해 신고전학파의 입장에서는 개인의 합리적 행위가 전체의 합리성과 효율성으로 나타난다. 또한 개별 기업이나 투자자가 자신의 위험을 제대로 관리하면 체제 전체에 별도의 위험이 발생할 이유가 없다. 이에 비해 칼레츠키에게서는 개체의 합리성이 전체에도 합리적이고 효율적인 결과를 낳는다는 보장이 없다.

소비와 저축에 대해서도 이같이 말할 수 있다. 통상적인 관념에 따르면 개인들의 저축이 절약과 근검의 미덕에 근거하고 장기적으로 경제성장에 필요한 자본을 축적시킨다. 이에 비해 칼레츠키(와 케인스)에게서는 저축의 반대인 소비가 단기적으로 경제에 자극을 줄 수 있다.

칼레츠키는 미시적인 차원에서 신리카도학파와 달리 독과점을 강조했다. 이 역시 케인스의 생각에 부합된다. 자유경쟁이 지배하는 경우 이이제이가 가능하고 모종의 경제법칙이나 경제 원리가 적용된다. 반면 독과점기업들이 있는 경우 서로 동등하게 견제하지 못하므로 경쟁의 법칙이 관찰되지 않는다. 대신 독과점기업들이 개별적으로나 담합을 통해 경제 내에서 가격이나 공급수량에 대한 힘이나 권력을 지니게 된다. 동시에 그 힘은 여타 경제주체들, 즉 소비자, 노동자, 협력업체, 그리고 중앙정부나 지역정부를 향하게 된다.

견제가 없는 권력과 자본은 지대와 기득권을 유지하려고 노력하게 된다. 정치권의 권력이든 시장에서 자본이 만들어낸 권력이든 이런 성격에 차이가 없다. 중상주의나 수량할당제 등 보호무역에 수반된 지대추구행위는 익히 알려진 바와 같다. 동양에서는 과거제도가 오랫동안 지대추구를 허용해왔다. 한국의 경우 이에 집단성이 더해지면서 정치권력이나 대기업의 수장이 독단을 지니게 되고, 심지어 종교적인 숭배까지 받게 된다.

시장의 경쟁이 개별 경제주체에 대한 견제로 작동한다면, 반대로 경쟁이 없는 상황에서는 별도의 견제와 균형이 불가피하다. 독과점기업이 시장에서 견제를 받지 못한다면 이에 대한 사회적 합의나 정부의 견제·규제가 불가피하다. 나아가 기술적으로 규모의 경제가 존재하지 않는다면, 미국 통신기업 AT&T와 같이 분할할 필요도 있다. 신고전학파가 동등한 시장의 참여와 경쟁을 강조하면서 경제인에게 힘이나 힘의 차이를 인정하지 않는다는 점은 이미 지적한 바 있다.

조지프 스티글리츠와 앨런 커먼

:

인간은 불확실한 세계에서 상호작용한다

경제위기를 설명하는 새로운 이론적 모델

2007년 비우량주택담보대출의 위기 이후 신고전파 거시경제학에 대한 비판이 거세지고 있다. 거시경제학은 이 위기를 설명·예측할 수 없었고, 위기가 발생한 이후에 해결책을 제시하지 못했다. 따라서 신고전학파에 우호적인 경제학자들조차 표준이론에 대한 대대적인 수정이나 용도 제한을 주장했다. 나아가 레이온후드Axel Leijonhufvud, 스티글리츠Joseph Stiglitz(1943~), 커먼Alan Kirman(1939~) 등은 이 위기를 '경제학의 위기'로 진단하고 표준적인 거시경제학을 전면적으로 부정했다.

비판의 주요 대상은 표준적인 거시경제학에서 사용하는 '동태적 확률 일반균형' 모형이고, 그중에서도 '합리적 기대'와 대표행위자로 상정되는 '합리적 개인의 미시적 기초'다. 구체적으로 표준이론에서 합리적 경제인은 완벽하게 주어진 정보와 지식을 완벽하게 처리하는 능력을 지니며, 가격을 매개로 익명적으로 영향을 주고받으며 시장에서 균형을 낳는다.

이에 대한 대안 중 하나는 '복잡하고 적응적인 체계'다. 이 체계는 제한된 정보와 제한된 정보처리능력을 상정한다. 또한 경제주체들은 가격을 매개로 하지 않으면서도 네트워크나 관계를 통해 상호의존적으로 활동한다. 경제주체들은 환경에 적응하기 위해 상호작용하는 가운데 의도하지 않았거나 예상치 않았던 결과를 낳으면서 진화한다.[49]

상호의존성이나 상호작용이 없는 표준이론에서는 균형을 비롯한 시장 전체의 결과가 개별 주체들의 행위들을 단순히 합해서 얻어진다. 이에 비해 상호작용과 의도치 않은 결과가 중요시되는 체계에서 시장 전체의 결과는 개별 주체와 행위들의 단순한 합으로 도출되지 않는다. 시장의 수요–공급도 개별 수요–공급의 단순한 합이 아니다. 이런 의미에서 이 체계는 복잡하고 출현적이다.

표준이론에서는 개인들이 (비)합리적이어서 이들을 집계한 시장 전체의 결과도 (비)효율적이고 (불)안정적으로 나타난다. 그렇다면 표준이론은 개인과 시장 중 적어도 한 가지를 근거로 삼는다. 이에 비해 복잡하고 적응적인 체계는 개인의 합리성과 시장의 효율성·안정성 중 어느 것도 절대시하지 않고, 개인의 합리성과 시장의 안정성이 모두 제한적이라고 생각한다.[50] 또한 개인의 (비)합리성이 자동적으로 시장의 (비)효율성·(불)안정성으로 이어지지 않는다.

이 체계는 출현성에 근거하므로 표준이론이 시장 전체를 '대표행위자'로 간주하는 것에 대해 가장 큰 오류로 지적한다. 가격수용적인 행위자들과 완전경쟁도 부정한다. 표준이론은 개인과 시장을 매개하는 거래관계나 연결망을 간과하고 있다. 주로 사회학에서 중시해온 이런 개념을 경제학도 이제는 고려해야 한다.

가령 마르세유의 어시장에 가보면 생선의 구매자들 중 한 부류는 이미 잘 알고 있어 오랜 거래관계를 가지고 있는 어부로부터 구입하는 데 비해 다른 부류는 적절한 어부를 찾아 이리저리 헤맨다. 두 번째 부류만이 표준이론에 부합된다. 이런 상황에서는 동일한 생선에 대해 가격이 하나로 수렴하지 않고 일정한 가격 차이와 분포가 유지된다.

경제행위자들은 로빈슨 크루소처럼 고립되어 행위·선택하는 것이 아니라 상호의존적으로 소통한다. 이런 상호작용이 경제 전체 수준에서 많은 경우 안정성이나 규칙성을 낳는다. 그렇지만 이런 상호작용이 불확실성 속에서 진행되므로 애초에 의도하지 않았거나 예측할 수 없는 결과를 낳기도 한다. 상호작용이 불안정성을 초래하는 극단적인 경우 1929년의 대공황이나 2008년의 대침체와 같은 파국에 이를 수 있다.

또한 표준이론은 경제행위자들의 선호나 기대 등이 동질적이라고 생각하나 실제로 이것들은 이질적이다. 더불어 경제주체들은 타인으로부터 모방하는 성향이 짙게 나타난다. 이런 이유들 때문에 불안정성이나 쏠림 현상이 나타나게 된다. 또한 비슷한 이유로 주가 변동의 분포 등에 있어 극단적인 수치가 높은 확률을 보이면서 그래프가 두터운 꼬리를 지니게 된다.

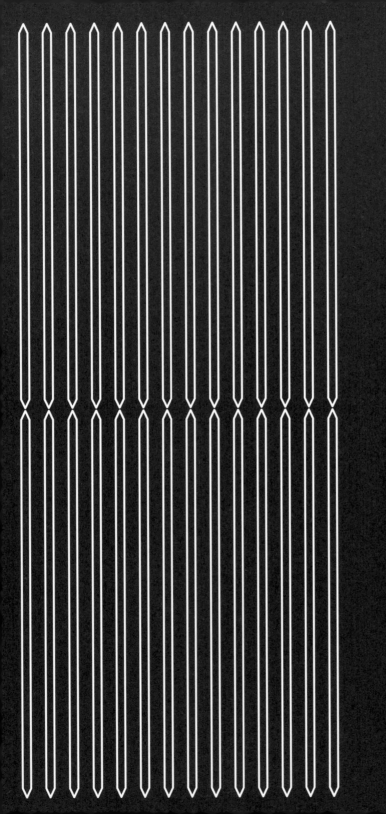

5부

❖ ❖ ❖ ❖ ❖ ❖

호모 이코노미쿠스를
우회하다

/

일상에서 만나는 다양한 경제적 인간들

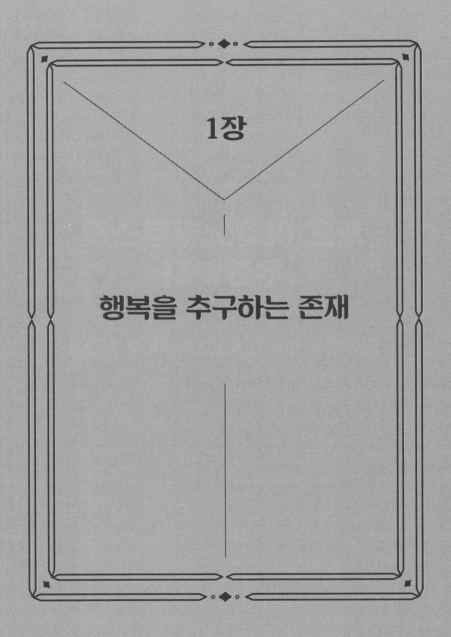

1장

행복을 추구하는 존재

리처드 이스털린

:

돈이 많이 있다고 행복해지지 않는다

소득과 행복 사이의 관계는 비례적이지 않다

오랫동안 경제학은 행복을 철학이 다루어야 할 문제로 취급했고 오로지 물질적인 풍요에만 집중해 양자가 어떤 관계에 있는지에 대해서는 관심을 두지 않았다. 그런데 최근에는 경제학자들이 심리학자들과 함께 인간의 행복에 적극적인 관심을 두기 시작했다. 경제학계에 행복에 대한 관심을 촉발시킨 경제학자는 이스털린Richard Easterlin(1926~)이다.

이스털린은 소득과 행복의 관계를 경험적으로 검토한 결과 양자가 언제나 함께 움직이지 않는다는 것을 발견했다. 이것이 소위 '이스털린 역설'이다. 그 예로 일본에서는 1950년부터 1990년까지 일인당 국민소득이 5~6배 증가했는데 이들이 행복을 느낀 정도에는 변함이 없었다. 이같이 시계열자료를 통해 소득이 행복에 영향을 미치지 못한다는 결론이 나왔다.

이후 전개된 연구들에서도 소득과 행복이 반드시 상관관계를 보이지 않았다. 익히 예상하는 대로 유럽에서는 소득과 행복이 모두 높고, 아프리카에서는 소득과 행복이 모두 낮았다. 그렇지만 북미는 소득이 높으면서도 행복이 낮고, 반대로 남미는 소득이 낮으면서도 행복이 높은 것으로 나타났다. 이것은 소득과 행복이 같은 방향으로 움직이지 않는다는 것을 보여준다.

이에 대한 행동경제학의 해명은 '적응'과 '사회적 비교'다. 적응이란 소득이 증가할 당시에는 좋아하지만, 증가하고 나서 어느 정도 시간이 지나면 쉽게 적응해 이를 당연시하는 현상이다. 사회적 비교는 자신을 다른 사람들과 수시로 비교하는 인간의 특징을 말한다. 경제성장과 함께 많은 이들의 소득이 비슷하게 증가하므로 사람들은 소득의 상대적 차이를 느끼지 못한다. 이 때문에 자신의 소득이 절대적으로 늘어났음에도 불구하고 크게 행복을 느끼지 못한다.

적응과 사회적 비교는 사람들의 인식과 선택에 개인적·사회적인 준거나 습관이 존재함을 의미한다. 적응은 소득의 최종 결과에만 집착하는 표준이론의 합리적 인간에게서 벗어난다. 더구나 사회적 비교는 인간의 '사회성'을 내세우므로 개체주의적인 경제인으로부터 벗어난다.

행복을 측정하는 방법

이스털린의 생각은 주관적인 행복을 전제하므로 공리주의에 부합한다. 심리학에서는 행복을 '주관적 안녕감subjective wellbeing'으로 규정한다. 또한 벤담의 공리주의는 효용극대화를 통한 '최대 다수의 최대 행복'을 내세웠고, 공리주의와 제번스의 초기 효용이론은 기수적 효용에 근거한다. 사회의 행복지수를 파악하려면 다수의 효용을 수량적으로 합해야 하므로 서수적 효용이 아니라 기수적 효용이 필요하다. 효용의 수량적 측정이 가능하다고 여기는 기수적 효용은 개념적인 문제를 안고 있으나, 경험적인 수준에서 이것을 측정하고 처리하는 데는 문제가 없다는 것이다. 행복을 측정하는 방식은 '얼마나 행복한지' 그 정도를 5단계나 10단계의 점수로 나누어 설문을 조사하고 이로부터 얻은 결과를 합계하는 것이다.

이에 비해 신고전파 경제학은 개인의 수요를 파악하는 데 서수적 효용에 의존한다. 따라서 행복과 관련한 입장에서 공리주의와 신고전학파는 갈라진다. 주관적 행복을 중요시하는 행동경제학자 카너먼은 표준이론을 거부하면서 벤담으로 돌아가자고 외친다. 그렇다 하더라도 행복은 벤담의 공리주의적 이론에 한정되지 않고 '적응'과 '사회적 비교'를 고려한 것이어야 한다.

아리스토텔레스는 개인의 범위를 넘어서 공동체 속에서 윤리적으로 살아가는 '객관적 행복의 조건'을 내세웠다. 그러나 객관적이든 주관적이든, 행복에 중점을 두는 경우 기존의 경제학이 내세우는 '경제성장'이나 '일인당 국민소득' 등 부나 물질적인 가치는 국가나 개인의 궁극적인 목표가 될 수 없다. 효용과 물질적 쾌락을 중시하는 경제인을 넘어서 현실의 경제주체와 많은 시민들은 지금도 행복한 삶, 좋은 삶이 무엇인지 고민하고 또한 이를 추구하고 있다.

브루노 S. 프라이

:

활동의 결과보다 활동 자체가 더 중요하다

내적인 동기와 외적인 동기

심리학자들은 오랫동안 인간에게 '내적 동기intrinsic motivation'와 '외적 동기extrinsic motivation'가 있다고 주장해왔다. 내적 동기란 자신이 스스로 하고 싶어서 활동하는 것이고, 외적 동기란 어떤 결과나 결과에 대한 보상을 보고 활동하는 것이다. 노동이나 공부를 정말로 좋아서 하는 것이라면 내적인 동기부여고, 돈이나 권력, 명예, 성적, 대학진학 등을 목표로 삼으면 외적인 동기부여다. 시장에서 돈이나 유인에 따라 전개되는 경제인의 활동은 외적 동기에 지배되고 있다.

경제학과 시장은 과정이 어떻든 결과와 결과에 대한 보상을 중시하면서 외적인 동기에 치중해왔다. 반면 경제학자 프라이Bruno S. Frey(1941~)

는 주류경제사상이 시장의 원리에 치우쳐 그간 외적 동기만을 내세웠다고 비판하면서 내적 동기를 강조했다. 이런 생각은 이미 아리스토텔레스에게서 '행동'과 '생산'의 구분으로 등장했었다.

인간에게는 활동의 결과뿐만 아니라 활동 자체나 활동의 과정, 그리고 절차가 중요하다. 민주주의는 흔히 결과보다 절차를 중시하는 체제로 여겨진다. 소송도 그 절차가 공정하지 않으면 결과를 수용하려 들지 않는다. 인생이나 운동경기에 대해서도 결과보다 과정이 중요하다고 많은 사람들이 말한다.

상황에 따라 외적 동기가 내적 동기를 몰아내기도 하고 그 반대도 성립한다. 즐겨 하던 일이나 자원봉사, 헌혈 등을 돈으로 보상하면 내적 동기가 소멸할 수 있다. 이 때문에 감사를 표시하는 데는 표창, 기념품, 문화상품 같은 것이 금전보다 거부감을 줄일 수 있다. 나아가 시장이나 기업에서처럼 일방적으로 외적 동기에 따라 생산성을 늘리려는 방식에도 한계가 있다.

물론 외적 동기를 무조건 무시해서는 곤란하다. 내적 동기와 외적 동기를 적절히 결합시켜 서로가 대체하는 것이 아니라 보완하도록 만드는 것이 바람직한 방책이다. 이를 통해 내적 동기를 자극시키고 활동을 좋아하게 만들어, 생산성을 높이고 창조성을 자극해 기술혁신 등을 촉진할 수 있다. 부지런함이 게으름보다 낫지만 부지런함보다 더 나은 것은 즐기는 것이다.

무엇보다 내적 동기는 사람들을 행복하게 한다. 저명한 심리학자 칙센트미하이Mihályi Csíkszentmihályi는 인간들이 몰입flow을 필요로 한다고 주장했다. 이는 일이나 학습에 대한 참여가 물 흐르듯이 자연스럽게 흘러가는 상태를 말한다. 그는 모차르트나 스티브 잡스 같은 탁월한 사람뿐만 아니라 평범한 사람도 조금만 노력하면 몰입에 들어갈 수 있다고 주장했다.

외적 유인이나 내적 동기로 명확히 구분되지 않지만 의무감, 사명감, 헌신 등이 작동하는 상황도 있다. 기업, 학교, 병원, 군대, 교회 등의 조직에서는 개인이 아니라 조직 차원에서 목표가 설정되고, 그것이 비록 세속적이거나 금전적인 경우에도 구성원들에게 사명감이나 숭고함이 부여된다. 이렇게 되면 외적 동기가 개인에게 내적 동기로 변할 수 있다.

이순신이나 안중근 같은 애국자는 이에 해당된다. 이순신은 승진이나 출세를 위해 전쟁을 수행한 것도 아니고, 당연하겠지만 전쟁터에서 사람 죽이는 일을 즐긴 것도 아니다. 단순히 나라를 살리기 위해 해야 할 일이었기 때문에 헌신하고 희생한 것이다. 1970년대 한국의 경제 성장기에도 국가 전체 수준이나 기업에 할당된 수출 목표가 기업인들과 회사원들에게 헌신이나 의무감을 자극했을 가능성이 높다. 합리적 경제인은 내적 동기뿐만 아니라 이러한 의무나 헌신 등의 동기도 지니지 않는다는 점에서 현실과 거리가 있다.

경제학은 개인의 행복에 관한 것이다. 혹은 행복에 관한 것이어야 한다. … 오랫동안 경제학에서는 소득을 인간의 행복을 측정하는 데 (완전하지는 않으나) 적합한 대리변수로 간주해왔다. 그러나 행복에 관한 연구는 소득보다 사람들이 '직접 보고하는 주관적 안녕감reported subjective well-being'이 개인의 후생을 측정하는 훨씬 더 훌륭한 수단임을 보여준다.

프라이, 브루노 S. (2015) 《행복, 경제학의 혁명》

유정식 · 박종현 · 홍훈 옮김, 부키

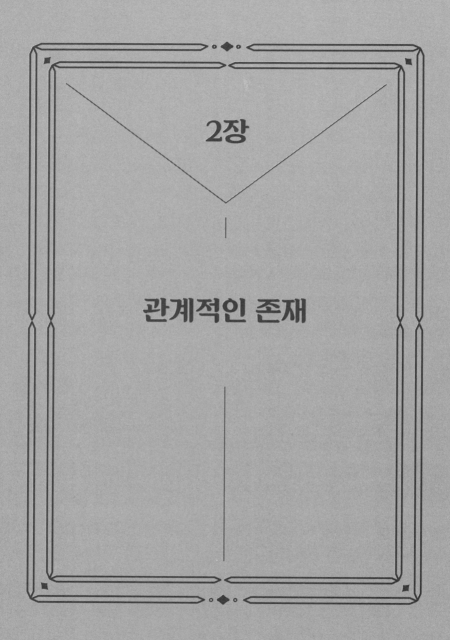

2장

관계적인 존재

칼 폴라니

:

서로 주고받기를 좋아한다

경제는 사회와 자연에 깊이 연결되어 있다

폴라니Karl Polanyi(1886~1964)는 《거대한 전환The Great Transformation》을 통해 경제가 사회와 자연으로부터 분리될 수 없다는 배태성embedded을 제시하며, 시장에 대한 방임이 사회와 생태계를 파괴할 것이라고 주장했다. 그에 의하면 노동력은 인간과 떼어낼 수 없고, 토지는 자연환경의 일부이며, 화폐는 상품일 수 없다. 상품이 될 수 없는 것을 상품화했으므로 이들은 '허구적 상품'이다.

폴라니에 따르면 경제는 사회 및 자연과 유기적으로 연결되어 있어 이들에게 깊은 영향을 끼친다. 따라서 사회와 자연을 보호하려면 이기적 인간이 활약하는 시장의 맹목적인 힘을 억제해야 한다. 특히 재화를 넘어서 노동력, 토지, 화폐까지 상품화하는 시장의 확장을 막아야 한다. 이런 생각의 기원은 이미 2,000여 년 전에 최초로 경제라는 것을 발견하고 시장경제의 위험성을 경고한 아리스토텔레스에게서도 찾아볼 수 있다.

그런데 폴라니는 도덕적 인간을 강조하기보다 '상호적 인간homo reciprocans'을 내세웠다. 무제한적으로 확장하는 시장과 이에 부합되는 경제인에 대한 대안으로 그는 배태된 경제와 상호적 인간을 제시한 셈이다. 상호적 인간은 장기적으로 서로에게 보답하는 인간이다. 기념일이 있을 때마다 친구들이 돌아가면서 선물을 주고받는 것이나 지역 사회 구성원들이 돌아가면서 아기를 돌보는 것 등이 대표적인 예다.

이런 관행은 시장에서 재화 구입과 화폐 지불이 동시에 이루어지는 것과 같은 즉각적인 보답을 원하지 않는다. 동시에 아예 보답하지 않는 것도 용납하지 않는다. 상호적 인간은 받기만 하려는 이기적 인간이나 주기만 하려는 이타적 인간의 중간 지점에 놓여 있다.

시장경제는 역사적으로 특수한 체제다

폴라니가 사망한 이후 편집되어 출판된 그의 후기작 《인간의 살림살이The Livelihood of Man》에서는 허구적인 상품화나 교환가치 그 자체보다 신고전파 경제학과 이에 근거한 시장주의의 보편화에 대한 비판이 나타난다. 그리고 경제학에 등장하는 합리적 선택의 핵심 주체인 경제인에 대한 비판도 등장한다. 수요-공급과 가격기구에 의존하는 전면적인 시장경제 및 사회가 이에 상응한다.

이미 설명한 수행성의 관점에서 보면, 경제는 폴라니가 주장한 바와 같이 사회에 배태되어 있는 것이 아니라 '경제학'에 배태되어 있다. 사실 폴라니 자신도 《인간의 살림살이》에서 신고전학파가 상정하는 경제인을 본격적으로 부각시켜 경제인이 단순히 이론상의 허구가 아니라 상당 부분 현실의 인간에 영향을 끼친다는 점을 인정하고 있다.

이런 폴라니의 변화는 신고전학파의 부상에서 비롯된 것으로 보인다. 여기서 그는 신고전학파의 '형식적 경제학'과 인간의 생계, 경제적 삶 혹은 살림살이를 내용으로 삼는 '실체적 경제학'을 구분했다. 형식적 경제학은 합리적 선택의 주체인 경제인에 근거하고 있는 데 비해, 실체적 경제학은 고전학파의 경제주체에 보다 친화적이다.

형식적 경제학의 합리적 경제인은 경제 전체를 시장경제와 동일하게 생각하는 '시장주의 심성'을 지니고 있다. 시장주의 심성은 시장경제를 보편화해 경제 자체와 동일시하는 경제주의적 오류를 내포한다. 폴라니는 교역 및 화폐를 전면적인 시장의 등장과 동일시하는 것을 경제주의적 오류의 대표적 예로 지적한다.

그는 역사적 연구에 근거해 상당 기간 동안 지역교역과 대외교역이 분리되어 공존했고, 가치척도, 교환수단, 가치저장, 지불수단 등 화폐의 여러 기능들이 떨어져서 존재했다고 주장했다. 이러한 기능들이 모두 하나로 결합되면서 비로소 시장경제가 형성된다고 보았다. 상호의존적인 가격들의 변동을 낳는 수요–공급의 장치와 가격기구의 작동이 이루어지면서 전면적인 시장경제가 등장했다. 그리고 이는 역사적으로 근대에 국한되어 있다.

인간의 상호성에 근거한 대안적 경제를 모색하다

폴라니는 다양한 저작들을 통해 '상호성', '집권적 재분배', '시장교환'
이라는 세 가지 요소를 재화 및 자원의 분배장치로 내세웠다. 신고전
학파의 경제인이 시장교환에 상응하고, 이미 제시된 상호적 인간이 선
물교환에 상응한다. 이에 비해 중앙집권적인 재분배는 부족사회, 정
부, 계획경제, 기업 등으로 예시되는데, 권위적·위계적인 인간이 이에
상응한다.

마르크스가 이미 두 번째 인간과 세 번째 인간을 제시했으므로, 폴
라니가 첫 번째 인간을 추가한 셈이다. 그런데 마르크스가 두 번째 인
간을 생산의 관점에서 바라본 데 비해 폴라니는 재분배의 관점에서
바라보았다. 신고전학파는 최근까지 오로지 세 번째 인간에 집중해왔
다. 물론 최근의 신제도학파 이론 등은 이들 중 두 가지 이상을 인정하
는 방향으로 나아가고 있다.

그런데 마르크스와 비슷하게 폴라니도 후기작에서 자본주의 혹은
시장경제의 이념을 전파하는 일련의 경향을 부각시켰다. 양자 모두 자
본주의와 시장경제의 역사적 특수성을 고려하지 않고 이를 보편화하
려는 경제인의 오류를 지적한 셈이다. 그리고 이러한 오류가 몇몇 경
제주체들의 착각에 그치지 않고 시장경제를 움직일 만큼 이해할 수
없을 정도로 막강한 사회적 이념이 되었다고 판단했다.

나아가 경제를 정확히 파악하고 대안을 모색하는 데 있어 이런 경
제인의 관념·이념이 근원적인 장애가 된다는 생각도 마르크스와 공
유했다. 또한 마르크스와 폴라니는 경제주체의 관념·이념이 경제체
제와 그것의 재생산에 불가결하다고 생각했다. 즉 시장경제에 대한 긍

정적인 인식 없이는 자신의 이익을 위한 합리적 계산과 선택이 순조롭지 못하고 시장경제의 균형도 달성되지 않는다.

루카스에게서 '대표행위자'로 등장하는 경제인은 합리적 기대와 시점 간 적정화를 구사해 시장의 균형을 달성한다. 이 점에서 루카스는 폴라니가 생각하는 형식적 경제학과 경제인의 극단적인 모습을 보여준다. 마르크스와 폴라니의 입장에서 보편적·대안적인 경제와 경제주체를 재구성하기 위해서는 시장경제와 경제인을 우상화하는 이러한 극단적 인식부터 극복해야 할 것이다.

경제학의 새로운 비판세력들

세계화와 관련된 금융의 불안정성, 소득불평등, 환경파괴, 그리고 단기적으로는 2007~2008년 대침체의 발생과 함께 새로운 비판세력들이 등장하고 있다. 소로스가 자금을 제공한 '새로운 경제학적 사고를 위한 연구소Institute for New Economic Thinking(INET)'와 경제학자들의 모임인 '포용적 번영을 위한 경제학Economics for Inclusive Prosperity(EfIP)'이 대표적이다. 특히 EfIP에는 미국 유명대학들의 신고전파 경제학자들 다수가 보다 비판적인 자세로 참여하고 있다. 이들은 '포용적 번영'을 내세워 폴라니의 가르침을 상기시킨다. 이들 비판세력은 모두 경제인과 시장에 대한 물신market fetish을 거부하고 있다.

최근 들어 연대의 가치와 함께 상호성을 내세우는 협동조합이나 사회적 기업 같은 조직이 급부상하면서 폴라니에 대한 관심이 높아졌다. 주식회사와 같은 통상적인 기업이 주식을 보유한 정도에 따라 일불일표와 이윤 배당을 지향한다면, 협동조합은 일인일표를 따르고 이윤 배당을 억제한다.

시장경제의 폭력을 소규모 집단을 통해 약화시키려는 이런 노력은 일찍이 오웬과 같은 공상적 사회주의자의 자주적인 생산조직체에서도 등장한 바 있다.

Robert H. Frank

로버트 H. 프랭크

:

서로를 비교하고 의식한다

자신의 지위를 의식하며 끊임없이 비교한다

프랭크Robert H. Frank(1939~)는 심리학자 페스팅거의 사회적 비교social comparison 개념에 근거해 사람들이 일상적으로 서로를 비교한다는 점을 부각시켰다. 서열을 따져 위아래로 구분 짓고 비교하면서 사람들은 각자의 지위를 중시하게 된다. 이에 따라 자신의 재화나 소득의 절대적 수준뿐만 아니라 주변 사람들과 비교하면서 생기는 상대적 지위로부터 효용이나 비효용을 얻는다. 프랭크는 이것을 '지위재positional good'라고 불렀다.

가령 다들 50평 아파트에 사는데 혼자 40평 아파트에 사는 상황과 다들 25평 아파트에 사는데 혼자 35평 아파트에 사는 상황 중에서 선택하라고 한다면 전자가 아니라 후자를 택할 가능성이 높다. 혹은 다들 연봉 1억 원을 받는데 혼자 8,000만 원을 받는 상황보다 다들 연봉 5,000만 원인데 혼자 7,000만 원을 받는 상황을 더 좋아할 수 있다. 나아가 다들 100점 받았는데 자신만 90점 받는 경우보다 다들 70점 받았는데 자신만 80점 받은 경우를 더 낫다고 생각할 수 있다.

물론 모든 재화에 대해 사회적 비교가 이루어지지는 않는다. 공원이나 문화재 등 공공재는 모두 함께 사용하기 때문에 사회적 비교의 대상이 아니다. 반면 사적 재화 중 남의 눈에 쉽게 띄는 재화나 물건들에서 사회적 비교가 빈번하게 발생한다. 미국인의 경우 옷, 장신구, 집, 자동차, 성형수술, 소득 등이 그런 예다. 이에 비해 휴가, 여행, 실업보험, 의료보험 등은 그리 눈에 띠지 않아서 비교의 대상이 되지 않는다.

사회적 비교의 결과로 공공재에 비해 사적인 재화, 특히 남의 눈에 잘 보이는 사적 재화에 과도하게 많은 자원이 투입되어 자원 배분이 왜곡된다. 물론 타인과의 비교를 통해 사람들이 자극을 받을 수도 있다. 한국의 경우 선진국과의 끊임없는 비교가 경제성장에 자극을 주었고, 타인과의 등수 경쟁 등이 한국의 교육수준을 높이는 데 공헌했다. 그렇지만 사람들이 사회적 비교에 노출되면 항상 만족하지 못하고, 더 많은 소득, 더 높은 등수, 더 넓은 집, 더 큰 자동차 등을 추구하면서 불행해질 수 있다.

소비에 있어 과거의 수준이나 타인을 의식한다는 주장은 이보다 앞서 베블런의 과시적 소비나 듀젠베리의 상대소득가설에 이미 등장했다. 상대소득가설에 의하면 사람들은 소비할 때 특정 기간의 소득뿐만 아니라 과거의 소비 행태로부터 영향을 받아 소득이 내려가도 쉽게 소비를 줄이지 않는다. 또한 주변 사람들의 소비로부터 큰 영향을 받는다. 전자는 톱니효과로, 후자는 전시효과로 지칭된다.

표준이론의 경제인은 독립적 개인으로서 사회적 비교에 대해 알지 못한다. 나아가 거시경제학은 사람들의 소비가 오로지 각자의 소득이나 자산에 의해 효용을 극대화하는 과정에서 결정된다고 본다. 이 때문에 상대소득가설이 아닌 '항상소득가설'을 받아들인다.

스테파노 자마니

:

다른 사람과의 관계를 필요로 한다

인간은 관계를 통해 존재한다

자마니Stephan Zamagni(1943~)는 인간이 관계를 떠나서 존재할 수 없으므로 인간관계가 인간의 존재 자체를 규정한다고 주장했다. 이를 통해 자마니는 경제인을 부정하고 '인간관계의 경제학'을 제시한 셈이다. 이것은 인간들이 인간관계를 경제활동에서 활용하고 이를 통해 효율성이나 생산성을 높인다는 '사회연결망'이나 '사회자본'의 개념을 넘어선다.

인간관계의 다양한 면모에 대해서는 그 두께나 밀도를 고려해야 한다. 여러 겹이 중첩된 두터운 관계가 있고 한 겹의 얇은 관계도 있다. 한국에서는 혈연, 지연, 학연이 중첩된 관계로서 가장 강력한 결속력과 구속력을 지닌다. 친척이면서 같은 고향 사람이고 대학 동문이면 이런 관계의 대표적인 예다. 반면 단순히 사업을 위해 만나는 사람은 그다지 두터운 관계에 있지 않다.

좀 더 객관적으로 살펴보면 인간관계는 이중적인 특성을 지닌다. 인간관계로 애정과 결속이 생기지만 동시에 속박과 강요가 수반될 수 있다. 인간관계로 따뜻함과 연대를 얻을 수도 있지만 획일성과 억압에 허덕일 수도 있다. 가족관계를 그리워하는 사람도 많이 있지만 이로부터 벗어나기를 희구하는 사람도 적지 않다. 따라서 서양의 개인주의나 심지어 자본주의경제에 수반된 개인주의를 무조건적으로 마다할 수 없다.

인간관계가 획일성과 억압을 낳는 경우는 대체로 관계가 위계적이거나 물적인 경우라고 생각된다. 평등하지 않고 위·아래가 있거나 물건의 주고받음이 있으면 인간관계가 애정이나 결속보다는 구속이나 획일성으로 이어질 수 있다. 한국의 부모자식관계나 형제관계는 위계적인 인간관계이지만 일차적으로 물적이지는 않다. 모기업과 협력업체의 하도급관계는 갑을관계로서 위계적인 동시에 물적이기도 하다.

인간관계와 연대에 기반한 경제학

경제학의 인간상을 전체적으로 조망하면 전통적으로 '경제인'과 '사회인'이 대비를 이룬다. 서양의 경제학자들은 데카르트와 로크의 전통에 따라 독립적 개인을 극단화시킨 데 비해 사회학자들은 경제인을 비판하면서 사회인을 제시했다. 이런 대립은 (개인의) '행위'와 (사회의)

'구조'라는 이분법을 낳았다.

이런 이분법을 극복하기 위해 인간의 사회성을 인정하는 동시에 사회가 인간을 완전히 규정하지 않는다는 주장이 제기된다. 그리고 인간은 자율성과 다양성을 지닌 존재로 서술된다. 아울러 경제학 부근에서는 '원자적 개인'과 '사회적으로 배태된 개인'이라는 두 가지 대비되는 입장이 등장하게 된다.[51]

비주류 사회과학자들이 어느 정도 공유하는 '사회적으로 배태된 인간'은 관계나 집단으로부터 큰 영향을 받는 존재다. 비주류 사회과학자는 마르크스주의, 제도학파, 오스트리아학파, 진화경제학, 비판적 실재론, 사회경제학, 센과 누스바움, 여성주의 등을 포함한다. 별로 알려지지는 않았지만 '연대의 경제학'도 일별할 필요가 있다.

18세기 말엽에 등장한 독일의 신학자 겸 경제학자 페쉬[Heinrich Pesch]를 이어받는 연대의 경제학은 사회주의로부터 영향을 받았지만 기독교에 바탕을 두고 있다. 이 입장은 연대를 단순한 구호가 아니라 하나의 경제체계로 내세우면서, 다른 어떤 입장보다 경제인 자체를 정면으로 문제 삼는다.[52]

역사학파, 마르크스, 베블런 등은 경제인을 비판하면서도 법, 정책, 시장, 제도들이 인간을 변형시킨다고 생각한다. 이런 입장에서는 직접 인간 자체를 바꾸는 일이 별로 의미도 없고 가능하지도 않다. 이에 비해 연대의 경제학은 인간 자체가 문제라고 본다. 이 입장에서 현실이자 이상인 경제주체는 개인이 아니라 현실 속에서 여러 필요들을 지닌 사람이다.

이에 따라 연대의 경제학은 '사회경제인'을 내세운다. 경제인이 고립된 개인이라면, 사회경제인은 자신뿐만 아니라 주변에 있는 다른 사람을 항상 의식하면서 행동하는 존재다. 인간人間이라는 우리말이 '타인과의 사이에 있는 사람'을 뜻하는 것과도 일맥상통한다. 소비자로서든 노동자로서든 경제주체는 '사회경제인'이어야 한다는 것이다. 최근 인터넷과 플랫폼의 활용이 전 세계적으로 확산되면서 이러한 논리는 어느 정도 힘을 얻고 있다.

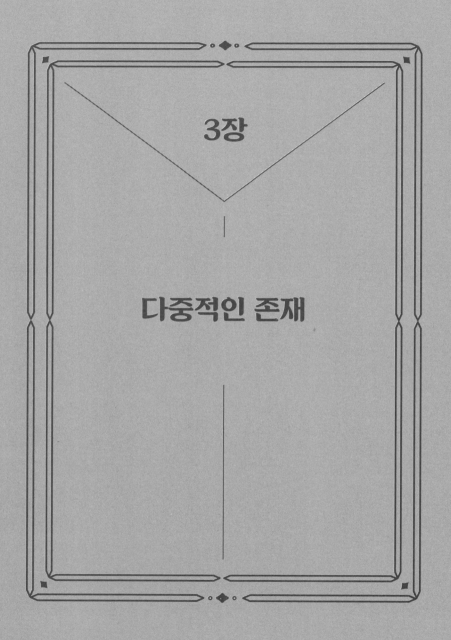

3장

다중적인 존재

대니얼 카너먼

:

언제나 합리적이지는 않다

인간을 움직이는 두 체계

지난 몇십 년 동안 심리학에 의존해 신고전학파를 비판하며 급부상한 행동경제학은 특히 경제인을 겨냥하면서 오랫동안 인문학이 말해왔던 인간의 측면들을 복원시키고 있다. 행동경제학은 기본적으로 인간의 인지와 선택 혹은 의사결정이 생각보다 합리적이지 않다고 주장하면서 표준이론의 완전한 합리성 대신 사이먼이 제시한 '제한적 합리성'을 내세운다.

또한 인간은 완전히 이기적이거나 고립되어 있지 않아서 매사에 공정성을 따지고, 상호적이며, 수시로 남들과 자신을 비교한다. 더불어 금전적인 유인 등 외적 동기에 국한하지 않고 인간은 내적 동기를 자극받아 경제활동에 나설 수 있음을 지적하고 있다.

행동경제학의 중심을 이루는 심리학자 카너먼Daniel Kahneman(1934~)과 트버스키Amos Tversky는 제한적 합리성을 발전시켜 심리학의 두 체계이론 혹은 두 과정이론으로 인간을 움직이는 핵심 장치를 제시한다. 그리고 이에 근거해 합리적 경제인에 대한 대안을 제시하고자 한다.

'I 체계'는 감성, 직관, 본능, 습관에 따라 계산 없이 거의 자동적으로 움직인다. 습관(세수), 본능(식사)이나 충동(음주), 도덕과 규범의 실천(자리양보) 등이 이에 해당된다. 또한 I 체계는 묵시적이고, 총체적이며, 의사소통의 맥락에 예민하다. 반면 'II 체계'는 논리적인 추론이나 분석, 그리고 계산에 따라 느리게 움직인다. 표준이론은 규범적인 차원의 극단적 합리성을 내세우면서 II 체계만을 인정한다.

행동경제학을 구성하는 기본 개념들

I 체계를 강조하는 행동경제학은 표준이론이 상정하는 합리성의 기준으로부터 벗어나는 여러 현상들을 지적한다. 대표적으로 '준거의존성'에 의하면 사람들은 장기간 경험했던 수준에 적응되어 이로부터 벗어나지 못한다. 소득이 2만 5,000불에서 3만 불로 올랐을 당시에 사람들은 만족하지만, 3만 불로 올라서고 나서 어느 정도 시간이 지나면 만족감을 느끼지 못하고, 이로부터 조금이라도 감소하면 아주 불쾌하게 생각한다.

비근한 예로 '이열치열'을 표준이론으로는 설명할 수 없지만 행동경제학으로는 설명이 가능하다. 표준이론에 따르면 삼복더위에 삼계

탕과 같이 뜨거운 음식을 먹는 것은 효용극대화에서 벗어나는 비합리적인 선택이다. 반면 행동경제학에 의하면 삼계탕을 먹으면서 순간적으로 적응 온도가 높아져 식사 후 밖으로 나왔을 때 생각보다 덥지 않다고 느낄 수 있다.

'맥락특정성'에 의하면 소비자는 제시된 여러 대안들을 개별적으로 분리해서 평가하지 못한다. 또한 대통령이나 국회의원 선거에서도 동일한 후보자이지만 옆에 어떤 후보자와 함께 있느냐에 따라 유권자들의 평가가 달라진다. 또 다른 예로 혼자 식사할 때보다 친한 친구들과 좋은 분위기에서 식사할 때 더 많이 먹는다.

표준이론에서 합리적 경제인은 개인주의와 개체주의에 따라 대안들을 서로 독립적으로 independently 평가하고 주변 상황과 분리해서 평가한다. 그런데 경제인과 달리 현실의 인간들은 충분히 분석적이지 않아 독립성을 유지하지 못하므로 수시로 최상의 대안을 선택하는 데 실패한다. 또한 주변 사람들이나 주변 상황으로부터 수시로 영향을 받는다.

'규격화'에 의하면 상황을 해석하거나 제시하는 방식에 따라 사람들의 인지와 선택이 바뀐다. 여러 일간신문들은 동일한 사건에 대해 다른 방식으로 편집하고 규정해서 보도한다. 이는 사물의 특정 측면이나 차원들을 부각시켜 다른 차원들을 무시하게 만든다. 인생의 목표로 오로지 돈벌이라는 차원에 집착한다면 다른 인생의 가치들을 도외시하게 된다. 상인이나 사업가에 대해 사람들이 흔히 느끼는 '너무 타산적이라는' 거부감도 이들이 돈벌이라는 차원에 과도하게 집착하기 때문에 발생한다.

정부의 홍보나 기업의 광고, 정치인의 연설 등도 사물의 특정 차원들을 부각시켜 자신의 입장을 과도하게 주장한다. 이렇게 되면 판단에 착오와 쏠림이 발생할 수 있다. 사람들이 충분히 합리적이지 않다면 정부, 기업, 정치가들이 사용하는 왜곡된 홍보 방식에 이용당할 수 있다. 행동경제학은 마케팅의 영역에서 벌어지는 이러한 과정을 부인하게 만드는 표준이론의 '절차 관련 불변성 가정'을 비현실적이라고 비판한다.

이 가정에 의하면 특정 대안을 어떻게 제시하느냐, 어디에 배치하느냐 등이 사람들의 인식과 선택을 달라지게 만들지 않는다. 행동경제학의 입장에서 신고전학파가 표방하는 이와 같은 합리성은 이상이지 현실이 아니다. 현실에서 나타나는 인간의 불완전한 합리성은 '서술적인 합리성'으로 신고전학파의 이상적이고 규범적인 합리성과 구분된다.

'처방적 합리성'으로 왜곡된 경제인을 바로 세우다

2008년 미국발 금융위기는 인간이 언제나 합리적으로 선택하지 않으며 극단적인 시장주의자들이 내세우는 합리적 기대가 비현실적이라는 것을 보여주는 중요한 사례였다. 이것이 표준적인 거시경제학이나 금융재무이론에 대한 '행동금융재무이론'의 비판이다.

진화이론과 복잡계이론이 가미된 이 이론에 의하면 오랜 세월 진화해온 인간에게는 근대적인 경제인과 함께 원시인이 공존한다. 인간은 수시로 계산적이고 안정적인 투자자에서 즉흥적이고 전체 흐름을 쫓는 불안정한 투자자로 변한다. 그리고 양자는 경제 속에서 상호의존적이면서 상호작용한다. 표준이론의 관점에서는 그다지 합리적이지 않아 보이는 이런 사람들이 우리의 현실 경제를 이루는 정상적인 사람들이다.

신고전학파는 현실의 시장과 속세의 경제주체에게 모종의 규범성을 부여함으로써 이들을 이상적인 시장과 완벽한 합리성을 지닌 경제인으로 바꾸었다. 이에 대해 행동경제학은 원래 모습의 인간으로 되돌아갈 것을 주장한다. 물론 행동경제학이 비판하는 표준이론의 규범은 아리스토텔레스와 정반대로 효율적인 시장경제의 영역을 극대화하는 규범이다.

규범적인 차원의 합리성과 서술적 합리성 사이에 괴리가 있으므로 행동경제학은 '처방적 합리성'을 요구한다. 행동경제학의 정책적인 입장이 '자유온정주의libertarian paternalism'다. 경제인과 달리 사람들은 스스로를 통제할 수 없어 속박장치나 권유장치를 필요로 한다. 저녁에 술을 마시지 않기 위해 자동차를 몰고 가는 것이나 술을 좋아하는 친구를 멀리하는 것 등이 그런 예다.

페어 같은 행동경제학자들은 인간이 타인의 행위나 경제현상에 대해 판단할 때 '공정성'을 중요하게 여긴다고 주장한다. 자신의 임금이 주변에 있는 다른 노동자의 임금보다 너무 낮으면 부당하다고 느낀다. 반대로 주변에 있는 다른 노동자의 임금보다 자신의 임금이 너무 높아도 부담을 느낀다. 공정성은 '경제정의'나 '사회정의'보다는 약한 수준의 기준이지만 시장의 균형에 의존하는 시장주의에 대한 비판적인 입장으로 간주할 수 있다.

화폐의 질과 양

질과 양의 문제는 언제나 복잡하고, 화폐라는 문제도 복잡해서, '화폐의 질과 양'을 다루는 문제는 더없이 복잡하다. 행동경제학자 세일러Richard Thaler, 특히 사회학자 젤라이저Vivian Zeliser는 화폐의 동질성을 부정한다. 정부나 기업의 회계장부와 가정의 가계부에 등장하는 교육비, 회의비, 출장비, 여행비 등의 구분이나 용돈, 쌈짓돈 등의 구분이 이에 대한 증거다. 이런 항목들 사이의 전용에 법적이거나 규범적인 제한이 있는 경우 동일한 '100만 원'일지라도 교육비로 쓰일지 여행비로 쓰일지에 따라 서로 다른 종류의 돈이 된다는 것이다.

이 입장에서는 돈으로 아무것이나 살 수 있다고 전제하는 마르크스에 대해 돈으로 아무것이나 살 수 없다며 반대할 수 있다. 그렇더라도 전용에 대한 제한이 소득의 차이가 가져오는 경제주체들 간의 상대적인 힘의 차이에 변화를 가져오지는 않는 듯하다. 다만 이 입장은 화폐에 관해 무관심하면서도 전용가능성fungibility을 전제해온 신고전학파의 합리적 선택을 약화시키고 있다. 재화의 대체가능성substitutability이 경제학의 명시적인 가정이었다면 화폐의 전용가능성은 묵시적인 전제였다.

행동경제학자들도 신고전학파의 합리적 인간이나 이기적 인간을 비판하면서 상호적 인간을 내세웠다. 상호적 인간은 타인이 보답을 하면 같이 보답을 하고 그렇지 않으면 타인과 같이 이기적으로 행동한다. 사장이 종업원에게 어느 정도 자율성을 부여하고 불경기에 종업원을 해고하거나 임금을 삭감하지 않으면, 종업원은 이에 대해 더욱 열심히 일하는 것으로 보답한다. 물론 경제사회에는 이기적 인간과 상호적 인간이 공존해 구체적인 상황에서 사람들이 이기적인 방향으로 움직일 수도 있고 상호부조적인 방향으로 움직일 수도 있다.

기거렌처Gerd Gigerenzer는 경제인의 비현실성을 비판하면서도 카너먼

보다 더 강하게 진화를 통한 인간의 적응능력을 강조했다.[53] 그에 따르면 인간은 근대적 합리성에 의해서가 아니라 오랜 진화를 통해 여러 문제들을 빠르고 절약적으로 해결하는 방법들을 갖추게 되었다. 기거렌처의 입장에서 보면 여전히 표준이론이 상정하는 합리성을 이상으로 삼고 이로부터 벗어나지 못한다는 점에서 카너먼도 비판의 대상이다.

조지 애커로프

:

자신의 정체성을 확인한다

누구나 일상에서 정체성을 추구한다

경제학자들은 사람들이 이익 추구를 일상생활의 목표로 삼는다고 생각한다. 경제학자이면서도 애커로프^{George Akerlof(1940~)}는 인간이 자신의 존재를 확인하고 유지하는 데 일상의 목표를 둔다고 주장하며 '정체성의 경제학'을 내세웠다. 아직 경제학의 주요 분야가 아니지만 정체성의 경제학에 의하면 사람들은 자신의 존재를 규정하는 취향, 성별, 직업, 종교, 민족·인종, 계층·계급 등을 유지하기 위해 부단히 노력한다. 이들 중에는 개인적인 것도 있고 사회적·역사문화적인 것도 있다.

　상품의 매매, 투자, 거래, 주거지나 직장의 선택 등에 있어 사람들은 효용·이윤뿐만 아니라 정체성을 규정하는 여러 요인들로부터 영향을 받는다. 또한 자신의 정체성에 손상을 가하는 직장에서 일하는 사람들은 생산성이나 창의성을 발휘하는 데 지장이 있다. 인종적 차별이 심한 학교에서 차별받는 학생들은 제대로 공부하거나 좋은 성적을 올리기 힘들다. 그렇기 때문에 기업, 학교, 병원 등 조직 차원에서 구성원들의 소속감이나 일의 의미를 강화시키면 생산성이나 창의성을 개선할 수 있다.

표준이론에서는 사람을 사귀는 인간관계도 재화를 구입하는 것과 마찬가지로 효용의 논리에 따라 이루어진다. 효용을 더 많이 주는 사람을 친구로 선택해 자주 만나고 효용을 더 이상 주지 못하는 사람과는 헤어진다. 그렇지만 보다 근원적인 인간관계는 그 인간의 정체성과 연관되어 있다. 가족관계는 자신의 존재를 규정하며, 배우자나 친구는 자신의 존재를 확인시켜주거나 자긍심을 유지시켜준다.

인간관계로 정체성을 확인하는 한국인에게는 이런 경향이 더없이 강하다. 이런 측면에서 한국의 혈연, 지연, 학연이나 학벌을 인식할 필요가 있다. 어느 가문의 자손이라든지, 어느 지역 출신이라든지, 어느 학교 동창이라든지 등의 문제를 효용이나 이윤의 관점에서 파악하는 데는 한계가 많다. 심지어 이들을 사회적 연결망이나 사회자본으로 규정하는 것에도 부족함이 있다. 이들 개념보다는 '정체성'과 연관 짓는 것이 보다 타당해 보인다.

부단한 노력에도 불구하고 한국기업의 경영진이 수시로 혈연관계의 지배를 받는다는 것은 효율성보다 정체성과 관련이 있다. 특정 학벌로 뒤덮이는 관료, 기업, 병원 등의 조직도 이런 식으로 해명할 수밖에 없다. 물론 모든 종류의 정체성 확보나 재생산이 윤리적으로 정당한 것은 아니다. 옳든 그르든 사람들이 효용·이윤극대화보다 이런 근원적인 원리에 따라 움직인다는 점이 중요하다.

인간은 정체성을 확보하기 위해 스스로를 속인다

최근 행동경제학과 심리학에서 논의하는 인지와 행위의 여러 측면들은 자아나 정체성의 문제로 수렴하고 있다. 사람들은 매일 아침에 거울을 보고 자기를 확인하며, 색깔을 맞추어 옷을 입으면서 자신을 표현한다. 동료들과의 식사에서 돈이 있어도 비용극소화를 위해 돈을 내지 않는 사람이 있는가 하면, 돈이 없어도 자존심을 지키기 위해 회식비를 내는 사람도 있다. 혹은 잘못 투자한 주식의 가격이 하락하더라도 실패를 인정하기 싫어서 쉽게 팔지 못한다. 또한 자신이 산 주식의 가격이 떨어져도 곧 회복될 것이라고 다짐하면서 자신을 정당화한다.

사람들은 중요한 발표나 행사가 있을 때 '잘 할 수 있다'고 반복적으로 자신에게 신호를 보낸다. 시험을 잘 못 본 학생이나 실적이 좋지 않은 사원들은 자신의 실패를 실수나 노력의 부족으로 돌리지 능력의 부족으로 돌리지 않는다. '이번에는 운이 나빴어!'라고 말하며 자신을 가볍게 기만한다. 이것이 심해지면 스스로에게 유리하도록 상황을 조작할 수도 있다.

사람들은 못한 것을 안 한 것으로 만들고, 얻지 못한 것을 싫어서 선택하지 않은 것으로 쉽게 포장한다. 엘스터Jon Elster가 설명했듯이, 이런 '인지적 부조화'의 대표적인 예는 아이소포스(이솝) 우화의 '신포도sour grapes'다. 높은 나무를 올라가지 못해서 포도를 먹지 못한 여우가

"이 포도는 너무 시어서 먹지 않는다"며 자신을 안정시킨다.

이것은 경제학에서 소득제약과 선호나 기호가 명확히 구분되지 않는 상황에 해당한다. 소득제약이 할 수 있는 것과 할 수 없는 것을 구분한다면, 선호는 좋아하는 것과 싫어하는 것을 구분한다. 표준이론의 경제인은 양자를 엄밀하게 구분하는 데 비해 인지적 부조화를 겪는 현실의 경제주체는 이를 제대로 구분하지 못한다.

상호 믿음에 의존하고 확신을 전염시킨다

가난한 흑인 가정에서는 교육을 많이 받은 사람이 별로 없고 교육을 받아도 사회에서 제대로 대접을 받지 못하므로 교육에 대한 낮은 선호가 생긴다. 이는 선호가 개인적으로 주어져 있지 않고 사회적으로 형성되고 재생산됨을 의미한다. 가난한 집안에서 태어난 아이가 생선회 혹은 철갑상어알에 대한 기호를 지닐 수 없는 것도 이와 같다. 표준이론의 경제인은 이 모든 상황들과 무관하게 존재한다.

나아가 행동경제학은 친사회적 행위, 사회적 선호나 비교를 통해 개인이 타인이나 사회를 의식한다는 점을 지적하면서 표준이론의 고립되고 이기적인 경제인에 이의를 제기한다. 표준이론이 제시하는 소극적·부정적인 의미의 자아나 정체성에 대해 애커로프는 경제학자이면서도 인간의 정체성이 달리 존재할 수 있다는 것을 긍정적으로 제시했다.

이와 비슷하게 티롤Jean Tirole과 베나부Roland Bénabou는 인간이 가치 혹은 믿음을 가지고 있으며 이런 믿음에 의존하는 자아를 관리한다는 점을 강조한다. 이들에게 믿음은 정치적인 이념이나 종교적인 신앙을 포괄한다. 여기서 관리란 믿음을 마치 자본이나 자산과 같이 소비하고 생산하거나 이에 투자한다는 것을 의미한다.

자아와 믿음에 대한 이들의 생각으로부터 정보에 대한 '선별적 갱신' 개념이 파생된다. 사람들이 추가되는 정보를 받아 자신의 믿음을 교정하는 방식에 있어서 비대칭성이 존재한다. 좋은 소식은 즉각 반영되는 데 비해 나쁜 소식은 있는 그대로 반영되지 않는다. 이는 집중, 기억, 해석, 인식 등에 있어 정보의 내용에 따라 사람들이 차별적이고 선별적으로 정보를 갱신함을 의미한다. 달리 말해 정보에 대해 선호가 있어 정보를 선별적으로 기억하고 자발적으로 망각한다. 선별적 갱신은 경제인의 베이지언적인 갱신과 대비되며 합리성에서 벗어난다.

선별적 갱신을 통해 한편으로 사람들은 자신의 믿음을 유지하면서 정체성을 확보한다. 또한 이를 통해 낙관주의와 긍정적인 감정을 유지한다. 정체성을 유지하려는 행동으로 인해 우정, 애정, 충성심 등이 생기며 특정 대상에 대해 가격을 매기는 일, 즉 모든 것을 동질적으로 만드는 '통약'을 감정적으로 거부하게 된다. 아기, 장기, 생명이나 성 등 특정 대상에 대한 시장화를 금기로 규정하는 것도 정체성과 믿음의 극단적인 표현이다.

다른 한편으로 동기화된 믿음이 새로운 정보에 대한 무감각을 낳아 스스로 함정에 빠질 수 있다. 특히 조직이나 집단에서 구성원들의 전략이 서로 대체적이지 않고 보완적인 상황이 될 때 이와 같을 수 있다. 대체적인 전략들은 서로의 믿음을 약화시키며, 보완적인 전략들은 서로의 믿음을 강화시키므로 '심리적 승수'로 규정할 수 있다. 특정 믿음이 집단이나 조직의 구성원들 사이에 강화되어 '상호 확신적인 환상'을 낳아 집단 전체가 '미칠' 수 있다.

예를 들어 특정 집단의 구성원들이 서로에게 도덕적 문제가 없다는 확신이 집단 내에서 메아리치면서 전염될 수 있다. 위계적인 조직에서는 상의하달로 이런 확신이 전달된다. 1997년 동아시아 외환위기, 2001년 미국 엔론의 회계부정, 2008년 미국발 세계 금융위기, 2016년 한국의 국정농단 사태 등도 비슷한 전염의 결과로 이해할 수 있다.

'확신의 전염'은 사람들이 자신과 벌이는 정보게임이다. 정보게임에서는 전략적 무시, 현실부정, 자기신호와 함께 자기방어, 자기합리화나 정당화, 자기기만이 발생한다. 이 모든 것은 자신에 대한 추론, 자신에 대한 지식, 그리고 자아 개념과 연관된다.

자기신호는 특정 행위를 통해 스스로에게 자신이 어떤 사람인지를 확인시켜주는 것을 의미한다. 이 과정이 필요한 이유는 인간이 불완전해 믿음이나 윤리를 견고하게 유지하지 못하므로 자신의 구체적이고 가시적인 행위·선택을 통해 스스로를 확인하려고 하기 때문이다.

믿음의 소비, 생산, 투자는 자본이나 경제의 재생산과 비슷한 '자아의 재생산과정'이다. 또한 자아의 관리나 경영은 기업의 관리나 경영과 비슷해 산업조직의 연장선상에서 똑같이 파악할 수 있다. 나아가 정서적 측면과 도구적·기능적 측면을 함께 지닌다는 점에서 믿음이라는 자산은 사회자본과 비슷하다.

인간은 이중적이고 복잡하다

표준이론은 오랫동안 인간이 이기적이라고 가정해왔고, 이에 대해 역사학파 등 경제윤리를 강조하는 사상들은 인간이 때때로 이타적이라고 반박해왔다. 최근의 연구들은 이보다 적극적으로 특정 시점에서 이기심과 이타심의 공존 및 결합을 내세우고 있다. 인간이 이기적이면서도 이타적이고, 이타적이면서도 이기적이라는 것이다.

인간은 이기적인 행위를 하면서도 다른 사람들이나 자신에게 이기적이라는 평가를 남기지 않도록 노력한다. 이를 위해 자신이 이타적이거나 희생적이라고 다른 사람들이 오판하도록 신호를 보내거나 위장하고 이들을 기만한다. 보다 심각하게 인간은 자신에 대한 타인의 평가뿐만 아니라 자신이 스스로 내리는 평가에 예민하다.

이런 이유로 인간은 자신이 그다지 이기적이거나 자기 위주로(A) 살지 않고 시민적이고 사회적이며 헌신적이라는(non-A) 믿음을 자신에게 정착시키려고 노력한다. 혹은 자신의 이익이 아니라 집단 전체를 위해 어떤 입장이나 행동을 내세운다고 스스로에게 위장한다. 이런 목적으로 사람들은 타인이 아니라 자신에게도 신호를 보내거나, 타인이 아니라 자신을 위장하거나, 심지어 자신을 기만한다.

많은 사람들이 특정 대통령 후보에게 표를 찍으면 안 된다고들 하니, 여론조사에서는 그에게 투표하지 않겠다고 말한다. 그러면서도 실제로는 그에게 표를 던진다. 이런 상황에서 인간은 이중적이거나 양면성을 지니게 되며, 겉과 속이 다른 '표리부동表裏不同'을 보인다. 여기까지 오면 경제주체들이 흔한 소설과 영화에 등장하는 인간만큼 복잡해지고, 일상에서 우리가 겪는 인간에 가까워진다. 과연 인간은 표준이론이 상정해왔던 경제인보다는 훨씬 더 복잡하다.

인간관계에 있어 어떤 사람이 다른 사람을 좋아한다고 말하면서도, 속으로는 얼마든지 싫어할 수 있다. 대놓고 싫다고 말하기 어렵기 때문이다. 혹은 관계를 유지하는 것이 자신에게 유리하기 때문에 관계를 위장한다. 반대로 겉으로는 싫어한다고 공언하면서도, 속으로는 좋아할 수 있다. 타인을 좋아한다는 것이 노출되는 경우 타인에게 예속되거나 무시당할 수 있기 때문이다. 두 가지 경우 모두 명목과 실제 내용 혹은 겉과 속이 충돌해 표준이론에 부합되는 형식논리의 배중률(어떤 명제와 그것의 부정 가운데 하나를 반드시 참으로 여기는 원칙)과 조화롭지 못하다.

기업이 윤리 경영, 환경에 친화적인 생산 공정, 사회기여, 자선행위를 통해 진정으로 사회적 책임을 실천할 수 있다. 이 경우 기업이 '합리적 경제인으로서 이기적'이라는 전제가 약화된다. 이와 달리 기업이 이윤을 더 적극적으로 극대화하기 위해 윤리나 자선 등을 위장할 수 있다. 이 경우 사회적 책임은 겉모습일 뿐 기업의 내용은 그와 반대로 이윤극대화다. 따라서 기업이 내거는 명목과 내용, 겉과 속이 달라 기업이 표리부동해진다. 이 경우에도 표준이론이 주장하는 바와 달리 경제주체는 단순히 이기적이지 않다.

인간뿐만 아니라 상품도 표리부동할 수 있다. 상품의 상표나 포장은 내용이나 기능과 일치하지 않을 수 있다. 정보경제학과 행동경제학은 이처럼 인간과 상품이 지니는 이중성을 포괄적으로 인정하고 있다. 이는 마르크스가 자본주의에 대해 지적한 교환가치와 사용가치의 괴리나 모순에 근접한다.

조지 에인슬리

:

내면적으로 갈등을 겪는다

인간 내부에서도 갈등과 협조가 일어난다

표준이론에서 경제인은 개인을 행동의 단위로 삼아 더 이상 쪼개지지 않는다. 경제인은 유혹에 빠지거나 고민하거나 후회하지 않으며 내부에 갈등을 느끼지도 않는다. 또한 경제인은 국가나 조직, 계급 등 상위의 조직뿐만 아니라 개인 내부의 하부체계도 인정하지 않는다. 그렇지만 현실의 경제사회 속에서 정체성을 유지하면서 생존하려고 노력해온 인간은 내부에 갈등적인 구조를 지니고 있다.

현실의 인간은 수시로 결정을 내리지 못해 망설인다. 어떤 중요한 결정을 앞두고 '이것이냐 저것이냐' 고민하다가 결국 내일로 미루기도 한다. '다음에 사지!' 또한 우리는 인생에서 몇 개의 대안을 놓고 갈등하거나 이러지도 저러지도 못하는 진퇴양난의 상황을 마주하곤 한다. '죽느냐 사느냐 그것이 문제로다!' 나아가 이미 내린 결정에 대해 '그때 그렇게 하지 않았어야 하는데'라며 후회하는 경우도 많다.

또한 인간은 내부에서 당장의 욕구를 추구하는 '단기적 자아'와 규범을 준수하는 '장기적 자아' 사이의 충돌을 경험할 수도 있다. 당장 술을 마시고 싶어 하는 자신과 마셔서는 안 된다고 꾸짖는 자신이 갈등한다. 금연을 계획하는 자아와 담배를 피우고 싶어 하는 자아가 서로 갈등할 수도 있다. 내년부터는 반드시 금연하겠다고 결심하지만 막상 내년이 되면 흡연의 유혹을 이기지 못한다.

인간 내부에 있는 여러 자아들이 협조하거나 갈등한다는 주장은 정신분석학자 프로이트로 거슬러 올라간다. 프로이트는 인간의 내부를 '초자아-자아-이드'라는 구조로 정식화했다. 이를 현대의 문법에 맞게 경제학에 적용한 사례가 에인슬리$^{George\ Ainslie(1944\sim)}$의 미세경제학^{picoeconomics}이다. 미시경제학이 기본 단위로 삼는 개인의 내부를 파고들어 설명한다는 점에서 '미세경제학'은 적절한 번역어이다.

미세경제학은 카너먼 등이 제시한 '두 체계'를 보다 정교화하고 뇌신경과학과 뇌신경경제학의 연구 성과를 수용한다. 플라톤에 따르면 인간은 이성과 감성의 쌍두마차다. 이러한 인간의 뇌를 구성하는 뉴런들은 여러 상황과 기능에 부합되는 모듈을 형성한다. 이런 모듈들은 방정식 풀기, 의사소통, 돈벌이 등 각기 다른 기능들을 맡아 한 인간 속에서 일종의 분업을 이루고 상황에 따라 서로 협조하거나 경쟁한다.

가령 일차방정식을 풀던 사람이 갑자기 이차방정식을 풀려고 하면, 뇌의 모든 부위가 활성화되다가, 몇 번 이차방정식을 풀어 익숙해지면 특정 부위만 활성화된다. 이차방정식을 푸는 역할이 뇌의 분업체계에서 특정 부위에 배속된 것이다. 또한 배고플 때 활성화되는 뇌의 부위와 월가에서 돈벌이할 때 활성화되는 뇌의 부위가 동일하게 나타났다. 현대인에게 돈벌이는 기아만큼이나 긴박한 문제라고 추정할 수 있다.

비유하자면 오랜 세월 진화해온 인간의 인지능력은 하나의 커다란 칼이 아니라 다양한 작은 칼들과 도구로 구성된 '스위스 군용 칼'에 가깝다. 혹은 한 개인이 여러 개의 하부체계로 구성된 시장과 비슷해진다.

과거 프랑크푸르트학파에 의하면 인간의 갈등과 모순은 인간 내부뿐만 아니라 인간의 외부, 즉 가족, 역사와 문화, 그리고 사회에서 온다. 미세경제학도 이런 사회성을 심각하게 고려하여 인간의 갈등을 파악할 필요가 있다. 한국인의 갈등과 모순도 내·외적으로 복잡하게 일어난다. 특히 한국인에게는 전통적 자아와 개항 이후의 근대적 자아가 겹쳐 있고, 개인적personal 자아, 관계적relational 자아, 그리고 집단적collective 자아가 공존하고 있다.

주체와 주어

영어에서는 주어가 문장에서 빠질 수 없는 데 비해 한국어에서는 주어가 쉽게 빠진다. 영어의 주어가 유럽의 근대적 자아를 표현한다. 이에 비해 한국의 역사와 문화에서는 개인이 인간관계나 집단 혹은 자연을 포함한 전체 속에 묻히는 것으로 이해할 수 있다.

한국어: 어디를 가시나요?
영어: Where are **you** going? (**당신은** 어디를 가시나요?)

포스트모더니즘과
여성주의 경제학

:

다양한 정체성으로 네트워크와 연결된다

근대적 경제학을 넘어서려는 포스트모더니즘

다중적인 자아가 극단화되면 포스트모더니즘으로 넘어가게 된다. 이 입장은 중심을 지닌 주체로서의 인간을 부정한다. 포스트모더니즘은 서양 근대에서 인식의 주체이자 신을 닮은 존재로서 등장한 데카르트의 '나'를 부정한다. 또한 그런 인간을 담고 있는 일체성을 지닌 '몸'을 거부한다. 이것은 서양 유럽의 백인 남자를 표준으로 삼는 근대적 인간과 이성에 대한 비판이다. 표준적 경제인인 로빈슨 크루소는 이미 유럽의 식민지주의를 내포하고 있다.

포스트모더니즘은 두터운 구조를 지닌 자아 대신 외적·사회적으로 규정되는 얇고 분해된, 그리고 분산된 주체와 몸통을 상정한다. 또한 이런 인식의 주체가 대상으로 삼는 실체나 본질도 부정한다. 현상에 대한 여러 가공적인 담론들이나 수사들이 공존할 뿐 이들 사이에 우열이 없다. 특히 '과학'과 '비과학'의 구분도 더 이상 분명하지 않다. 경제학이 자랑하는 수리적 모형이나 계량분석을 여러 수사들 중 하나로 간주해 이것들에 대해 증명이나 검증의 능력을 부여하지 않는다.

서양 근대의 산물인 경제사상과 경제학도 이런 비판에서 자유로울 수 없다. 경제학의 근대성을 대표하는 합리적인 (행동)주체, (가치)실체, 균형이나 질서, 확실성 등이 비판의 주요 대상이다. 탈근대는 '주체도, 실체도, 균형도, 없이 가기도 잘도 가는 과정'을 상정한다. 무엇보다 사회과학에서 과학성을 자부하는 경제학과 경제인에게 탈근대는 심각한 도전거리다.

넓게 보면 서양 근대의 산물인 자유경제사상과 인간의 합리성을 강조하는 신고전학파가 비판의 대상이다. 다만, 이미 신고전학파의 발전과정에 탈근대적인 요소가 담겨 있다는 해석도 있다. 욕구하는 존재로서의 인간에서 벗어나려 했다는 점에서 탈근대적인 요소가 있다는 것이다. 특히 현시선호이론 등을 통해 기수적 효용이나 효용 자체로부터 벗어나려고 했다는 점이 중요하게 지목된다.

마르크스주의도 포스트모더니즘의 비판으로부터 자유롭지 못하다. 노동이나 생산의 주체로서 등장하는 인간은 신고전학파의 '소비자'와 마찬가지로 근대적이다. 신고전학파의 효용처럼 노동이나 가치를 '실체'로 여기면서 현상에 대한 본질주의적인 파악에 머물고 있다는 점 또한 근대적이다. 경제적인 과정을 '자본의 논리와 착취' 등 주체의 개입으로 설명하고 있다는 점도 문제가 된다. 특히 사회를 변혁시키는 주체로서 등장하는 노동자계급을 포스트모더니즘에서는 받아들이지 못한다.

이에 따라 포스트모더니즘이 취하는 방향은 '주체가 없는 과정'이나 '실체 없는 형태'가 된다. 주체나 조직 원리 없이 진행되는 과정이란 결과를 예상할 수 없는 진화적인 과정이 될 가능성이 높다.[54]

포스트모더니즘에 따르면 더 이상 노동자계급이나 합리적 개인이라는 하나의 중심적인 사회경제주체가 아니라 다양한 주체들을 고려하게 된다. 시민, 여성운동가, 환경주의자, 인종평등주의자, 동성애자 등이 그러한 예다. 사람들이 고정된 하나의 정체성을 지니는 것이 아니라 여러 가지 정체성을 지니게 된다. 이런 이유로 알튀세르Louis Althusser가 지적한 바와 같이 행동주체에 대한 사회적 규정은 중층적인 것이 된다.

유럽중심주의에서 벗어나려는 포스트모더니즘은 탈식민주의로 이어진다. 탈식민주의는 문화의 우열을 따지지 않고 공존과 다양성을 내세운다. 또한 유럽문화와 지역문화 사이의 상호구성, 상호적응, 상호진화를 주장한다. 그리고 지역문화의 혼합적인 성격을 내세운다.[55]

경제와 관련해 역사와 문화는 제도, 특히 비공식적인 제도로 나타난다. 영미자본주의의 법이나 규칙들이 공식적인 제도를 이루고 지역문화에 근거한 관습이나 습관 등이 비공식적인 제도를 이룬다. 한국에서 '준법투쟁'의 유효성이나 '사외이사제도'의 무용성이 이를 잘 보여준다. 행동주체와 경제주체도 공식적 영역과 비공식적 영역의 이중성을 지니게 된다. 경제에도 역시 공식 부문과 비공식 부문이 공존하게 된다.

나아가 단기적 이익을 추구하는 시장의 교환뿐만 아니라 장기적 상호성에 근거한 선물교환이나 위계적 조직에 근거한 배분이 공존하게 된다. (경제)행위와 (경제)조직의 다양성은 (경제)주체의 다양성과 함께 간다. 시장이 개인주의에 부합된다면, 선물교환은 인간관계의 중요성을 보여주고, 위계는 집단의 중요성을 시사한다. 나아가 시장이 개인적 자아에 부합된다면, 선물교환은 관계적 자아, 그리고 위계적인 조직은 집단적 자아에 부합된다. 결국 지역경제에서는 이러한 '자아'들이 공존한다.

4차 산업혁명과 함께 모든 것이 연결된다

최근에 회자되고 있는 4차 산업혁명과 이에 수반된 '공유경제'의 가능성은 소유 대신에 사용이나 활용을 중시하게 만들고 있다. 이와 함께 소비와 생산 등 경제와 경제주체의 전통적인 기능을 약화시키고 있다. 또한 인간과 사물의 관계 및 인간의 정체성 자체에 변화를 가져오고 있다.

우선 공유경제의 대명사처럼 등장하는 '에어비앤비Airbnb'나 '우버Uber'에서는 사람들이 자신이 소유하거나 소비하는 주거 및 자동차를 생산이나 노동에 활용한다. 또한 플랫폼을 통해 금융이나 의료서비스를 제공받는 경우에는 소비와 생산이 밀접하게 연관되어 있다. 나아가 사람들이 자신의 정보를 제공하거나 개별적으로 작업에 참여해 공동의 가치를 창출하는 경우에는 소비와 생산이 명확히 구분되지 않는다.

더불어 3D프린터를 이용하여 제품을 생산하는 경우 이것을 소유한 모두가 생산자가 될 수 있다. 뿐만 아니라 스마트로봇 등 인공지능이 인간의 여러 노동을 대신한다. 나아가 사물인터넷은 물체들 사이의 연결을 낳아 인간과 기계, 물체 사이에도 새로운 관계를 요구한다. 인간과 물체의 밀접한 관계를 나타내는 '사회적 물체성'과 '물체의 인간화' 및 '인간의 물체화'도 고려할 필요가 있다.[56]

무엇보다 이러한 상황에서 인간과 물체의 정체성을 다시 물어볼 수밖에 없다. 일상적으로도 핸드폰과 인터넷에서 떨어질 수 없는 많은 사람들이 등장하면서 네트워크와 연결망으로 구성된 재화 역시 경제학이 내세우는 합리적 선택의 대상인지에 대해 의구심을 품게 된다. 물론 4차 산업혁명에 수반되는 경향들이 근로조건의 악화, 금전에 대한 집착의 강화, 소득분배의 불평등 등 자본주의와 개인주의를 더욱 강화시킬 가능성이 있다. 그렇지만 기존의 소유 개념이 약화되고 사람들 간의 관계성이 높아질 긍정적인 가능성도 담고 있다.

컴퓨터와 인터넷이 지배하는 현대 사회에서 인식과 행위의 주체들은 분산되어 있다. 이런 이유로 시장화 등의 과정을 통해 전통적인 의미의 여러 인식과 경제주체들이 조합되어 비로소 진정한 '행위자 agencement'가 형성된다.

조합된 주체에는 여러 단위가 연결되어 있을 뿐만 아니라 물적이고 기술적인 도구들이 결합되어 있다. 인간과 인간이 연결되고 인간과 도구가 결합되었으므로 이것은 사회적이면서 기술적인 주체다. 이 점에서 행위자 - 연결망 이론과 사회적 물체성이 중요하다. 농산물시장에서부터 금융시장에 이르는 모든 시장과 정치의 장이 하나로 연결되어 있다. 이 점에서 개인, 기업, 국제기구 등 미시조직이나 거시조직 사이에 커다란 차이가 없다.

이에 따르면 경제와 시장은 경제학이 생각하는 것보다 훨씬 복잡한 과정을 거쳐 형성되고 경제주체도 사회적으로 분산된 채 구성된다. 이미 지적한 바와 같이 경제주체는 외적으로 분산되어 있을 뿐만 아니라 내적으로도 이중적이거나 다중적이다. 고립된 개인으로서의 경제인은 더 이상 보이지 않는다. 구체적으로 효용극대화와 이윤극대화의 주체가 과연 누구인지 다시 묻게 된다. 인터넷에 근거한 플랫폼에서는 가치의 창출과 분배가 복잡하다는 것이 주지의 사실이다. 또한 생산자, 소비자, 교환의 주체 등 전통적인 구분도 재검토할 필요가 있다.

특히 소비자는 수요자가 되기 이전에 제품을 규정하고 그것의 위치를 설정하는 데 참여한다. 이런 소비자는 제품 자체를 규정하는 적극성을 지니고 있어 기업이 공급하는 제품에 대해 자신의 의사를 표시하는 데 그치는 표준이론의 소비자와 대비된다. 또한 이런 상황은 소비자가 지식을 제공해 생산과 기술혁신에 참여할 수 있다는 생각에 보다 밀착된다. 비슷한 맥락에서 소비자를 생산자로 만드는 4차 산업혁명 시대에는 인공지능이나 3D프린터 등이 더욱 적합하게 떠오를 것이다. 당연히 경제주체들이 지닌 경제지식이 중요해지면서 반영성이나 수행성의 영향도 증가할 것이다.

경제인은 남성중심적 사고의 산물이다

여성주의 경제학은 경제인에 담겨 있는 남성중심주의를 끄집어낸다. 경제인이 흔히 여성으로 연상되는 인간의 특징이나 역할을 배제하거나 경시하기 때문이다.[57] 여성주의의 입장에서는 경제학도 사회의 산물이고 남녀의 차이도 생물학적으로 주어진 것이 아니라 사회문화적으로 구성된 것이다. 따라서 경제인도 사회적으로 구성된 것이다. 근대 서양의 자유주의 정치철학과 데카르트의 이원론에 의존해 남성적인 자율성이 강조된 인간이다. 이에 따라 경제인은 서양적일 뿐만 아니라 남성적이다.

무엇보다 경제인은 자연이나 타인과 연결된 자아가 아니라 이들과 분리된 자아다. 경제인에 담겨 있는 여러 가정이나 제한은 이로부터 파생된다. 가령 사람들 사이의 효용을 비교할 수 없다는 경제학의 전제는 분리된 자아라는 형상에 부합된다. 이런 전제에 근거하고 있는 '파레토 효율성'은 재분배를 도외시한다. 또한 시장에서는 사람들이 이기적인 데 비해 가정에서는 이타적이라고 생각해 인간을 이원적으로 파악한다.

나아가 경제인은 이성, 자율성, 강인함을 강조하고 감성, 관계, 부드러움을 억압한다. 또한 이기적 행위를 강조하면서 감정이입이나 배려를 사소하게 만든다. 더불어 시장을 중시하면서 전통적으로 여성의 역할로 인식되어온 가정이나 가족을 무시한다. 같은 맥락에서 효용을 극대화하기 위한 개인의 계산적인 선택을 부각시키므로 물질적 필요의 충족이라는 상식적인 의미의 경제관념을 약화시킨다.

인간의 정체성은 상당 부분 사회적으로 규정된다. 경제
학자로서 이 부분을 가장 두드러지게 강조한 학자는 애
커로프이다. 소득수준, 계층이나 계급, 인종, 성별 등이 그
것이다. … 또한 정체성의 형성과 변동에는 본인뿐 아니
라 집단이나 주변인들이 영향을 미친다. 한국 사회의 학
벌, 정형화, 낙인, 왕따, … 등은 이와 연관된다.

홍훈, (2016) 《홍훈 교수의 행동경제학 강의》, 서해문집

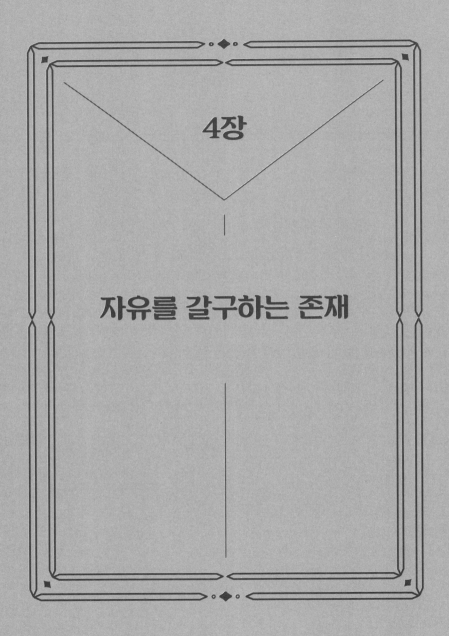

4장

자유를 갈구하는 존재

아마르티아 센

:

역량을 바탕으로 자유를 실현한다

동등한 능력의 배양이 평등의 조건이다

인도 출신의 경제학자 센Amartya Sen(1933~)은 경제학자이면서도 철학자임을 자부한다. 그래서 센의 연구에는 경제를 염두에 두면서도 인간이 어떤 존재인지, 그리고 어떤 존재여야 하는지를 탐구한 흔적이 많다. 그중에서도 표준이론의 경제인을 대변하는 '공리주의적 인간'을 교정하려는 노력이 돋보인다. 공리주의적인 인간은 주관적 쾌락이나 행복을 추구하는 데 비해 센이 내세우는 인간은 활동을 통해 자아를 실현하고 자유를 추구하는 존재다.

자유로운 활동을 위해서는 여러 기능이 요구되고 이를 발휘하기 위한 역량이나 능력capability이 필요하다. 다시 말해 센의 입장에서 인간에게 필요한 것은 즐거움을 느낄 수 있는 감정이나 즐길 수 있는 능력이 아니라 자기가 원하는 활동을 수행해 자아를 실현할 수 있는 능력과 이를 위한 자원이다.

예를 들어 밥과 빵은 인간에게 쾌락과 효용을 가져다준다기보다는 영양을 공급하는 식량으로서 사람들의 활동을 가능케 해준다. 그러려면 이것을 먹어서 영양을 섭취할 수 있는 능력, 즉 건강을 유지해야 한다. 자동차가 필요한 이유는 단순히 그것을 타면 생기는 즐거움 때문이 아니라 출퇴근과 이동을 위한 수단으로 사용되기 때문이고 이를 위해서는 운전능력이 요구된다. 독서는 단순히 즐거움 때문이 아니라 그것을 통해 교양인, 시민, 경제주체의 기능을 갖출 수 있기 때문에 가치가 있으며, 이를 위해서는 문자해독 등 독서능력을 배양해야 한다.

이같이 센에게서 경제주체는 효용·이윤극대화의 주체가 아니라 기능과 능력의 보유자다. 물론 사람마다 필요로 하는 기능이나 능력이 다를 수 있다. 어떤 사람은 운전능력을, 다른 사람은 독서능력을 필요로 한다. 동일한 재화로부터 얻는 쾌락의 차이가 주관적이라면, 재화를 사용하기 위해 필요한 기능과 역량의 차이는 객관적으로 규정된다.

따라서 센은 인간의 다양성이나 다원성을 허용하면서도 주관주의를 거부한다. 사실 교육과 배움, 건강과 치료, 자동차 운전과 수리 등에서는 주관적인 효용보다 객관적인 능력이나 기능이 더 중요하다. 또한 이런 상황에서는 비용과 편익의 비율보다 '가성비'가 더 적절해 보인다. 인간의 행복도 주관적인 안녕감이나 효용이 아니라 객관적인 상황에서 규정되므로 센은 롤스나 누스바움 등의 철학자와 같이 아리스토텔레스와 친하다.

그런데 센은 객관적 조건이나 자원을 확보하는 것을 넘어서, 경제 주체들이 자원을 활용하여 기능이나 능력들을 개별적으로 다양하게 함양할 수 있어야 한다고 강조한다. 혹은 구성원들에게 동등한 기능을 보장하려면 능력에 따라 서로 다른 수준의 자원을 제공해야 한다고 주장한다. 예를 들어 영양이나 교육을 받아들일 능력이 부족한 사람에게는 이런 능력이 충분한 사람보다 더 많은 영양과 교육시간을 제공해야 한다.

이같이 센의 입장에서는 쾌락이나 효용뿐만 아니라 자원을 균등하게 제공하는 것도 사람들의 동등성을 확보하는 데 충분치 않다. 경제사회주체의 필요에 따라 자원을 차등적으로 공급해야 비로소 기능이나 능력이 비슷해진다. 센에게서 진정한 평등은 '기회의 균등'이라는 형식적인 평등이나 '자원의 균등 공급'을 넘어서 각자에게 필요한 기능을 발휘할 수 있도록 허용하는 동등한 능력의 배양이다.

역량은 자유를 실현하는 필수조건이다

표준이론의 경제인은 호불호를 가리는 선호와 선택의 범위를 나타내는 소득제약을 지니고 있지만 역량이나 기능을 속성으로 삼지는 않는다. 그렇지만 현실에서는 많은 경우 소득이나 가격 이외에 역량이 경제주체에게 활동의 제약이나 기반을 이룬다. 소득이 경제주체의 소유물과 관련된 물적인 제약·기반이라면, 역량은 경제주체의 속성이므로 인적인 제약·기반이다.

대학에 가고 싶고, 대학의 등록금을 감당할 소득이나 재산이 있더라도, 대학에서 수업을 받을 역량이 모자랄 수 있다. 자동차를 몰고 싶고, 자동차도 살 수 있지만, 자동차를 운전할 능력이 없을 수 있다. 투표, 독서, 예술작품에 대한 감상뿐만 아니라 심지어 의식주의 소비에 대해서도 같은 방식으로 이해할 수 있다. 생선회를 먹을 줄 알고, 음악을 들을 줄 알며, 포도주를 마실 줄 알고, 옷을 입을 줄 아는 능력이 필요하다. 소비보다 기업의 생산이나 기술혁신에 있어서는 말할 나위 없이 역량이 훨씬 더 중요하다.

물론 선호 및 믿음, 소득 및 자원, 그리고 역량은 서로 무관하지 않다. 독서나 등산을 좋아하는 사람이 독서나 등산을 여러 번 반복하다 보면 잘하게 된다. 소득에 근거한 학습과 경험이 선호와 역량을 매개하는 셈이다. 그 역도 성립해 등산을 잘 하면 등산을 좋아하고, 등산을 잘 못하면 등산을 싫어하게 된다. 그렇지만 선호와 소득이 다를 뿐만 아니라 선호와 역량, 그리고 소득과 역량은 동일하지 않다.

경제학의 '인적자본'이나 '정보처리' 등의 개념은 역량과 비슷한 점이 있다. 특히 인적자본은 교육을 통해 형성되는 능력뿐만 아니라 음악 감상능력과 같은 소비능력을 포괄해 유사성이 많다. 그렇지만 시장과 한계 원리에 집착한다는 점 이외에도 인적자본을 선택의 결과로 규정하는 데 그쳐, 선호나 소득과 구분되는 경제주체의 역량에 별도의 중요성을 부여하지 않는다.

센의 역량은 인도 등 개발도상국의 빈곤과 밀접하게 연관되어 있다. 경제개발과 관련해 경제학은 시장개방과 경제적 유인에 초점을 맞춘다. 그런데 현실의 사례에서는 경제주체들의 역량이 더 중요할 수 있다. 자력으로 빈곤으로부터 탈출할 수 있는 역량, 문자해독 능력, 건강 유지 능력, 기업의 경영역량과 기술역량 등이 그런 것들이다.

이런 능력이나 역량에는 생존과 관련된 기본역량과 이보다 상위의 복잡한 역량이 있다. 기본역량은 영양, 의료, 위생 등과 관련되고, 복잡한 역량은 자유와 자아의 실현과 관련된다. 인간의 다양성은 기본역량이 아니라 복잡한 역량과 관련된다. 따라서 경제사회의 발전과 더불어 복잡한 역량이 더욱 많아진다.

인간의 선택은 사회적이다

센은 인간의 선호뿐만 아니라 윤리나 규범도 강조했다. '담배를 끊어야 하는데…'라는 생각에는 담배를 피우고 싶다는 선호나 욕구와 함께 담배를 피우지 않아야 한다는 규범이 공존한다. 그래서 인간은 갈등을 느낀다. 이런 갈등을 겪지 않는 경제인을 '합리적 바보'라고 센은 비판했다. 윤리적인 행위나 사회관계, 의사소통 능력이나 사교술, 애덤 스미스가 강조한 역지사지의 이입 등을 사회적 역량으로 파악할 수 있다.[58] 따라서 센의 역량은 '사회자본' 개념과도 연결될 수 있다.

센도 어느 정도 숫자 이상의 선택 대안들이 경제활동과 삶에 중요하다는 것을 부인하지 않는다. 선택할 직장이 없다면 여가라는 대안과 실업이라는 '대안'은 구분되지 않고, 이것이 있으면 구분된다. 생계를 유지할 자원이나 소득이 없으면 단식이라는 대안은 기아라는 대안과 구분되지 않는다. 반면 생계를 유지할 수 있는 상황에서 굶는다면 이것은 기아와 구분되는 단식이다. 단식이 선호에 따른 선택이라면, 기아는 소득의 제약이 부과한 강제다. 그리고 이 단식의 목적이 건강 증진이 아니라 정치적인 의사의 표출이라면 이것은 자신의 가치를 실현하는 자유의 추구가 된다.

표준이론의 개인주의와 개체주의에 따라 경제인은 다른 사람들과 독립된 개인일 뿐만 아니라 재화들로부터도 독립적이다. 또한 대안들의 독립성independence과 주변 상황으로부터의 독립성을 상정한다. 이런 생각의 근거는 개인이 재화들에 대해 처분권을 가지고 있으며, 이들을 자유롭게 선택하고 거래할 수 있다고 보기 때문이다. 이에 대해 센은 주변 정황이나 맥락이 선택에 미치는 영향을 강조했다. 그리고 센은 이 점에서 행동경제학보다 더 사회적이다.

센이 드는 하나의 예가 있다. 파티에서 쿠키가 하나 남아 있을 때 다른 사람을 배려하면 이것을 쉽게 먹을 수 없다. 개인의 효용만으로 따지면, 이것은 최상의 선택이 아니다. 만약 쿠키가 두 개 남아 있다면 하나를 먹을 수 있다. 그렇지만 이 경우에도 하나는 크기가 크고 다른 하나는 작다면 여전히 큰 쿠키보다 작은 쿠키를 선택할 가능성이 높다. 다른 사람을 배려해 적은 효용을 선택한 것이다. 이 경우 공정성 등을 고려하는 사회적 규범과 각자의 이익을 추구하는 시장의 규범이 충돌하고 있다. 경제인은 오직 시장의 규범만을 알고 있다.

역시 센이 드는 예로, 만약 아는 사람이 저녁에 놀러 오라고 하면서 선택대상으로 차, 술, 코카인을 제안했다고 하자. 제안한 것들 중에 코카인이 마음에 걸린다. 이 제안에 대해 초대에 응하고, 가서 코카인이 아닌 다른 대안을 선택할까? 아니다. 이보다는 코카인이 선택대상들에 끼어 있었다는 이유로 초대에 아예 응하지 않는다.

코카인이 끼어 있었다는 것이 다른 대안들, 초대, 그리고 심지어 초

대한 사람 자체에 대한 평가를 오염시키기 때문이다. 대안들이 서로 독립적이지 않고 대안들이 제안자와도 독립적이지 않은 경우다. 마약, 담배, 술, 운동, 음악, 춤, 독서 등 다양하게 제시되는 선택대상에 따라 그것을 제시한 사람에 대한 평가로 나아가는 것이 일견 합리적이지 않아 보이지만 올바른 경우가 많다.

만약 일상생활의 여러 어려움을 이런 재화들이 일거에 해소해주어 어떤 사람이 그것들에 대해 의존적이거나 중독되어 있다면, 재화와 사람을 연결시키는 위와 같은 해석이 정당하다. 특정 재화에 대한 선호가 그 사람의 일상 전체를 표출하기 때문이다. 갑은 담배, 을은 술, 병은 커피, 정은 음악에 집착하거나 탐닉하며, 심지어 각자 이것이 없으면 살 수 없다고 판단할 수 있다.

가령 담배와 술은 다른 재화들과의 대체관계나 가격·소득 변동으로부터 어느 정도 독립적이다. 이 점에서 이들은 각자의 '소비체계'에서 '필수적'이다. 담배·술은 오랜 세월을 거쳐 각자의 소비체계에서 특정한 '위치'를 차지해 집착이나 애착을 낳기 때문이다. 의식주가 대다수 사람들에게 객관적으로 필수적이라면, 담배·술은 사람들의 소비체계에 따라 달라서 주관적으로 '필수적'이다.

커피, 핸드폰, 인터넷, 게임 등도 사람이 물체로부터 독립적이고 이것들을 지배한다는 주장을 재고하게 만든다. 이같이 사람들의 욕망이나 소비를 보다 총체적으로 파악할 필요가 있다. 각자의 소비체계는 오랜 생활 속에서 형성되어 습관을 이루므로, 소비를 구성하는 다양한 요소들이 상호의존적이고 위계적이며 일체성을 지닌다. 이것이 표준이론의 경제인이 지닌 선호(체계)와의 차이점이다.

제임스 헤크먼

∶

성격도 생산성에 영향을 미친다

인간 성격의 5대 특성

헤크먼James Heckman(1944~)은 인적자본 혹은 인적자원의 관점에서 출발하지만 선택보다 능력이나 역량을 중시한다. 헤크먼에게서도 경제주체는 선택의 주체가 아니라 생산과 노동의 주체다. 더구나 그는 통상적인 노동경제학의 범위를 넘어서 인간과 교육을 아우르는 넓은 시각에서 성격에 관한 심리학의 연구결과를 경제학과 결합시키려 한다.

이 과정에서 그는 합리적 개인의 선택을 규정하는 선호와 소득제약을 보다 넓고 깊게 재구성하면서 인지적인 능력과 성격상의 특징이 이들을 규정하거나 이들과 상호의존적이라고 주장했다. 이런 이유로 개인이 평생을 거쳐 선호와 제약이 변동할 수 있음을 강조했다. 그가 생각하는 인간과 경제주체는 경제인의 좁은 범위를 넘어선다.

우선 노동자의 숙련도, 생산성 그리고 이에 근거한 임금은 인지적인 능력에 의존한다. 그리고 인지능력은 취학 전 어린 시절에 상당 부분 결정되어 이후 크게 변동하지 않는다. 따라서 인지능력을 육성하려면 조기에 부모의 관리나 정부의 정책적인 개입이 필요하다. 이런 비가역성을 표준이론은 간과하고 있다. 더구나 이런 사실은 소득 등의 불평등과 밀접하게 연관되어 있다.

더 중요한 것은 노동자의 숙련과 학생들의 학업성취가 IQ나 수능 성적 등 인지능력뿐만 아니라 인지적이지 않은 요인들에 의존한다는 점이다. 물론 양자는 분리되어 있지 않고, 상호의존적이며 상호작용한다. 비인지적인 요인들은 동기, 끈기, 성취욕, 그리고 무엇보다 '성격'이다. 성격은 심리학자들이 오랫동안 개발해 활용해온 '5대 특성 요소들Big Five personality traits'로 규정된다. 그것은 경험에 대한 개방성Openness to experience, 성실성Conscientiousness, 외향성Extraversion, 친화성Agreeableness, 신경성Neuroticism이다.[59] 이러한 연구는 경제인이 아니라 인간 전체에 대한 이해를 목표로 삼는다.

- **경험에 대한 개방성**: 관심의 범위나 상상력을 나타내며 지성과 관련된다. 상상력, 호기심, 모험심, 예술적 감각, 다양성, 새로움, 변화 등이 필요하다고 느끼고 이를 위해 행동한다. 여행에 대한 관심, 다양한 취미활동, 외국 음식에 대한 지식, 기호를 공유하는 친구가 있다. 보수주의에 대한 반대, 지능, 상상력, 고정관념 타파, 심미적인 것에 대한 관심이 있다. 남극 여행에 나선다면 경험

에 대한 개방성이 상당히 높은 것이다.

- **성실성**: 질서나 규칙에 대한 준수, 자기통제, 주의력과 관련된다. 성취 욕구를 지니며, 강한 목적의식과 높은 기대수준을 보유한다. 지도자로서의 자질, 심사숙고, 장기적인 계획의 수립, 규준이나 규칙에 대한 준수, 자신의 기반이 될 연결망 조직 관리, 기술적인 처리능력 보유가 특징적이다. 대통령직에 도전해 이를 달성한 리처드 닉슨이 대표적인 예다.

- **외향성**: 다른 사람과의 교류와 관련된다. 사교 능력이 있고 많은 친구가 있으며 사회적 자극에 대한 선호가 있다. 모험적인 직업, 단체운동 참여, 동아리 소속 등에 관심이 있다. 사회성, 활동성, 적극성을 특징으로 삼지만 그 반대의 경우에는 내향성으로 분류된다. 외향적이지 않고 내향적이어서 파리를 떠나 시골로 간 사상가 루소가 대표적인 사례다.

- **친화성**: 주변과의 친화력이나 신뢰받을 만한 정도를 가리킨다. 대인관계에 있어 충돌이 발생하면 상대방을 존중한다. 사회적 적응성과 타인과의 공동체적 연대감을 지니고 있다. 이타심, 애정, 신뢰, 배려, 겸손 등과 같은 특질을 지닌다. 남을 용서할 줄 알고, 협동이 필요하다고 생각하며, 불쾌감을 주는 언어를 삼가고, 어느 정도 만만한 사람이라는 평판을 지닌다. 가령 부부싸움에서 상대방에게 물건을 집어 던지는 사람은 친화성이 부족한 것이다.

- **신경성**: 환경이 부과하는 장애에 대해 불안감, 분노, 우울함과 같은 불쾌한 정서를 쉽게 느끼는 성향이다. 걱정, 슬픔, 두려움, 절망, 죄의식, 긴장 등 부정적인 감정을 자주 경험한다. 신경성이 높

은 사람은 자신의 직장 등에 대해 자긍심이 적고, 비합리적일 정도로 완벽주의적인 믿음을 지니며, 비관적인 태도를 드러낸다. 정서적인 불안정성으로서 안정성에 반대된다.

이런 특징들은 인간이 생존과 번식을 위해 주어진 환경에 적응하면서 진화하는 과정에서 형성됐다고 볼 수 있다.[60] 진화의 관점에서 보면 다섯 가지 요소는 타인을 파악하는 기준이기도 하다. 학습이나 경험을 통해 상대방을 변화시킬 수 있는가? 상대방에게 일을 맡길 만한가? 상대방이 사교적인가? 친숙하고 협조적인가? 부정적이고 불안정한가? 이 관점에서는 다섯 요인 이외에 '동기부여'를 추가할 수도 있다.

성격적인 특성이 경제주체의 행동을 결정한다

인간의 성격이나 기질은 첫째, 모든 인간이 공유하는 것, 둘째, (성별이나 연령을 포함해) 역사·문화적으로 규정되는 것, 셋째, 순전히 개인적인 것으로 구분된다. 첫째 구분은 한국인과 미국인이 공유하는 것이고, 둘째는 한국인이 미국인과 다르게 지닌 것이며, 셋째는 한국인들(혹은 미국인들) 사이에 서로 다르게 나타나는 개성들이다.

먼저 인간은 보편적으로 영양, 물, 산소, 수면 등 신체적인 필요나 욕구들을 충족시켜야 한다. 또한 사기 적발, 집단 내·외부의 구분, 표정 관리 등 사회인지적인 장치들을 지니고 있다. 나아가 자율성, 통제 능력, 관계성 등 심리적인 욕구들을 충족시켜야 한다. 끝으로 의복 착용, 의식, 종교와 같이 사회문화적인 행위들을 벌인다.

보다 넓은 시야에서 봤을 때 인간은 비어 있는 화폭이 아니고, 문화인이 반드시 고상하지도 않으며, 미개인도 반드시 야생적이지 않다. 미국인뿐만 아니라 사모아인에게도 지위와 명성에 대한 욕구, 탐욕, 질투, 경쟁심, 물질주의가 작동하고 있다. 또한 근친상간 회피, 얼굴 표정 관리, 집단 내부자나 친족에 대한 편애, 집단적인 정체성과 외부인에 대한 공포, 집단에 가한 범죄에 대한 징벌, 뱀·거미·높이·어둠에 대한 두려움, 성별에 따른 분업, 복수와 보복, 타인과 구분되는 자아, 관계의 상호의존성, 질투, 성적인 시기, 사랑의 감정 등이 보편적으로 나타난다. 성격의 5대 특성 요소도 이런 보편성을 내세운다.

인간의 본성에 해당하는 이러한 성격의 요소들이 역사와 문화 속에서 고유한 방식으로 인간을 빚어낸다. 당연히 직업에 따라 요소들의 중요성이 달라진다. 외판원에게는 외향성이나 친화성이 중요한 반면 학자나 등대지기에게는 성실성이 중요하다. 또한 살아가면서 성격이나 특성은 변할 수 있어 인지적인 능력이 어린 시절에 결정되어 변하지 않는 것과 대비된다.

성격이나 특성은 경제인의 이기심이나 합리성으로 포괄할 수 없다. 오히려 인지적인 능력이나 성격적인 특성들이 경제인의 기반인 선호를 보다 근원적으로 해명한다. 이자율을 결정하는 시간선호, 주식 거래에 개입되는 위험회피, 노동공급이나 근면함을 결정하는 여가에 대한 선호 등이 경제성장과 직접 연관되어 중요하게 다뤄진다. 인지적이고 성격적인 특성들이 이런 선호들과 직접적으로 관련된다.

잠정적이지만 현재까지 알려진 바로는 인지능력이 적을수록 위험회피의 정도가 크고 할인율이 높으며 그 역도 성립한다. 인지능력이 취약해 상상력이 부족하면 미래를 회피하고 현재에 집착하면서 높은 할인율을 상정한다는 것이다. 또한 확률을 계산하는 데 수리적인 능력이 요구되므로 인지능력이 부족하면 계산이 어려워 보다 확실한 상황에 집착하게 된다. 위험은 확률적이고 변동성이 높은 상황을 가리키므로 확실성에 대한 집착은 위험에 대해 회피적임을 뜻한다. 물론 그 역도 성립한다. 따라서 인지능력과 위험회피도는 부의 상관관계를 지닌다. 나아가 남성보다 여성이 더 위험회피적이었고, 연령에 따라 위험회피의 정도가 바뀌었다.

행동경제학은 표준이론이 가정하는 선호의 안정성이나 인지의 일관성을 비판하는 데 집중하므로, 인지적인 능력이나 기술의 형성 등에 대해 무관심하다. 이에 비해 헤크먼은 선호와 제약을 넓고 깊게 파악하며 이들의 변동을 허용하므로, 행동경제학이 표준이론의 인간을 근원적으로 재구성하지 못한다고 비판한다. 그렇지만 양자는 보완적으로 결합될 수 있다.

나아가 헤크먼은 인간의 인지능력이나 성격적인 특징들이 역사나 문화적으로 규정될 수 있음을 인정한다. 이런 노력들을 통해 그는 묵시적으로 전통적인 경제인이나 합리적 인간을 넘어서는 인간상을 모색하고 있다. 가령 1970년대 한국의 수출전선에 나섰던 종합상사의 직원들과 해방 이후 지속되고 있는 입시전선의 학생들을 파악하려면, 표준이론의 좁은 시야가 아니라 헤크먼 정도의 깊이와 넓이가 요구된다. 인간을 보다 넓고 깊게 규명하려고 노력하기 때문에 그는 계량경제학이 집중하는 상관관계나 피상적인 인과관계에 만족하지 않고 근원적인 인과관계를 모색한다.

인간의 선호는 역사나 문화에 따라 결정된다

전통적으로 경제학은 일반균형체계 등을 통해 선호, 기술, 제도 등 경제의 여러 가지가 주어져 있다고 가정해 정태적이라는 비판을 받아왔다. 거슬러 올라가 영국의 경험주의와 이에 근거한 영미의 경제학은 어떤 사물의 본질이나 기원에 대해 인간의 인식능력을 벗어난다고 생각해 논의하기를 꺼려한다. 예를 들어 국가의 기원이나 발생이 영미정치학의 주제가 되기 어렵듯이, 시장의 기원, 가격의 본질, 화폐의 발생 등이 전통적으로 경제학의 주제가 되기 힘들었다.

그랬던 경제학에 이제 큰 변동이 일어나고 있다. 그간 주어져 있다고 가정했던 것을 설명하는 방향으로 나아가면서 경제학은 과거보다 분명 넓어지고 또한 깊어지고 있다. 선호, 기술, 제도의 발생과 변화가 그런 대상들이다. 특히 경제학은 합리적 경제인의 기반으로 '주어진 선호'에 의존해 수요를 설명해왔다. 그런데 이제는 선호의 형성, 차이, 변동 자체를 설명하려고 노력하고 있다.

구체적으로 경제학은 선호가 국가나 지역, 개인에 따라 왜 차이가 나는지를 설명하려고 한다. 또한 왜 남녀 사이에 선호의 차이가 발생하는지, 나이가 들면서 왜 선호가 변하는지를 규명하고자 한다. 이것은 경제에 국한된 좁은 의미의 인간인 경제인을 가정하거나 연구하는 데서 벗어나 넓고 깊은 의미의 인간에 대한 연구로 경제학이 나아가고 있음을 의미한다.

이런 변화는 연구의 대상뿐만 아니라 방향과 방법에서도 변화를 가져오고 있다. 선호의 형성 과정을 설명하려는 노력은 심리학, 생물학, 정치학, 사회학, 법학, 인류학 등 여타 학문들과의 교류를 필요로 한다.

이런 교류 과정에서 경제학이 결혼, 출산, 범죄 등 다른 학문의 대상을 병합하거나 다른 학문 자체를 변화시키는 '경제학의 제국주의'가 학문의 중요한 문제로 대두되어 있다.

또한 선호의 형성과 변화를 연구하기 위해서는 장기간의 데이터가 요구되므로 경제이론이 경제사와 결합되는 양상을 보이고 있다. 이 때문에 방대한 자료에 대해 계량경제학적인 방법이 구사되는 '계량사학'이 부상하고 있다. 장기간의 자료를 다루면서 연구 주제와 관련되지 않은 여러 요인들이 개입될 가능성이 높아지므로 이런 불필요한 요인들을 통제하는 데 주안점이 놓이고 있다.

가령 1492년 콜럼버스의 미대륙 발견 이후 구대륙과의 농작물 교환으로 새로운 작물이 도입되면서 수확이 크게 증가해, 미래에 대한 할인율이 낮아지고 사람들의 참을성이 늘어났다는 가설이 등장했다.[61] 그리고 이런 선호가 근대에 들어 경제성장을 촉진하는 근거가 되었다는 것이다.

이와 관련해 자연과학에서 주로 사용되던 '실험'이 중요한 방법으로 활용되고 경제학이 변수들 사이의 상관관계보다는 모종의 인과관계를 규명하려고 노력하면서 경험주의나 계량경제학의 기존 입장을 조금씩 넘어서고 있다. 그리고 이것은 통상적인 경제인의 선호를 넘어서 '깊은 선호'나 인간의 인지적·성격적인 요소들을 규명하려는 노력과 일치된다.

여기서 경제학은 재화·서비스에 대한 선호보다 시간, 위험, 여가에 대한 선호에 관심을 둔다. 이런 선호들이 여러 지역이나 국가의 서로 다른 경제성장과 발전에 직접 영향을 미치기 때문이다. 시간선호는 이

자율, 할인율, 저축률을 결정하고, 위험에 대한 선호는 주식투자나 기업가정신과 관련된다. 여가에 대한 선호는 노동자 등 경제주체나 학생의 근면함이나 노동에 대한 인내와 관련된다.

그런데 넓게 해석하면 경제학의 선호는 가치, 신념, 의미, 기대 등을 포함한다. 따라서 경제학의 선호는 베버가 부각시킨 자본주의 정신이나 윤리 및 덕목과도 연결된다. 문화로 규정되는 근면함, 절약, 검소, 인내 등이 선호를 규정하는 요인들이다. 경제성장·발전과 관련해서는 선호의 개별적 차이보다 사회, 지역, 민족, 문화권에 따른 차이가 더 중요하다.

선호와 관련해서도 근본적인 문제는 '선천적인가 후천적인가'를 가리는 것이다. 선천적인 것은 유전자로 나타나고, 후천적인 것은 교육, 사회, 역사, 문화로 나타난다. 가령 시간선호나 저축성향이 유전을 통해 타고난 것인지, 아니면 사회의 문화나 관습, 그리고 가정이나 학교의 교육을 통해 육성되는지의 문제다. 경제학의 연구는 현재 이들 중 어느 쪽으로도 몰려 있지 않다.

가치는 행위에 타협할 수 없는 기준이나 규준이 세워지는 것과 같다. 정직이라는 가치는 다른 이익과 충돌될 때 그 이익을 위해 교환하거나 희생시킬 수 없는 것으로 이해할 수 있다.[62] 그리고 이런 가치가 하나의 문화를 구성한다. 이것은 경제인이 절대적인 가치를 지니지 않고 어떤 것이든 다른 것과 상충하면 적절한 비율로 교환하거나 대체해 보상할 수 있다고 생각하는 것과 대비된다. 환경주의자는 환경을 최고의 가치로 상정하는 데 비해, 경제학자는 성장을 위해 환경을 어느 정도 파괴할 수 있다고 생각한다.

익히 알고 있듯이, 문화나 가치는 지역마다 다른 모습으로 등장하고 이에 따라 다양한 자본주의와 기업의 지배구조가 나타났다. 구체적인 한 가지 예로 미국기업이 일반적으로 내세우는 가치들을 확인해보면 아래와 같다.

- 정직: 윤리, 신뢰, 책임, 공정성, 투명성
- 팀워크: 협조, 협동
- 혁신: 창조성, 수월성, 개선, 열정, 자부심, 지도력, 성장, 실적, 효율성, 결과
- 존중: 다양성, 포용, 발전, 자질, 고용인, 자긍심, 능력증강
- 품질: 고객, 책무, 차이 만들기, 헌신, 가치, 기대부응
- 안전: 건강, 일·생활의 균형, 유연성
- 공동체: 환경, 돌봄, 시민정신
- 소통: 개방성
- 근면: 보상, 즐거움, 활력

필리프 판 파레이스

:

노동보다 자아실현이 중요하다

'생계를 위한 노동'으로부터의 자유

파레이스Phillipe van Parijs(1951~)의 기본소득제도basic income는 사회의 모든 구성원들에게 각자의 능력, 소득 혹은 보유재산과 상관없이 일률적으로 생계를 유지할 수 있는 수준의 소득을 제공하자는 주장이다. 이것은 기존 복지지출에 수반된 행정비용이나 부작용들을 회피하는 강점을 지니고 있다. 지급되는 소득의 수준은 최저임금보다 높지만 각국의 경제발전 수준에 따라 달라진다.

기본소득은 산업혁명 이래 진행된 인류의 경제성장이 결코 인류의 목적이 아니라 수단이었음을 상기시켜준다. 이에 따라 인간 본연의 활동이라고 보기 힘든 '생계를 위한 노동'으로부터 인간을 해방시키자는 취지를 담고 있다. 달리 보면 이 제도는 '기회 균등'이라는 형식적 합리성이나 시장경제를 위한 경제인의 합리성을 넘어서 '실질적 합리성'과 '실질적 자유'를 지향한다. 이런 이유로 파레이스는 '모두를 위한 실질적인 자유'를 부르짖는다.

케인스와 그를 잇는 케인스주의, 그리고 통화주의는 여러 차이에도 불구하고 모두 임금이라는 소득을 얻는 행위로서 노동을 중시했다.[63] 모든 것을 선택의 대상으로 간주하는 경제인에게 있어서는 노동이든 그 무엇이든 필연적이거나 불가피한 것은 없다. 그렇지만 현실의 경제주체들 대부분에게 노동은 반드시 고려해야 할 선택의 대상 중 하나다. 또한 자본주의는 일차적으로 '고용-임금-생계'라는 연결고리를 노동자들에게 항상 상기시킨다.

기본소득은 노동을 중시하는 이런 입장을 비판하면서 인간이 노동에 얽매일 필요가 없다고 주장한다. 기본소득의 주창자에게 있어서는 비자발적인 실업뿐만 아니라 생계를 위해 억지로 일하는 '비자발적인 고용'도 문제다. 만약 기본소득이 시행된다면 비자발적인 고용이 줄어들거나 사라질 것이다. 선택과 대가에 길들여진 경제인은 당연히 보편적 복지나 기본소득에 저항감을 느낀다.

최근 기술발전이나 인공지능 등 4차 산업혁명이 대두되고 고용이 수반되지 않는 성장이 확산되면서 고용, 성장, 소득의 선순환을 만들어내기가 점점 힘들어지고 있다. 동시에 거시경제정책을 통해 고용을 창출한다는 케인스주의적인 입장도 다소간 힘을 잃고 있다. 반면 고용이 수반되지 않는 소득을 내세우는 기본소득제도는 설득력을 얻는다.

노동이 아니라 넓은 의미에서 활동을 벌이는 인간이 기본소득과 부합된다. 기본소득은 생계를 위해 노동하거나 생산하는 인간이 아니라 정치활동, 문화예술활동, 봉사활동 등을 통해 자아를 실현하는 인간을 지향한다. 여가를 즐기는 인간이나 사색하는 인간도 이에 부합된다.

기본소득이 저소득층의 지출과 총수요를 늘려서 경제를 회복시킨다는 관점에 서면, 이 제도가 반드시 케인스나 칼레츠키와 충돌하는 것은 아니다. 또한 기본소득 하에서도 원하는 사람은 추가적으로 노동이나 경제활동에 참여할 수 있다. 그렇지만 기본소득이 완전히 정착된 사회에서는 노동이나 경제활동의 성격이 근원적으로 바뀔 것이다.

무엇보다 기본소득은 경제학이 전제하는 합리적 선택을 위한 소득 제약으로부터 사람들을 해방시킬 것이다. 나아가 기본소득은 경제인이라는 인간상을 현실적으로나 규범적으로나 유지할 수 없게 만든다. 유럽의 몇몇 국가에서는 기본소득제도를 실제로 시행하려는 의지를 보이고 있다. 한국에서도 기본소득제도를 대안으로 주창하는 학자나 시민운동가들이 적지 않다.

기본소득이 노동에 속박될 필요가 없다고 생각하는 데 비해 일자리 보장제도는 양질의 노동이 인간에게 필수적이라고 생각한다. 일자리 보장제도는 최근 각국에서 장기간 지속되고 있는 낮은 이자율과 경기 침체로 인해 설득력을 얻고 있다. 이 입장에서 인간이 피해야 할 것은 소외되거나 착취적인 노동이지 노동 그 자체가 아니다. 일자리가 보장된다면 사람들은 실직과 생계에 대한 걱정, 이로 인한 알코올 및 마약 중독, 질병, 범죄에서 해방될 수 있다. 기본소득과 달리 노동을 중시한다는 점에서 일자리 보장은 케인스와 케인스주의에 쉽게 부합된다.

한국인은 경제인과
얼마나 닮았고 또 다른가

관계와 집단을 중요시했던 동양의 전통

한국을 포함한 동아시아는 서양과 확실히 다른 모습을 보인다. 서양이
제도를 중시한다면, 동양은 인간을 중요시한다. 누가 대통령이 되고
누가 조직의 장이 되는가가 초미의 관심사다. 아마도 이런 이유로 정
치제도나 경제제도만큼 교육을 중시하는 것 같다. 인간뿐만 아니라 인
간을 길러내는 가족과 가족 중심의 관계를 중시하는 것도 이와 무관
하지 않다.

　인간과 관계를 중요시하는 생각은 고대 중국에서부터 나타났다. 서
양사상의 기원이 고대 그리스 철학이라면, 동양사상의 기원은 비슷한
시기인 기원전 5~3세기의 중국 제자백가다. 그런데 제자백가 중에서

도 특히 맹자에게 이런 생각들이 종합적으로 나타난다. 맹자는 비슷한 시기의 아리스토텔레스와 마찬가지로 '도덕적 경제'를 주장했다. 그런데 맹자는 서양적인 덕성이 아니라 인의예지신仁義禮智信이라는 동양적인 덕성을 내세웠다.

이에 따라 맹자는 인의예지를 실천하고 이것에 의해 규제되는 경제를 내세웠다. 사람은 생계를 충족한 후에야 비로소 인의예지를 실천할 수 있다. 이런 의미에서 사람은 일정한 생업이 있어야 일정한 마음을 지닐 수 있다. 동시에 물질적인 필요를 충족시켜야 하지만 욕구를 추구하는 데는 절제가 있어야 한다.

> 일정한 생업이 있으면 일정한 마음이 있고, 일정한 생업이 없으면 일정한 마음이 없다.[64]
> 군자는 먹음에 배부름을 구하지 않고, 거처함에 편안함을 구하지 않으며… [65]

맹자에게 이상적인 사회는 윤리체계의 재생산과 경제체계의 재생산이 함께 이루어지는 상황이다. 그리고 그것은 신분과 위계에 근거하고 있다. 윤리체계는 공경대부, 대인, 군자, 선비가 맡고, 물질적인 재생산은 농공상이 맡는다. 공경대부와 대인은 평민들을 교화한다. 평민은 인의예지를 인식하지 못하지만 이를 실천한다. 반면 공경대부와 선비는 대부분 물질적인 생산에 종사하지 않는다. 쉽게 말하면 공경대부와 선비의 '정신적인 잉여'와 농공상의 '물질적인 잉여'가 교환되는 체계라 할 수 있다.

생산활동 중에는 농업이 가장 중요하다. 그리고 농사는 가족노동 중심의 소농에 근거하고 있다. 이에 따라 가족들 사이의 협동과 부부, 부자, 형제 등 가족의 여러 관계들이 중시된다. 인간人間이라는 말 자체에 이미 관계가 들어가 있다. 또한 가족과 친인척의 집단이나 공동체가 강조된다. 이에 따라 동아시아의 인간은 관계적이고 집단적이다.

동양에서는 가족 안에서 인간이 인간다워지고 자연스러워진다. 다시 말해 맹자에게 있어서 인간스러움과 자연스러움의 경계는 가정이다. 아리스토텔레스에게서 이런 경계는 도시였다. 맹자에게 징벌이 가정에서 쫓겨나는 것이라면, 아리스토텔레스에게 형벌은 도편투표 등을 통해 도시에서 추방당하는 것이다. 경제인에게 형벌은 시장으로부터 쫓겨나는 것이다. 시장 밖에서 발생하면 외부효과이고, 시장에서 발생하면 실업조차 자연스럽다.

그런데 19세기 중반 이후로 진행된 서세동점(서양의 열강이 동양을 지배함)으로 동아시아인은 더 이상 전통적인 아시아인으로 살 수 없게 되었다. 이에 따라 개인, 관계, 집단 세 층의 자아가 동아시아인에게 공존하게 되었다. 개인의 이익과 입장을 내세우는 자아, 다른 사람과의 관계를 의식하고 비교하는 자아, 그리고 집단이나 조직 전체를 고려하는 자아가 그것이다. 이들은 서로 조화되기도 하고 충돌하면서 특정 상황에서 저마다의 두각을 드러낸다.

이런 상황은 동아시아에서 관시guanxi(중국의 인적으로 형성된 네트워크를 일컫는 말)나 인간관계가 '사회적 자본'으로 작동하고 있다는 많은 연구들에서도 확인된다. 무엇보다 민주주의나 시장경제의 공식적인 구성요소가 아니면서도 이런 관계나 집단이 지속적으로 영향을 미쳤다는 점이 부각된다.

졸업 후 취업이라는 자신의 문제와 어머니의 병환에 대한 걱정이 뇌신경계에서 어떻게 작용하는지 미국인과 중국인 대학생들을 대상으로 실험을 진행했다. 그러자 양자에게서 다른 결과가 나타났다. 미국인은 자신의 취직을 걱정할 때와 어머니의 병환을 걱정할 때 자극을 받는 뇌의 부위가 달랐다. 반면 중국인의 경우 양자가 동일했다.

이것은 미국인이 자신과 어머니를 독립적으로 여기는 데 비해 중국인은 자신과 어머니를 상호의존적으로 여기고 있음을 의미한다. 이로부터 서양인이 독립적 자아를 지니고 있다면 동양인은 상호의존적 자아를 지니고 있다는 해석이 나온다. 이같이 동아시아인에게는 가족관계와 인간관계가 매우 중요하다.[66] 그런데 이제는 표준적인 경제학자들도 사회관계에 점차 관심을 기울이고 있는 것 같다.

보다 일반적으로 개인의 행위는 언제나 사회관계로 매개된다. 사회관계는 개인의 행위만큼이나 현실에 대한 기술의 일부분이다.[67]

집단의 중요성과 관련해서는 진화생물학의 최근 흐름도 참고할 필요가 있다. 시장경제에서 벌이는 경쟁과 동식물의 생존 경쟁이 비슷하고, 경제사회에서의 의식주 획득과 자연에서의 식량 확보가 비슷하다는 점이 많은 시사점을 제공한다. 특히 경제학과 마찬가지로 진화생물학에서도 개인·개체와 집단 중 어느 것을 주요 단위로 삼아야 하느냐는 논쟁이 지속되고 있다.

진화생물학에서 중요한 것은 자연선택이고, 주요 쟁점은 선택되는 단위가 개체인가 집단인가다. 20세기 초에는 집단이 중심 단위였다. 그러다가 1960년대에 모든 선별의 단위가 개체라는 주장이 지배적으로 나타났다. 가령 뱀은 다른 뱀과의 결투에서는 이빨을 사용하지 않는다. 결투가 치명적인 수준으로 이어지지 않고 일정한 정도에서 그치는 것도 집단이 아니라 개체의 이익이라는 관점에서 설명하고자 했다.

그렇지만 이후 다시 개체뿐만 아니라 집단도 함께 고려해야 한다는 윌슨David Wilson 등의 주장이 설득력을 얻게 되었다.[68] 이에 따라 개체 수준의 선택과 집단 수준의 선택을 모두 고려해야 한다는 '사회생물학sociobiology'이 급부상했다. 이 입장은 집단 내에서는 이기적 개체가 이타적 개체보다 유리하지만, 집단들 사이에서는 이기적 개체가 많은 집단이 이타적 개체가 많은 집단보다 불리하다고 주장한다.

서양과는 달랐던 동양의 인간

동양인들에게 있어서는 인간관계뿐만 아니라 인간과 사물의 관계도 중요하다. 원숭이, 사자, 바나나를 분류하라고 했을 때 서양인은 원숭이, 사자를 하나로 묶어 이들을 바나나와 구분했다. 원숭이와 사자가 같은 동물이라는 점에 초점을 맞춘 결과다. 이와 달리 동양인은 원숭이, 바나나를 하나로 묶어 사자와 구분했다. 동양인에게는 원숭이와 바나나의 관계가 중요했기 때문이다.

동양에서 인간은 관계적일 뿐만 아니라 집단적이고 총체적으로 파악된다. 인간이든 여타 사물이든 모든 것은 그것의 배경과 함께 존재한다. 물고기와 함께 배경이 제시된 그림을 보여주었을 때 서양인은 호수를 배경으로 하든 숲을 배경으로 하든 그림을 물고기로 인식했다. 이에 비해 동양인은 숲을 배경으로 하는 그림을 보았을 때 물고기로 인식하는 데 어려움을 겪었다. 이는 서양인이 분석적이고 계산적인 경제인에 부합할 수 있는 데 비해 동양인은 그렇지 않다는 것을 보여준다.

동양 사회는 전문화와 산업화에 있어 서양보다 뒤져 있었다. 동아시아에서는 가족노동에 근거한 농업이 서양보다 더 오랫동안 경제의 핵심을 이루었다. 그렇다 하더라도 동아시아에서 가족노동에 근거한 농업이 20세기 이후의 경제발전에 밑거름이 되었다는 주장이 제기되었다. 서양의 산업혁명industrial revolution에 대해 동아시아의 근면혁명 industrious revolution을 대비시킨 일부 경제사학자들의 주장이 그것을 보여준다. 20세기 들어 나타났던 농업에 대한 동아시아의 집착 또한 이러한 주장을 뒷받침해준다.

농업은 특정 업무에 대한 특화나 전문화가 아니라 구성원들 사이의 협동과 이런 협동에 요구되는 여러 가지 능력과 지식을 요구한다. 당연히 동양 사회에서는 분석적인 지식보다 총체적인 지식을 지향했다. 서양보다 산업화가 지체되면서 동양에서는 총체적인 지식의 추구가 더 오랫동안 지속된 것으로 보인다. 서양에서 총체성을 지향하며 소수파에 속했던 마르크스에 대한 동아시아의 관심이나 동양권 학계에서 수시로 등장했던 학제 간 연구나 융·복합 연구에 대한 옹호가 이에 부합된다.

산업화된 이후에도 동아시아의 기업에서는 상당 기간 동안 특정 부문의 전문가보다 기업 전체의 일을 두루 알고 있는 조직인을 요구하는 경향이 강했다. 일본에서는 기업 구성원들이 집단적·총체적으로 동원되어 기술혁신을 일구어냈다는 증거들이 제출되어 있다. 또한 이러한 혁신에 있어 분석적·명시적인 지식과 함께 총체적·암묵적인 지식이 중요한 역할을 했다.

> ### 동서양의 질병
>
> 질병에 관한 서양 근대와 동양 혹은 서양 고대의 대립된 시각은 일상적으로도 확인된다. 식중독이나 독감의 발생이 바이러스에 의한 것인지 신체가 쇠약해진 탓인지 고민할 필요가 있다. 질병과 관련해 서양 근대가 분석적이라면, 고대 그리스나 동양의 생각은 총체적이다. 한의학에서 흔히 말하는 기氣는 총체적이고 종합적인 개념이다. 또한 서양에서는 병의 원인을 병균 등 인간 외부에서 찾는 데 비해 동양에서는 인간 내부에서 찾는다. 나아가 전자는 하나의 요인을 원인으로 제시하는 데 비해 후자는 여러 요인들을 원인으로 제시한다. 이렇게 보면 질병에 대한 동서양의 차이는 경기변동에 대한 시카고학파와 마르크주의의 의견 차이와도 비슷하다.

한국인의 세 가지 자아

앞서 정의된 주류경제사상의 경제인은 자신의 물질적이거나 정신적인 이익을 효율적으로 추구하는 합리적 개인이다. 그렇다면 압축적인 경제성장을 경험했고 근대성을 받아들인 한국의 경제주체가 경제인과 얼마나 닮고 어느 정도 거리를 두고 있는지 확인해보자.

한국에서 경제성장이 압축적으로 이루어졌다는 것은 이를 이끌어간 한국의 경제주체 역시 압축적으로 형성되었다는 것을 의미한다. 빠른 속도로 근면, 내핍, 절약, 저축의 정신 등이 부과되고, 이기적이고 합리적인 선택을 위한 계산이 도입되었다. 그런데 이런 것들이 매우 빠르게 도입되면서 한국 사회와 한국인은 심각한 갈등과 모순을 겪게 되었다. 이것은 전근대와 근대의 모순적인 공존과 결합이기도 하다.

한국인에게는 합리성과 비합리성, 경쟁 욕구와 독점 욕구, 개인주의와 집단주의, 위계성과 동등성이 공존하거나 이들이 결합되어 있다. 경제성장과 더불어 재화들이 다양해졌지만, 위계가 강하게 작동하고 있기 때문에 그 다양성이 '수평적 차별화'보다 '수직적 차별화'로 나타난다. 1970~1980년대에 등장한 담배들의 위계, 제품들의 등급, 기업들과 재벌들의 서열, 대학들과 학벌들의 서열, 직위에 대한 집착이 모두 이에 대한 예들이다.

이를 이해하기 위해서는 한국인의 자아에 대해 검토할 필요가 있다. 우선 서양에서 근대화나 근대성은 경제인에 담겨 있는 개인주의와 결합되어 있다. 개인주의는 현실의 자본주의와 신고전파 경제학이 공유하는 부분이다. 정치적·시민적인 개인주의와 경제적 개인주의는 동일하지 않지만, 개인이 행위, 인식, 선택의 주체라는 점에서는 동일하다. 따라서 근대화는 상당부분 인간의 개체화나 개인화의 과정으로 볼 수 있다.

그런데 한국의 근대화는 '불완전한' 근대화나 지역적인 특징을 지니는 근대화였다. 그리고 이것은 영미식 자본주의나 기업과 다른 특징을 지닌 자본주의와 기업을 낳았다. 미시적인 차원에서도 한국의 경제사회발전 과정에서 드러난 것은 개인화와 함께 진행된 개인주의에 대한 저항이라고 이해할 수 있다.

이로 인해 개인과 함께 인간관계나 사회관계가 중시되고 집단이나 조직이 중요한 역할을 발휘하게 된다. 조직에 대한 여타 연구들이 강조하듯이, 관계나 집단이 한국인에게 내면화되면서 한국인의 자아는 개인적 자아, 관계적 자아, 그리고 집단적 자아로 다층화되었다고 추정할 수 있다. 이것은 사회학, 인류학이나 심리학, 경영학, 뇌신경과학을 통해서도 확인되고 있다.

먼저 효용이나 이윤을 극대화하는 경제인은 개인적 자아에 해당된다. 개인적 자아는 서양의 신고전학파가 상정하는 '이기적·합리적 개인'을 받아들인 것이라 할 수 있다.

이에 비해 소비, 분배, 노동에 있어 타인을 의식하거나 고려하는 것은 관계적 자아다. 함께 식사할 때 상대방의 기호를 고려해 자신의 선택을 조정하는 것이 그런 예다. 관계적 자아는 주변 사람의 소득이 자기보다 많이 높으면 질투를 느끼고 자기보다 많이 적으면 부담을 느낀다. 한국인의 지연·혈연·학연이나 중국인의 관시는 이에 해당된다. 이미 제시한 행동경제학의 사회적 선호나 사회적 비교 개념 역시 이에 가깝다.

끝으로 함께 모여 일하고 노는 것은 집단적 자아다. 몸이 조금 불편해도 회사가 마련한 회식에 빠지지 않는 것은 이런 자아의 발현이다. 이것은 서양인의 자아가 개인적 자아로만 규정되는 것과 대비된다.

교육과 관련해서는 학력, 학연, 학벌 이 세 가지가 각기 개인, 관계, 집단을 대표한다. '학력이 높다', '학연이 넓다', '학벌이 좋다'가 세 가지 층위를 분명하게 표현하고 있다. 학벌은 민주주의나 자본주의의 구성요소가 아니면서도 민주주의와 자본주의의 성장과 재생산에 영향을 미쳐왔다.

세 가지 자아는 상황에 따라 교대로 등장하며 서로 경합할 수도 있고 협조할 수도 있다. 한편으로는 세 가지 자아의 이익이나 가치들이 일치되는 상황을 가장 편하게 느끼고, 다른 한편으로는 이들이 모두 충돌하는 상황을 가장 불편하게 생각한다. 세 가지 중 두 가지라도 일치되거나 결합되면 차선이 될 것이다.

세 가지 자아가 서로 충돌해서 어느 한 가지를 따르고 다른 것을 거부해야 하는 상황이라면 한국인은 이중적으로 비추어질 수 있다. 집단적 자아에 따라 마시고 싶지 않은 술을 마셔야 하거나, 반대로 모두가 절제하는 분위기에서 마시고 싶은 술을 자제해야 하는 경우가 이에 해당한다. 음식, 옷, 집, 자동차, 직장, 취미, 후보자 등과 관련해서는 좋아하면서도 남들 앞에서는 싫어하는 척해야 하거나, 싫어하면서도 좋아하는 척해야 하는 경우도 있다. 어떤 행동이나 선택을 감행하고 싶으나, 남들을 의식해 하지 않는 경우도 많다. 값을 깎아 달라고 요구하거나 소득을 올려달라고 싸우고 싶지만, 남들에게 저급하게 보일까 봐 그렇게 할 수 없는 상황도 있다.

사람들의 이런 이중성은 소위 '체면體面'과 관련된다. 이런 상황은 자본가와 노동자 등 사람들 사이의 관계에 있어서 원리원칙보다 화합이나 양보를 요구한다.[69] 체면 때문에 가격이나 소득과 같은 물질적인 가치가 거룩하게 포장되거나 위장될 수도 있다. 한국의 경제성장기에서는 기업의 수출이나 이윤 추구가 애국으로 격상되고 포장되었다.

한국인은 경제인으로 환원될 수 없다

인문학에서 보여주는 것처럼 근대성을 개별적 자아와 보편적 자아의 관계로 규정할 수도 있다. 일단 보편성을 역사성뿐만 아니라 사회성으로 넓히고, 사회의 단위를 가족, 기업, 민족, 국가, 세계 등으로 나누어 볼 필요가 있다. 또한 지식인, 시민, 그리고 경제주체 등 여러 사회 구성원이 지향하는 보편성이나 사회성을 다양하게 살펴볼 필요가 있다. 지식인이 관념 속에서 인류의 박애와 평등을 구상하는 데 비해 현실의 대중은 가족을 위한 헌신, 소속 기업의 번영, 조국 건설이나 애국에 매달릴 수 있다. 이렇게 보면 관계적 자아와 집단적 자아를 일반 대중 수준에서 설정되는 모종의 보편성이나 사회성으로 이해할 수 있다.

동아시아에서는 가족을 위시한 조직에서 관계와 위계를 중요하게 여긴다. 전하殿下나 각하閣下라는 단어에는 집, 관계, 위계 세 가지 요소가 모두 담겨 있다. 형兄이나 동생은 집과 가족을 배경으로 하며 형제는 위계적인 관계를 내포하고 있다. 이 점에서 형이나 동생은 영어의 'brother'와 다르다. 자매도 마찬가지다.

한국인의 인식도 분석적이라기보다 총제적이다. 단편적인 사례지만 《삼국유사》를 보면 한국에서도 인간과 물체와 그것의 입지나 배경이 쉽게 분리되지 않는다. 절이나 탑을 건립할 때도 자리가 중요하다. 고승이 하늘로 날아가 사라져버리는 것, 영물이 숲으로 사라지거나 연못에서 용이 나오는 것, 신물에 납치당하는 것, 사람이 사라지고 지팡이나 신발만 남는 것, 벽화 속의 개가 울면서 벽에서 나왔다가 다시 그림으로 들어가는 것 등도 이와 비슷하게 해석할 수 있다.[70]

경제학의 분석주의 및 개체주의의 입장에서 보면, 소리는 단지 악사의 능력과 악기의 성능에 달려 있고, 또한 양자를 단순히 합한 결과여야 한다. 악사나 악기 이외에 다른 것을 고려할 필요가 없으며, 악사와 악기 사이의 상호작용도 중요치 않다. 그런데 사실 현대에도 특정 장소에서 마이크를 통해 전달되는 소리는 사용자의 목소리와 마이크의 성능뿐만 아니라 그것들이 설치된 위치에 따라 달라진다고 한다.

개체주의와 총체주의는 인간을 독립적으로 보느냐 관계적으로 보느냐, 그리고 물체를 독립적으로 보느냐 상호의존적으로 보느냐로 구분된다. 상호의존성은 인간들 사이의 관계나 집단, 물체들 사이의 관계나 집적, 그리고 인간과 물체 사이의 관계로 나타난다. 이 세 가지 관계를 기본요소로 삼아 몇 가지 상황을 생각해볼 수 있다.

한쪽에서는 인간이 독립적인 개인으로 존재하고, 물체가 독립적인 개체로 존재한다. 그 반대쪽에서는 모든 인간과 모든 물체가 뭉쳐 혼연일체가 된 상황이다. 양극단의 중간은 인간이 개인으로 존재하면서 물체는 덩어리로 존재하는 상황과, 반대로 인간이 관계나 집단을 이루면서 물체는 개체로 존재하는 상황이다. 그리고 인간과 물체가 개체나 전체 수준에서 상호의존적일 수 있다. 나아가 사회, 자연, 그리고 기술이 복합적으로 얽혀 인간과 물체의 배경이나 환경을 이루는 경우 인간과 배경 사이에 관계를 상정할 수 있다.

경제학이 중점을 두는 선택상황에 대해서도 이와 비슷하게 분류할 수 있다. 선택의 주체가 독립적 개인인지, 관계적이거나 집단적인지, 선택의 대상인 재화나 자원이 독립적인지 상호의존적인지, 선택주체와 선택대상이 서로 독립적인지 상호의존적인지, 그리고 선택배경의 영향 여부가 모두 이런 분류의 기준들이다.

재화·자원의 상호의존성은 대체관계, 보완관계, 경로의존성, 잠금
효과Lock-in effect, 최근에 부각되고 있는 사물인터넷IOT 등 물체들 사이
의 관계에 근거한다. 선택주체와 선택대상의 상호의존성은 핸드폰이
나 인터넷 등으로 예시할 수 있다. 선택의 배경이나 환경은 식당, 슈퍼
마켓, 휴양지 등 선택하는 장소의 분위기로 예시할 수 있다. 최근에는
인터넷 체계가 점점 더 하나의 배경으로 구성되고 있다.

지금까지 논의한 기준에 따라 경제인과 경제성장기의 한국인을 비
교하면 다음과 같이 정리해볼 수 있다.

경제인과 한국인의 특징

경제인	경제성장기의 한국인
①개인	관계적 자아(혈연·지연·학연), 집단적 자아, 가족, 서열
②이기심	'가족·조직·국가'에 대한 '사랑·의무·헌신'
③합리주의 → 분석주의	총체주의, 맥락의존성, 질, 범주, 갈등, 모순, 번뇌
④물질주의	체면, 이름, 생계, 권력, 명예, 미적 가치
⑤쾌락주의 → 결과주의	윤리, 도덕, 절제, 노동·활동, 입시경쟁

주석 및 참고문헌

1 Commons, John R, (1959[1934]) *Institutional Economics: Its Place in Political Economy*, Vol. I, Madsion: The University of Wisconsin Press, pp. 24~25

2 Ariely, Dan & Michael I. Norton (2009) Conceptual Consumption, *Annual Review of Psychology*, 60, pp. 475~499

3 Boulding, K. E. (1954) The Principle of Personal Responsibility. *Review of Social Economy*, 12:1, pp. 1~8

4 Kirchgässner, G. (2014) The role of homo oecnomicus in the political economy of James Buchanan, *Constitutional Political Economy*, 25:1, pp. 2~17

5 Commons, John R, (1959[1934]) *Institutional Economics: Its Place in Political Economy*, Vol. I, Madsion: The University of Wisconsin Press, 22; Davis, J. B. (2003) *The Theory of the Individual in Economics: Identity and Value*, London: Routledge, pp. 24~27

6 Robbins, Lionel (1932) *An Essay on the Nature and Significance of Economic Science*, London: MacMillan; Lucas, R. E. (1981) Understanding Business Cycles, *Studies in Business Cycle Theories*, Cambridge Mass.: MIT Press

7 Smith, A. (1937[1776]) *The Wealth of Nations*, ed. E. Cannan, New York: The Modern Library

8 ibid.

9 Coase, R. L. (1976) Adam Smith's view of man, *Journal of Law and Economics*, 19:3. pp. 529~546

10 Mill, J. S. (2000[1844]) Essay V. On the Definition of Political Economy and on the Method of Investigation proper to it, *Essays on Some Unsettled Questions of Political Economy*, second edition, Batoche Books, Kitchener, p. 94

11 ibid. p. 99

12 Polanyi, M. (1958) *Personal Knowledge*, London: Routledge & Kegan Paul

13 Nonaka, I. (2007[1955]) The Knowledge-Creating Company, *Harvard Business Review*, July-August, pp. 162~171

14 Rand, A. (1966) *Capitalism: The Unknown Ideal*, New York, N. Y.: New American Library

15 홍훈, (2016)《홍훈 교수의 행동경제학 강의》, 서해문집

16 Davis, J. B. (2003) *The Theory of the Individual in Economics: Identity and Value*, London: Routledge, pp. 47~48

17 Mirowski, P. (1989) *More Heat Than Light: Economics as Soical Physics, Physics as Nature's Economics*, Cambridge university Press

18 Soros, G. (2013); Davis, J. B. (2017) The Continuing Relevance of Keynes's Philosophical Thinking: Reflexivity, Complexity and Uncertainty, *Annals of the Fondazione Luigi Einaudi*, Vol. LI, pp. 55~76

19 Becker, G. (1962) Irrational Behavior and Economic Theory, *Journal of Political Economy*, 70:1, pp. 1~13

20 Gode, D. K. and S. Sunder (1993) Allocative Efficiency of Markets with Zero-Intelligence Traders: Market as a Partial Substitute for Individual Rationality, *Journal of Political Economy*, 101:1, pp. 119~137

21 Becker, G. (1962) Irrational Behavior and Economic Theory, *Journal of Political Economy*, 70:1, pp. 7~8

22 Kirman, A. (2011) *Complex Economics: individual and collective rationality*, London and New York: Routledge

23 Hands, D. Wade (2017) Conundrums of the representative agent, *Cambridge Journal of Economics* 2017, 41, pp. 1685~1704

24 Davis, J. B. (2003) *The Theory of the Individual in Economics: Identity and Value*, London: Routledge

25 Frank, R. H., T. Gilovich and D. T. Regan (1993) Does Studying Economics Inhibit Cooperation?, *Journal of Economic Perspectives*, 7:2, pp. 159~171; Frank, R. H., T. Gilovich and D. T. Regan (1996) Do Economists Make Bad Citizens?, *Journal of Economic Perspectives*, 10:1, pp. 187~192

26 Hirshleifer, J. (1994) The Dark Side of the Force, *Economic Inquiry*, Western Economic Association International, Presidential Address, XXXII, pp. 1~10; Yezer, A., R. Goldfarb and P. Poppen (1996) Does studying economics discourage cooperation? Watch what we do, not what we say or how we play, *Journal of Economic Perspectives*, 10:1, pp. 177~186; Laband, D. and R. Beil (1999) Are Economists More Selfish than Other 'Social' Scientists, *Public Choice*, 100, pp. 85~100; Frey, B. and S. Meier (2003) Are Political Economists Selfish and Indoctrinated? Evidence from a Natural Experiment, *Economic Inquiry*, 41:3, pp. 448~462; Meier, S. and B. Frey (2004) Do Business Students Make Good Citizens?, *International Journal of the Economics of Business*, 11:2, pp. 141~163

27 Gabaix, X. (2016) Power Laws in Economics: An Introduction, *Journal of Economic Perspectives*, 30:1, pp. 185~205

28 Commons, John R. (1959[1934]) *Institutional Economics: Its Place in Political Economy*, Vol. I, Madsion: The University of Wisconsin Press, pp. 24~25

29 Callon, M. (2007) What does it mean to say that economics is performative?, in *How Economists Make Markets. The Performativity of Economics*, eds D. MacKenzie, F. Muniesa & L. Siu, Princeton University Press, Princeton, NJ, pp. 311~357; MacKenzie, D. (2003) Bricolage, Exemplars, Disunity and Performativity in Financial Economics, *Social Studies of Science*, 33:6, pp. 831~868

30 Smith, V. (2002) Method in Experiment: Rhetoric and Reality, *Experimental Economics*, 5, pp. 91~110; Roth, A. E. (2002) The Economist as Engineer: Game Theory, Experimentation, and Computation as Tools for Design Economics, *Econometrica*, 70:4, pp. 1341~1378; Wilson, R. (2002) Architecture of Power Markets, *Econometrica*, 70:4, pp. 1299~1340

31 Garcia-Parpet, M. (2007) The Social Construction of a Perfect Market: The Strawberry Auction at Fontaines-en-Sologne, in *How Economists Make Markets. The Performativity of Economics*, pp. 20~53

32 Çalişkan, K. and M. Callon (2009) Economization, part 1: shifting attention from the economy towards processes of economization, *Economy and Society*, 39:3, pp. 389~398; Çalişkan, K. and M. Callon (2010) Economization, part 2: a research programme for the study of markets, *Economy and Society*, 39:1, pp. 1~32

33 Lépinay, V. (2007) Decoding Finance: Articulation and Liquidity around a Trading Roon, in *How Economists Make Markets. The Performativity of Economics*, pp. 20~53

34 Callon, M. et F. Muniesa (2003) Les marchés économiques comme dispositifs collectifs de calcul, *Réseaux*, 21:122, pp. 189~233; Callon, M. and F. Muniesa (2005) Economic Markets as calculative collective devices, *Organizational Studies*, 26:8, pp. 1229~1250

35 MacKenzie, D. and Y. Millo (2003) Constructing a Market, Performing Theory: The Historical Sociology of a Financial Derivatives Exchange, *American Journal of Sociology*, 109:1, pp. 140~141

36 Callon, M. (1998) Introduction, *The Laws of the Markets*, ed M. Callon, p. 51

37 Marx, K. (1967[1867]) *Capital*, Vol. I, New York: International Publishers, Preface to the German Edition

38 Kirman, A. (2011) *Complex Economics: individual and collective rationality*, London and New York: Routledge

39 Dietrich, M. (2002) The Contested Sovereignty of the Firm, *Review of Political Economy*,

14:2, pp. 193~209; Zingales, L. (2017) Towards a Political Theory of the Firm, *Journal of Economic Perspectives*, 31:3, pp. 113~130

40 North, D. (1977) Markets and Other Allocation Systems in History: The Challenge of Karl Polanyi, *Journal of European Economic History*, 6, pp. 703~716; Kirman, A. (2011) *Complex Economics: individual and collective rationality*, London and New York: Routledge

41 Nonaka, I. (2007{1955}) The Knowledge-Creating Company, *Harvard Business Review*, July-August, pp. 162~171; Ariely, Dan & Michael I. Norton (2009) Conceptual Consumption, *Annual Review of Psychology*. 60, pp. 475~499

42 Commons, John R, (1959[1934]) *Institutional Economics: Its Place in Political Economy*, Vol. I, Madsion: The University of Wisconsin Press, pp. 24~25

43 Abolafia, M. Y. (1998) Markets as culures: an ethnographic approach, *The Laws of the Markets*, ed M. Callon, Oxford, U.K.: Blackwell Publishers, pp. 72~74

44 Judge T., A. Erez, J. Bono, and C. Thoresen (2002) Are measures of self-esteem, neuroticism, locus of control, and generalized self-efficacy indicators of a common core construct? *Journal of Personality and Social Psychology*, 83, pp. 693~710; Hiller, N. and D. Hambrick (2005) Conceptualizing executive hubris: the role of (hyper-) core self-evaluations in strategic decision-making, *Strategic Management Journal*, 26, pp. 297~319

45 레이, 랜덜 L. (2016) 《균형재정론은 틀렸다^{Modern Money Theory}》, 홍기빈 옮김, 책담, 75~77쪽

46 Stiglitz, J. E. (2018) Where modern macroeconomics went wrong, *Oxford Review of Economic Policy*, 34:1-2, pp. 70~106

47 Davis, J. B. (2017) The Continuing Relevance of Keynes's Philosophical Thinking: Reflexivity, Complexity and Uncertainty, *Annals of the Fondazione Luigi Einaudi*, Vol. LI, pp. 55~76

48 Kalecki, M (1971) *Selected Essays in the Dynamics of the Capitalist Economy*, Cambridge University Press, pp. 26

49 Kirman, A. (2011) *Complex Economics: individual and collective rationality*, London and New York: Routledge

50 ibid.

51 Davis, J. B. (2003) *The Theory of the Individual in Economics: Identity and Value*, London: Routledge

52 한국에서 무척 생소한 페쉬는 영미권에서도 주목받고 있다. 5권으로 이루어진 저서 《정치경제학 교과서^{Lehrbuch der Politischen Ökonomie}》는 영어로도 번역되었다. 연대의

경제학 입장에 서 있는 사람들에게 페쉬는 애덤 스미스, 마르크스, 케인스에 버금가는 체계를 제공한 사상가다. Danner, P. L. (1982) Personism, values and economic value, *Review of Social Economy*, 40:2, pp. 178~198

53 Gigerenzer, G. (2000) *Adaptive Thinking*, New York: Oxford University Press

54 Mayhew, A. (1998) On the difficulty of evolutionary analysis, *Cambridge Journal of Economics*, 22, pp. 449~461

55 Zein-Elabdin, E. O. (2009) Economics, postcolonial theory and the problem of culture: institutional analysis and hybridity, *Cambridge Journal of Economics*, 33, pp. 1153~1167

56 Orlikowski, W. J. (2007) Sociomaterial Practices: Exploring technology at work, *Organization Studies*, 28:09, pp. 1435~1447; MacKenzie, D. (2009) Material Markets: how economic agents are constructed, Oxford: Oxford University Press; Faulkner, P., C. Lawson & J. Runde (2010) Theorizing technology, *Cambridge Journal of Economics*, 34:1, pp. 1~16

57 Nelson, J. (1993) The Study of Choice or the Study of Provisioning? Gender and the Definition of Economics, *Beyond economic man: feminist theory and economics*; England, P. (1993) The Separative Self: Androcentric Bias in Neoclassical Assumptions, *Beyond economic man: feminist theory and economics*, ed. M. A. Ferber and J. A. Nelson, Chicago, ILL.: University of Chicago Press

58 Davis, J. B. (2009) The Capabilities Conception of the Individual, *Review of Social Economy*, 67:4, pp. 413~429

59 바다와 같이 넓고 다양한 성격들을 압축한 것이어서 그런지 이들의 약칭은 '대양 OCEAN'으로 불린다. McCrae, R. R., & Costa, P. T., Jr. (1999) A Five-Factor theory of personality. In L. Pervin & O. John (Eds.), *Handbook of personality: Theory and research*, New York: Guilford Press, pp. 164

60 McAdams, Dan P., and Jennifer L. Pals (2006) A New Big Five: Fundamental Principles for an Integrative Science of Personality. *American Psychologist*, 61:3, pp. 204~217; Deci, E. & R. Ryan (2000) The "What" and "Why" of Goal Pursuits: Human Needs and the Self-Determination of Behavior, *Psychological Inquiry*, 11:4, pp. 227~268; Buss, D. (2001) Human Nature and Culture: An Evolutionary Psychological Perspective, *Journal of Personality*, 69:6, pp. 955~978

61 Galor, O. and O. Ozak (2016) The Agricultural Origins of Time Preference, *American Economic Review*, 106:10, pp. 3064~3103

62 Guiso, L., P. Sapienza and L. Zingales (2015) The Value of Corporate Culture, *Journal of*

Financial Economics, 117, pp. 60~76

63 물론 이는 헤겔이나 마르크스가 생각하는 노동의 본질적인 중요성과는 다르다.

64 맹자, (2005)《맹자집주》, 성백효 역주, 전통문화연구회, 168~169쪽

65 논어, (2017)《논어집주》, 성백효 역주, 한국인문고전연구소, 36쪽

66 Markus, H. R. & S. Kitayama (1991) Culture and the Self: Implications for Cognition, Emotion and Motivation. *Psychological Review*, 98:2, pp. 224~253

67 Arrow, K. J. (1994) Methodological Individualism and Social Knowledge, *American Economic Review*, Papers and Proceedings, 84:2, pp. 1~9

68 Wilson, S. W. and E. O. Wilson (2007) Rethinking the Theoretical Foundations of Biology, *Quarterly Review of Biology*, 82;4, pp. 327~348

69 Gao, B. (1998) Efficiency, culture, politics: the transformation of the Japanese management im 1946~1966, *The Laws of the Markets*, ed M. Callon

70 일연, (2006)《삼국유사》, 이가원·허경진 옮김, 한길사, 175쪽, 326쪽

경제학자의 인간 수업

300년 경제학 역사에서 찾은 인간에 대한 대답 36

1판 1쇄 인쇄 2020년 10월 23일
1판 1쇄 발행 2020년 10월 30일

지은이 홍훈
펴낸이 고병욱

책임편집 김경수 **기획편집** 허태영
마케팅 이일권, 한동우, 김윤성, 김재욱, 이애주, 오정민
디자인 공희, 진미나, 백은주 **외서기획** 이슬
제작 김기창 **관리** 주동은, 조재언 **총무** 문준기, 노재경, 송민진

펴낸곳 청림출판(주)
등록 제1989-000026호

본사 06048 서울시 강남구 도산대로 38길 11 청림출판(주)
제2사옥 10881 경기도 파주시 회동길 173 청림아트스페이스
전화 02-546-4341 **팩스** 02-546-8053

홈페이지 www.chungrim.com
이메일 cr2@chungrim.com
페이스북 https://www.facebook.com/chusubat

ⓒ 홍훈, 2020

ISBN 979-11-5540-175-0 03100